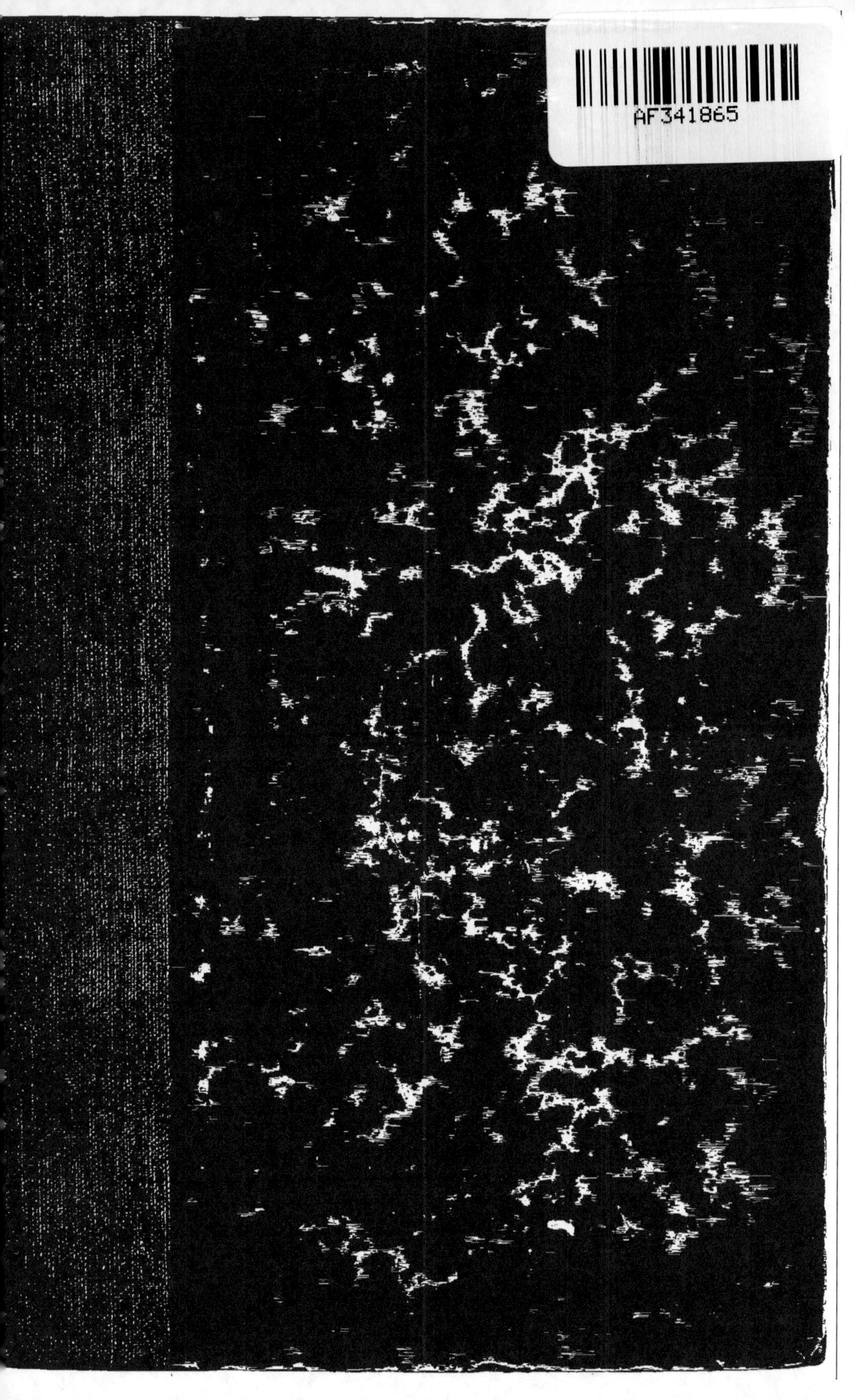
AF341865

LA MANŒUVRE

DE

LÜTZEN

1813

PAR LE COLONEL LANREZAC

PROFESSEUR A L'ÉCOLE SUPÉRIEURE DE GUERRE

AVEC 18 CROQUIS

BERGER-LEVRAULT & Cie, ÉDITEURS

PARIS | NANCY
5, RUE DES BEAUX-ARTS, 5 | 18, RUE DES GLACIS, 18

1904

PIERRE LEHAUTCOURT

HISTOIRE DE LA GUERRE DE 1870-1871

— PREMIÈRE PARTIE —

LA GUERRE DE 1870

EN COURS DE PUBLICATION

Tome Ier. — **Les Origines.** — *Sadowa.* — *L'affaire du Luxembourg.* — *La candidature Hohenzollern.* — *La dépêche d'Ems.* — 1901. Un volume in-8 de 422 pages, broché . . . . **6 fr.**

Tome II. — **Les Deux Adversaires.** — **Premières Opérations** (7 juillet-2 août 1870). — *La France : La nation et l'armée.* — *La concentration française.* — *L'Allemagne.* — *Premières opérations.* — 1902. Un volume in-8 de 488 pages, avec 2 cartes, broché . . . . **6 fr.**

Tome III. — **Wissembourg, Fræschwiller, Spicheren.** — 1903. Un volume in-8 de 595 pages, avec 4 cartes, broché . . . . **6 fr.**

Tome IV. — **La Retraite sur la Moselle. Borny.** 1904. Un volume in-8 de 384 pages, avec 5 cartes, broché . . . . **6 fr.**

En préparation : **Gravelotte, Saint-Privat.** Un volume. — **Sedan.** Un volume. — **Capitulation de Metz.** Un volume.

— SECONDE PARTIE —

LA DÉFENSE NATIONALE

Couronné deux fois par l'Académie française (2e grand prix Gobert en 1899 et en 1900)

Campagne de la Loire. — Tome Ier. *Coulmiers et Orléans.* 1893. Un volume de 478 pages, avec 6 cartes . . . . **7 fr. 50 c.**
— Tome II. *Josnes, Vendôme, Le Mans.* 1895. Un vol. de 448 p., avec 13 cartes. **7 fr. 50 c.**

Campagne de l'Est. — Tome Ier. *Nuits — Villersexel.* 1896. Un volume de 301 pages, avec 7 cartes. . . . . **5 fr.**
— Tome II. *Héricourt — La Cluse.* 1896. Un volume de 311 pages, avec 4 cartes . **5 fr.**

Campagne du Nord. — *La Défense nationale dans le Nord de la France.* Nouvelle édition, entièrement revue et corrigée. 1897. Un vol. de 359 p., avec 9 cartes. **6 fr.**

Siège de Paris. — Tome Ier. *Châtillon, Chevilly, La Malmaison.* 1898. Un volume de 415 pages, avec 4 cartes . . . . **6 fr.**
— Tome II. *Le Bourget — Champigny.* 1898. Un vol. de 447 pages, avec 8 cartes. **6 fr.**
— Tome III. *Buzenval — La Capitulation.* 1898. Un vol. de 460 pages, avec 5 cartes. **6 fr.**

Le Premier Déploiement stratégique des Allemands en 1870, par Pierre Lehautcourt. 1903. Brochure grand in-8, avec 4 croquis hors texte. . . . . **1 fr.**

BIBLIOGRAPHIE GÉNÉRALE DE LA GUERRE DE 1870-1871

Répertoire alphabétique et raisonné des publications de toute nature concernant la guerre franco-allemande parues en France et à l'étranger, par le commandant Palat, chef de bataillon breveté au 54e régiment d'infanterie, précédemment au 2e bureau de l'état-major de l'armée. 1897. Un volume in-8 de 592 pages, broché . . . **15 fr.**

Encore la retraite à Sedan. Réplique à « *La Retraite sur Mézières* » *par un Officier supérieur,* par Alfred Duquet. 1903. Un volume grand in-8, broché . . . . . **2 fr.**

La Retraite sur Mézières le 1er septembre 1870. Deux réponses à M. Alfred Duquet, par un Officier supérieur. Avec le fac-similé d'un billet du général de Wimpffen au général Ducrot. 1904. Un volume grand in-8 de 195 pages, broché . . . . . . **3 fr.**

LA MANŒUVRE

DE

LUTZEN

LA MANŒUVRE

DE

LÜTZEN

1813

PAR LE COLONEL **LANREZAC**

PROFESSEUR A L'ÉCOLE SUPÉRIEURE DE GUERRE

BERGER-LEVRAULT & Cie, ÉDITEURS

PARIS | NANCY
5, RUE DES BEAUX-ARTS, 5 | 18, RUE DES GLACIS, 18

1904

AVERTISSEMENT

Pour se faire une idée de la situation générale de l'Europe, tant au point de vue politique qu'au point de vue militaire, au mois d'avril 1813, lorsque Napoléon entreprend la mémorable campagne de Saxe, il faut au préalable analyser les événements diplomatiques de la fin de l'année 1812 et du commencement de l'année 1813, puis étudier avec quelques détails la réorganisation des armées française, russe et prussienne, et enfin jeter un coup d'œil rapide sur les opérations militaires des mois de janvier et de février 1813.

Ces questions étant en dehors de la présente étude, on s'est borné à donner l'analyse succincte des faits essentiels, rédigée surtout en vue de permettre l'étude directe de la partie de la correspondance de Napoléon relative à cette époque, correspondance qui est du plus haut intérêt.

LA
MANŒUVRE DE LÜTZEN

PREMIÈRE PARTIE

CHAPITRE Ier

LA SITUATION EN FÉVRIER 1813

1° La situation politique.

Au commencement de l'année 1813, lorsque se répandit la nouvelle que la Grande Armée avait été anéantie dans les plaines de la Russie, une émotion profonde s'empara de tous les esprits en Europe ; on comprit qu'une ère nouvelle commençait. Le prestige de Napoléon était irrémédiablement atteint ; sa domination maintenue par la force et la crainte chancela dans ses fondements.

Par l'effet même de sa politique de conquête, les peuples avaient pris conscience de leur nationalité. En Prusse, où le sentiment national était plus général et plus vif que partout ailleurs, on avait vu se développer en même temps un sentiment plus large, celui de la patrie allemande ; les universités et les sociétés secrètes avaient été les foyers de propagande de l'idée qui peu à peu s'était répandue dans toute l'Allemagne.

En 1792, la France avait eu à combattre une coalition de tous les souverains de l'Europe : elle avait vaincu. En 1813, la situation est tout autre, car c'est une coalition de peuples qui se forme contre elle. En effet, le caractère essentiel de cette guerre, c'est d'être une guerre vraiment nationale pour tous nos ennemis ; presque partout l'explosion des sentiments des peuples précède et détermine, dans une certaine mesure, les résolutions des souverains.

Les Allemands l'ont appelée « la guerre de l'Indépendance ».

Les souverains, jugeant que Napoléon est encore très redoutable, hésitent à entrer dans une coalition dirigée contre lui ; d'ailleurs, comme ils se sont combattus successivement les uns les autres en qualité d'alliés de l'Empereur, ils s'inspirent une défiance réciproque, chacun d'eux ne veut s'engager qu'à son heure et après avoir pris toutes ses sûretés pour ne pas être exposé, en cas de défaite, à payer seul les frais de la guerre. Il convient d'ajouter que si l'entente est complète sur la nécessité de réduire la France de telle sorte qu'elle cesse d'être à craindre, il reste à déterminer comment se fera la répartition de ses dépouilles quand on l'aura vaincue.

Napoléon en rentrant à Paris, le 18 décembre 1812, avait trouvé ses ministres d'accord pour lui conseiller de conclure la paix que la France réclamait impérieusement. Quoique convaincu que le moment était fort mal choisi, il jugea politique d'entamer des négociations en vue de la cessation des hostilités. Son vif désir aurait été d'entrer en relation directe avec le tsar Alexandre, mais ce dernier ne répondit pas à ses avances ; circonvenu par les nombreux réfugiés allemands de son entourage, il s'était laissé séduire par l'idée de jouer le rôle de libérateur de l'Allemagne et d'arbitre de l'Europe. Napoléon fut donc contraint de recourir aux bons offices de l'Autriche.

L'empereur François-Joseph, sur le conseil de M. de Metternich, avait négocié avec la Russie, dès la fin de janvier, une convention secrète stipulant la cessation des hostilités entre Autrichiens et Russes. Sans rompre ouvertement avec la France, l'Autriche allait peu à peu se renfermer dans une neutralité absolue, à la faveur de laquelle elle réorganiserait son armée de campagne, dont l'effectif ne dépassait pas pour le moment 50 000 hommes ; elle laisserait les Russes et les Prussiens supporter les premiers coups de Napoléon, et n'interviendrait qu'à son heure ; alors, appuyée sur une armée de 150 000 à 200 000 hommes, elle serait en état de s'attribuer dans les affaires de l'Europe le rôle prépondérant qu'elle ambitionnait, et dont elle attendait à la fois gloire et profit. Napoléon comblait donc ses désirs en lui demandant de s'entremettre entre la France et la Russie en vue de la conclusion de la paix, car cette mission lui permettait d'entretenir ouvertement des relations avec la Russie, et en même temps de se confiner dans la neutralité qui convenait à une puissance médiatrice. Tout en prodiguant les protestations aux deux parties adverses, elle employa les ressources de sa diplomatie pour attirer dans son système ceux des États de la Confédération du Rhin qu'elle avait chance de convaincre : la Saxe, la Bavière, le Würtemberg ; elle leur proposa de former avec elle une sorte de ligue des Neutres, en vue d'imposer aux belligérants une paix basée sur l'indépendance de l'Allemagne. Le roi de Saxe, seul, se laissa séduire un instant ; nous verrons en effet qu'au moment où les Armées coalisées s'approchèrent de Dresde, à la fin de mars, il prescrivit à ce qui restait de l'armée saxonne de se renfermer dans Torgau, où commandait le général Thielman qui avait ordre de ne laisser entrer dans la place aucune troupe étrangère ; lui-même se rendit à Prague avec la cavalerie de sa garde. Après la victoire de Lützen, il devait capituler devant les menaces de Napoléon et rentrer à Dresde repentant et soumis. Quant aux rois de Bavière et de Würtemberg, après quelques hésitations, ils se décidèrent à rester fidèles à la cause française, lorsqu'ils virent les immenses préparatifs que faisait l'Empereur pour reprendre l'offensive au printemps.

En Prusse, la nouvelle de la défection d'York avait porté à son comble l'effervescence des esprits ; partout, même sur les territoires occupés par nos troupes, retentissaient des cris de guerre contre la France. Mais, comme les têtes de colonne de l'armée russe ne faisaient que d'approcher de la Vistule, et que les Français, maîtres de Berlin et des forteresses, dominaient tout le pays, le roi Frédéric-Guillaume ne crut pas le moment opportun pour jeter le gant à Napoléon. Il résista donc au courant patriotique qui entraînait son peuple. Pour calmer la colère de l'Empereur, il se hâta de désavouer York. Ne voulant pas combattre la Russie et ne pouvant se décider à déclarer la guerre à la France, il eut l'étrange idée de demander à Napoléon l'autorisation de négocier avec les Russes la neutralité de la Silésie, où il se retirerait avec l'armée prussienne, exposant « qu'il n'y avait pas d'autre moyen d'atténuer pour son royaume les malheurs de la guerre, puisque les Français n'étaient plus assez puissants pour le protéger contre l'invasion étrangère ». En même temps, il réclama le paiement immédiat d'une somme de 46 millions, dont il prétendait que la France était redevable à la Prusse pour diverses fournitures de subsistances. Il fit observer, en outre, que la Prusse ayant complètement payé l'indemnité de guerre stipulée par le traité de Tilsit, la France devait évacuer les places fortes prussiennes qu'elle occupait. L'Em-

pereur refusa catégoriquement d'autoriser les négociations
avec la Russie; en ce qui concerne les 46 millions, il répondit qu'il les payerait si toutefois l'examen des comptes démontrait qu'il les devait; quant aux forteresses, il déclara
que, dans l'intérêt même de la Prusse *alliée de la France,* il
fallait y laisser des garnisons françaises. Pour atténuer l'effet
de sa réponse, il se montra prodigue de promesses, affirmant que la guerre terminée, il récompenserait la Prusse de
sa fidélité en lui donnant « une telle extension qu'elle pût
désormais servir de rempart contre la Russie au reste de
l'Europe ». Les manifestations des patriotes prussiens deve-
nant de plus en plus violentes, le roi Frédéric-Guillaume
sentit qu'il serait obligé à bref délai de prendre parti. Dans
ces conditions il jugea dangereux de rester à Berlin au milieu même des troupes françaises; le 22 janvier, il quitta
donc sa capitale et gagna Breslau. Puis, sous couvert
de compléter son contingent, il rendit un décret appelant
sous les drapeaux les citoyens valides de dix-sept à vingt-
quatre ans.

Napoléon persista pendant quelque temps à compter sur
la fidélité du roi de Prusse, mais quand les avant-gardes
russes eurent franchi la Vistule, la connivence des officiers
et fonctionnaires prussiens avec l'ennemi devint si évidente
qu'il fut désabusé. Le 10 février, il écrivit au prince Eugène
pour lui prescrire de faire cesser les levées prussiennes et de
pourvoir à l'approvisionnement des places comme en pays
conquis, c'est-à-dire par voie de réquisition.

Le moment était venu pour la Prusse de se déclarer; le
28 février, Frédéric-Guillaume signa avec le tsar *la convention de Kalisch* portant alliance défensive et offensive entre
la Russie et la Prusse. Frédéric-Guillaume voulut que cette
convention restât secrète quelque temps encore; *elle ne fut
rendue publique que le 15 mars,* après l'occupation de Berlin

par les Russes. La déclaration de guerre de la Prusse n'arriva à Paris *que le 27 mars.*

La coalition fut donc formée tout d'abord de la Russie, de la Prusse, de l'Angleterre, et en outre de la Suède, qui y adhéra moyennant la cession de la Norvège. Cette province appartenait au Danemark que l'on se proposait d'indemniser par des cessions de territoire en Allemagne. Le Danemark, qu'on n'avait pas consulté à ce sujet, refusa d'entrer dans la coalition, et même, après la victoire de Bautzen, contracta alliance avec Napoléon. La Suède, qui voulut avant tout mettre la main sur son gage, la Norvège, n'entra en action sur le continent qu'après l'armistice de Poischwitz : il n'y a donc pas à en tenir compte pour la première partie des opérations. Quant à l'Angleterre, comme la presque totalité de son armée de campagne était employée en Espagne ([1]), elle se borna à aider ses alliés de ses subsides. En résumé, jusqu'à l'armistice de Poischwitz, la lutte en Allemagne fut circonscrite entre la Russie et la Prusse d'une part, et la France (la France d'alors comprenant la moitié de l'Allemagne, l'Italie, etc.) et les États de la Confédération du Rhin de l'autre.

Divers mémoires publiés dans ces dernières années ont jeté un jour très vif sur l'histoire diplomatique de 1813, qui, jusqu'alors, avait été très mal connue. Ils ont montré combien l'Autriche était peu sincère dans ses offres de service à Napoléon. Cette puissance se déclarait prête à reprendre les armes en faveur de la France pour imposer à la Russie et à la Prusse une paix basée sur les conditions suivantes : dissolution du duché de Varsovie, dissolution de la Confédération du Rhin, abandon de toutes les nouvelles provinces françaises de la rive droite du Rhin, de la Dalmatie, de

---

1. Elle contribuait à immobiliser là plus de 200 000 hommes de troupes françaises.

l'Illyrie, abandon de l'Espagne. Une telle paix nous laissait encore toute la rive gauche du Rhin et l'Italie ; elle était donc très acceptable, car la France davantage repliée sur elle-même n'en eût été que plus forte. Mais, en réalité, l'Autriche, la Prusse, la Russie et l'Angleterre furent, dès le début, très fermement résolues à réduire la France à ses limites d'avant 1789, estimant qu'il ne pouvait y avoir d'équilibre européen, et par conséquent de paix durable, avec une France maîtresse de la rive gauche du Rhin.

Napoléon ne fut pas dupe ; comprenant que toute concession serait interprétée par ses adversaires comme une marque de faiblesse et provoquerait de leur part des exigences plus grandes, il refusa de souscrire aux conditions de l'Autriche. Il se trouva donc acculé à la nécessité de continuer la guerre, car le seul moyen pour lui d'obtenir une paix honorable était de terrasser encore une fois ses adversaires.

Les pourparlers entamés dès le mois de février se poursuivirent au cours des opérations ; elles aboutirent le 4 juin à la conclusion de l'armistice de Poischwitz. Un congrès se réunit à Prague ; pour les raisons indiquées ci-dessus, l'entente ne put s'établir. L'Autriche adhéra à la coalition, et les hostilités recommencèrent le 10 août 1813.

2° La situation militaire.

RETRAITE DES DÉBRIS DE LA GRANDE ARMÉE
DE LA VISTULE A L'ODER [1]

Lorsque, le 17 janvier 1813, le prince Murat quitta Posen après avoir remis au prince Eugène le commandement de

---

1. Voir le croquis n° 1.

ce qu'on appelait encore « *La Grande Armée* », la situation était la suivante :

La Garde, les 1er, 2e, 3e et 4e corps (français) et le 6e corps (bavarois) comptaient ensemble 12 000 hommes à peu près valides, mais pour la plupart si fatigués qu'il ne fallait pas songer de longtemps à les utiliser pour les opérations actives. Les seules troupes du centre et de l'aile gauche qui eussent conservé leur organisation, division polonaise Grandjean du corps de Macdonald et division française Heudelet du 11e corps, ayant été jetées dans la place de Dantzig, le prince Eugène n'aurait eu personne pour tenir la campagne s'il n'avait été rejoint à Posen par environ 10 000 hommes de détachements de marche de diverses nationalités.

Les corps de l'aile droite, corps auxiliaire autrichien du prince de Schwartzenberg et 7e corps (deux divisions saxonnes et la division française Durutte aux ordres du général Reynier), avaient beaucoup moins souffert : leur effectif était encore de 40 000 hommes (25 000 Autrichiens, 10 000 Saxons et 5 000 Français). Ils se repliaient d'Ostrolenka sur Varsovie, où se trouvaient 6 000 à 7 000 hommes du 8e corps polonais que le prince Poniatowski s'efforçait de réorganiser.

Quant aux Prussiens, depuis la défection d'York, ils prétendaient n'avoir plus de troupes disponibles ; sous prétexte de réorganiser leur contingent, ils formaient deux corps d'armée, l'un sous le général Bülow aux environs de Colberg en Poméranie, l'autre en Silésie sous le général Blücher. Enfin York, établi à Königsberg, au milieu même des Russes, mobilisait les réserves de la vieille Prusse afin de compléter son corps d'armée, dont il conservait le commandement malgré la destitution prononcée contre lui par son souverain.

Dantzig avait une garnison de 30 000 hommes, dont un tiers, il est vrai, se composait de malades et de convales-

cents ; 4 000 Français et Polonais occupaient Modlin ; un
même nombre Zamosc ; à Thorn, la garnison se composait
de 4 000 Français et Bavarois.

Il y avait bien en arrière de l'Oder la 31e division française (général Lagrange), 10 000 hommes, la dernière qui

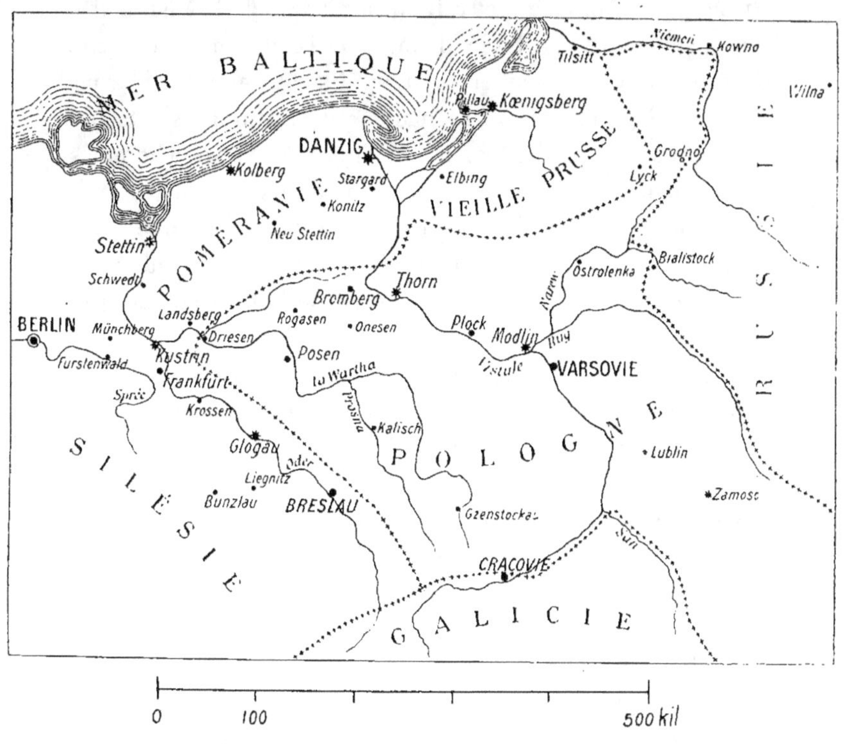

No 1. — RÉGION ENTRE L'ODER ET LA VISTULE.

restât du 11e corps, mais elle n'était pas disponible car elle
assurait la garde de Berlin, de Magdeburg, de Spandau et
des places de l'Oder (Glogau, Küstrin et Stettin) où, jusqu'a-
lors, on n'avait pu mettre que des garnisons insuffisantes.
Enfin la division Grenier (18 000 h.) venant d'Italie était
attendue à Berlin du 20 au 25 janvier.

Les Russes eux aussi avaient beaucoup souffert des rigueurs d'un hiver exceptionnel : l'effectif total de leur armée ne dépassait pas 110 000 hommes. Après avoir franchi le Niémen, ils s'étaient fractionnés en quatre corps : Wittgenstein, suivant avec 30 000 hommes les débris de la Grande Armée par Königsberg et Elbing, avait franchi la Vistule dès le 13 janvier, mais, obligé d'employer la plus grande partie de ses troupes à masquer Dantzig, il s'était arrêté à Stargar pour attendre l'arrivée à sa hauteur de l'amiral Tschitschagow, qui s'avançait lentement sur Thorn avec 20 000 hommes de l'ancienne armée du Danube ; plus au sud, Kutusow avec 30 000 hommes marchait de Lyk sur Plok, tandis que Miloradowitch, avec 30 000 hommes, se portait de Grodno sur Varsovie, suivant sans hâte les corps de Schwartzenberg et de Reynier.

En raison de la lenteur de la marche des Russes, lenteur suffisamment justifiée par les rigueurs de la saison, le mauvais état des chemins et la fatigue des troupes, il était à prévoir que les colonnes de gauche n'atteindraient pas la Vistule avant le commencement de février. Le prince Eugène, certain de disposer d'un répit de dix à quinze jours, entreprit de mettre de l'ordre dans ses troupes.

Les débris des corps revenus de Russie n'étant pas susceptibles d'être employés en rase campagne, il décida de les utiliser pour les places. Les débris de l'infanterie du 1er corps furent envoyés à Stettin, ceux du 2e à Küstrin, ceux du 3e à Spandau et ceux du 4e à Glogau ; grossis de divers détachements qui se trouvaient dans ces places, ou qui étaient en route pour s'y rendre (entre autres les compagnies des vaisseaux), ils devaient former autant de compagnies qu'ils compteraient de centaines de soldats présents ; les cadres rendus disponibles par cette concentration des effectifs dans un petit nombre d'unités seraient renvoyés sur Erfurt pour servir à l'organisation d'unités nouvelles.

Avec quelques hommes empruntés aux corps énumérés ci-dessus (des gradés surtout), les débris de la Garde, 2 bataillons de Jeune Garde appelés de Stettin et les détachements de marche dont nous avons parlé, le tout faisant environ 12 000 hommes, on organisa quatre faibles divisions : une bavaroise sous le général Rechberg, une polonaise sous le général Girard, une française sous le général Gérard et enfin une dite de la Garde sous le général Roguet. La cavalerie se réduisait à moins de 2000 hommes, 500 de la Garde, 400 Bavarois et 800 à 1000 lanciers lithuaniens. L'organisation d'un aussi petit nombre d'hommes en quatre divisions fut motivée par le désir d'en imposer à l'ennemi « dans l'esprit duquel, pensait-on, le mot de division ne manquerait pas d'éveiller l'idée de force numérique qui correspond habituellement à l'unité ainsi dénommée ([1]) ».

Le gros des forces et le quartier général se placèrent à Posen et environs ; la division bavaroise fut portée à Gnesen pour assurer la liaison avec Thorn et Varsovie, et les lanciers lithuaniens du prince Gedroicz à Zirke sur la Wartha pour couvrir la ligne de communication avec Francfort.

Le prince Eugène ne tarda pas à être convaincu qu'il ne fallait pas compter sur le concours des Autrichiens et qu'il y avait tout à redouter des Prussiens.

Le prince de Schwartzenberg, invité à couvrir Varsovie le plus longtemps possible avec ses Autrichiens et les 7e et 8e corps, et à se replier ensuite sur Kalisch, répondit : « que l'état de ses forces ne lui permettant pas de courir le risque d'un engagement, il évacuerait Varsovie dès que les Russes s'en approcheraient, et qu'il se replierait alors, non pas sur

----

1. *Campagne de 1813,* par le général VAUDONCOURT.

Kalisch, mais sur Cracovie, afin de couvrir la Galicie et de se rapprocher de ses dépôts. » En fait, Schwartzenberg venait de conclure un armistice verbal avec l'État-major adverse; il était convenu qu'il se retirerait sur la Galicie, et qu'un corps russe le suivrait à distance afin qu'il pût expliquer sa retraite par la crainte de s'engager contre un ennemi supérieur.

Le prince Eugène ayant ordonné à Bülow de se mettre à la disposition du maréchal Victor, le général prussien refusa catégoriquement, alléguant que seul le roi de Prusse avait qualité pour lui donner un tel ordre. Les coureurs russes qui battaient l'estrade dans toute la Poméranie n'étaient nullement inquiétés par les Prussiens, dont la connivence avec l'ennemi était si évidente qu'on devait s'attendre à les voir faire défection au premier jour.

La division Grenier, qui venait d'Italie, atteignit Berlin du 20 au 25 janvier; elle fut immédiatement dédoublée pour former les 35° et 36° divisions, qui constituèrent avec la division Lagrange, 31°, un nouveau 11° corps, dont le maréchal Gouvion Saint-Cyr prit le commandement. Les garnisons des places de l'Oder étant assurées par les moyens indiqués précédemment, le 11° corps allait être disponible pour les opérations actives, mais, comme il fallait accorder du repos aux 35° et 36° divisions très fatiguées, et faire sortir des places la 31°, on ne pouvait espérer que le corps d'armée fût prêt à se porter au delà de l'Oder avant le 10 février. D'ailleurs, le prince Eugène, contrairement à l'opinion de l'Empereur, estimait que ce n'était pas trop de tout le 11° corps pour dominer Berlin et la Marche, où les populations, en proie à une surexcitation croissante depuis la défection d'York, ne cessaient de proférer des cris de guerre contre la France.

Maintenu à Posen par les ordres formels de l'Empereur,

le prince Eugène allait bientôt s'y trouver dans une situation très périlleuse.

Wittgenstein, obligé de rester immobile à Stargard, avait voulu au moins utiliser ses troupes légères pour inquiéter les Français, et essayer de provoquer le soulèvement des populations prussiennes. Avec une partie de ses cosaques, il avait organisé trois détachements francs, forts chacun de 1 200 à 1 500 cavaliers et 2 canons, et leur avait donné pour chef le général Tschernitchew et les colonels Benkendorf et Tettenborn, qui ne tardèrent pas à acquérir à nos dépens la réputation méritée de partisans audacieux et habiles. Ces détachements se lancèrent à travers la Poméranie; accueillis partout comme des libérateurs, leur hardiesse ne connut bientôt plus de bornes; le 5 février, leurs pointes poussèrent jusqu'à l'Oder.

Tschitschagow atteignit Thorn le 28 janvier; après avoir procédé sans se presser à l'investissement de la place, il se porta le 8 février sur Bromberg pendant que son avant-poste s'avançait vers Posen. A cette même date du 8 février, les deux colonnes de gauche occupèrent simultanément Plock et Varsovie.

Les Autrichiens, à l'approche des Russes, s'étaient repliés vers Cracovie entraînant dans leur mouvement les 8 000 à 9 000 Polonais de Poniatowski; quant au général Reynier, que Schwartzenberg avait prévenu plusieurs jours à l'avance de son intention formelle de ne pas défendre Varsovie, il avait quitté cette ville avec le 7ᵉ corps du 4 au 5 février et rétrogradait sur Kalisch.

Le 10 février, les avant-postes du prince Eugène furent assaillis à Rogasen par l'avant-garde de Tschitschagow et obligés de se replier sur Posen; le 11, les lanciers lithuaniens du prince Gedroicz, surpris à Zirke par les cosaques de Tschernitchew, furent aux trois quarts détruits : il était grand temps pour nous d'évacuer Posen. Le prince Eugène rassembla ses troupes et, le 12, se mit en retraite. Le 18, il atteignit l'Oder à Francfort, où l'attendait le maréchal Gouvion Saint-Cyr avec les 35ᵉ et 36ᵉ divisions. Là, il apprit que les cosaques avaient franchi l'Oder dès le 16 février, en amont et en aval de Küstrin, et que déjà ils battaient l'estrade aux abords mêmes de Berlin.

Le général Reynier, qui croyait avoir de l'avance, le 12, s'était arrêté à Kalisch pour y faire reposer ses troupes, sa cavalerie surveillant la direction de Varsovie. Le 13, il avait été assailli à l'improviste par un corps russe accouru de Plock à marches forcées dans l'espoir de le couper de l'Oder. Les troupes dispersées dans des cantonnements très étendus avaient eu grand'peine à se rallier et à se dégager de l'étreinte de l'ennemi. Le gros réduit à 9 000 hommes s'était replié sur Glogau où il arriva le 19 ; une brigade de cavalerie et quelques compagnies d'infanterie, qui n'avaient pu passer, se retirèrent vers Czenstockau où elles se joignirent au corps polonais.

Le dégel étant survenu, la débâcle des glaces avait commencé sur l'Oder : le fleuve pouvait donc être défendu.

CHAPITRE II

RÉORGANISATION DES MOYENS DE LUTTE
DES DEUX PARTIES

———

1° La France et ses alliés.

FORCES DISPONIBLES EN ALLEMAGNE A LA FIN DE 1813

A la fin de janvier 1813, l'effectif des troupes françaises et alliées disponibles au delà de l'Elbe, garnisons des places non comprises, ne dépassait pas 60 000 hommes de toutes armes, savoir : à Posen avec le prince Eugène, 12 000 hommes répartis en quatre faibles divisions destinées à se fondre dans les autres corps de l'armée au cours des opérations ;

A Varsovie, le 7ᵉ corps commandé par le général Reynier et comprenant deux divisions saxonnes et une division française (32ᵉ, général Durutte), 15 000 hommes, et le 8ᵉ corps qui était en voie de réorganisation et comptait à peine 8 000 Polonais ;

Entre l'Elbe et l'Oder, le 11ᵉ corps d'armée commandé par le maréchal Gouvion Saint-Cyr : 30 000 hommes.

Organisation d'une armée nouvelle. — Depuis sa rentrée à Paris, Napoléon travaillait activement à refaire de toutes pièces la « Grande Armée ». Au mois d'octobre 1812, de Moscou, il avait prescrit au ministre de la guerre de faire passer des revues de rigueur dans les dépôts et les hôpitaux, et de diriger sur Mayence tout ce qui serait disponible.

D'après les documents authentiques, en ce qui concerne l'infanterie, on trouva 1 822 soldats en état de partir et 4 547 malades dont on attendait la guérison pour les mettre en route : c'était tout ce qui restait de la partie de la conscription de 1812 attribuée aux régiments d'infanterie française de la Grande Armée.

A la même époque, un appel de 137 000 hommes avait été fait sur la conscription de 1813. Les opérations de recrutement durèrent tout le mois de novembre ; *dans la première quinzaine de décembre,* la plupart des dépôts reçurent la majeure partie de leur contingent, les deux tiers environ, l'arrivée du reste se prolongea jusqu'au mois de janvier.

Fort heureusement, les *Cohortes* constituaient une force plus immédiatement disponible. L'Empereur, avant de s'engager dans la campagne de Russie, avait créé pour garder le territoire de l'Empire une force intermédiaire entre l'armée régulière et la garde nationale. Par une de ces levées rétroactives qui étaient alors d'usage, il s'était procuré environ 80 000 hommes de vingt et un à vingt-sept ans (classes de 1807 à 1812) qu'il avait réunis en bataillons. Afin d'atténuer le mauvais effet produit par cette mesure exceptionnelle, il avait fait inscrire dans le décret d'appel la mention que ces bataillons ne seraient pas employés hors du territoire français ; en outre, il leur avait donné ce nom de *Cohorte* emprunté à l'antiquité dans le but de les différencier davantage des troupes de ligne. Chaque cohorte comprenait sept compagnies d'infanterie, dont une de dépôt, et une compagnie d'artillerie ; l'effectif aurait dû dépasser 1 000 hommes, en réalité il s'était maintenu au-dessous de 800. 13 000 hommes de la conscription de 1813 avaient été affectés au complétement des cohortes, mais, en janvier, 6 000 seulement avaient rejoint. Grâce à une pression habile, on réussit à provoquer de la part d'un grand nombre de ces corps le vœu de faire campagne. L'Empereur s'empressa de faire rendre un sénatus-consulte (11 janvier 1813) appelant à l'activité les 88 cohortes.

Le même décret ordonna la levée par anticipation de 150 000 hommes conscrits de la classe 1814 et de 100 000 hommes *des quatre classes* de 1809 à 1812.

Pour en finir avec cette question, nous dirons de suite qu'au mois d'avril fut décrétée une nouvelle levée de 180 000 hommes savoir :

> 80 000 hommes des classes de 1807 à 1812 ;
> 90 000 hommes de la classe 1814 ;
> 10 000 gardes d'honneur à cheval.

Ces derniers étaient des jeunes gens de famille noble ou de bourgeoisie aisée, qui, ayant échappé aux levées précédentes par le remplacement, se trouvaient contraints au service personnel ; dans l'armée, on les nomma généralement les *otages*.

Il faut enfin noter les offres de cavaliers équipés et montés faites par les départements et les villes.

En résumé, les diverses levées ordonnées du mois d'octobre 1812 au mois d'avril 1813 s'élevèrent au total formidable de 647 000 hommes. Sans doute ces levées, les dernières principalement, donnèrent lieu à beaucoup de mécomptes, mais les déficits portèrent en majorité sur les contingents des nouvelles provinces de l'Empire. Les populations de l'ancienne France, qui étaient pourtant animées d'un vif mécontentement contre l'Empereur dont elles maudissaient l'ambition, firent preuve d'un patriotisme élevé : elles comprirent la nécessité de fournir à Napoléon les moyens de continuer la guerre, puisque nous n'avions aucun espoir d'obtenir une paix honorable tant que de nouvelles victoires n'auraient pas rétabli le prestige de nos armes. L'ordre ne fut troublé sérieusement nulle part, et en définitive les dépôts reçurent assez d'hommes pour assurer les formations ordonnées.

D'ailleurs le plus difficile ne fut pas de trouver des hommes mais bien les cadres pour les utiliser, du moins pour l'infanterie, car pour les autres armes on avait le nécessaire.

Infanterie. — Après quelques hésitations provenant de ce qu'il ne fut pas de suite exactement renseigné sur la situation, l'Empereur arrêta comme il suit les dispositions à prendre pour la réorganisation de l'infanterie de la Grande Armée :

1° Les trente-six régiments qui avaient fait partie des quatre premiers corps devaient être reconstitués à quatre bataillons de guerre. Or, abstraction faite de ce qui était resté dans les places de l'Oder et de la Vistule, les cadres revenus de Russie suffisaient à peine pour un bataillon, un bataillon et demi ; il y avait donc à créer de toutes pièces plus de cent cadres de bataillon exigeant 2 000 officiers.

2° En dehors des bataillons de dépôt, il y avait en France et en Italie une centaine de bataillons appartenant à des régiments dont le gros était détaché en Espagne, en Illyrie, etc. ; ceux qui se trouvaient hors de France avaient leurs cadres complets et comptaient même un certain nombre d'anciens soldats ; ceux de France se réduisaient à des cadres, dont le tiers des emplois étaient vacants. Après que leurs cadres eurent été complétés, puis remplis au moyen de recrues de la classe 1813, soixante de ces bataillons environ furent groupés soit par deux, soit par trois, pour former des régiments dits *de ligne* quand les bataillons appartenaient au même régiment, et *provisoires* dans le cas contraire.

3° Les cohortes, débarrassées de leurs compagnies d'artillerie, furent groupées quatre par quatre en vingt-deux régiments de ligne (nᵒˢ 135 à 156) comprenant chacun quatre bataillons de guerre à six compagnies et un bataillon de dépôt.

4° L'artillerie de marine comptait près de 16 000 anciens soldats qui restaient inutilisés dans nos ports bloqués par les flottes anglaises; 8 000 d'entre eux mêlés à 4 000 conscrits de 1813 formèrent quatre régiments d'infanterie de marine, qui comptèrent tout d'abord quatorze bataillons.

5° Avec 5 000 hommes de la garde municipale de Paris et des compagnies départementales, on organisa deux régiments, le 134° de ligne (deux bataillons) et le 37° léger (quatre bataillons).

6° Il restait en Italie trois vieux régiments : le 13° de ligne (cinq bataillons), le 23° (quatre bataillons) et le 101° (trois bataillons); on décida de les faire servir en Allemagne.

La mise sur le pied de guerre de tous ces corps exigeait beaucoup d'officiers et de sous-officiers. Il fallait non seulement pourvoir aux emplois effectivement vacants, qui étaient déjà très nombreux, mais encore assurer le remplacement d'un nombre considérable d'officiers des cohortes, de l'artillerie de marine et de la garde municipale qui n'étaient pas capables de faire un service de guerre. On eut recours aux cadres des dépôts dont on combla les vacances ainsi produites en rappelant à l'activité d'anciens officiers démissionnaires, retraités, etc.; on fit des nominations jusqu'à l'extrême limite de la loi, au delà même ; enfin on trouva de grandes ressources dans l'armée d'Espagne, dont les cadres avaient été jusque-là constitués avec une grande prodigalité. L'Empereur prescrivit « de resserrer » les unités de cette armée, de manière à ne garder qu'autant de bataillons qu'il y aurait de fois 840 hommes présents, et de diriger sur Paris en poste tous les gradés disponibles.

Les éléments énumérés ci-dessus furent utilisés pour la formation des corps d'armée ci-après.

1° *Corps d'observation de l'Elbe (plus tard 5ᵉ corps)* :

<table>
<tr><td>4 divisions d'infanterie (Général Lauriston).</td><td>11 régiments de cohortes ;
134ᵉ de ligne (garde municipale de Paris) ;
le 2ᵉ étranger.
—
48 bataillons.</td><td>Se rassembla à Magdeburg du 15 février au 15 mars.</td></tr>
</table>

2° *1ᵉʳ Corps d'observation du Rhin (plus tard 3ᵉ corps)* :

<table>
<tr><td>4 divisions d'infanterie (Maréchal Ney).</td><td>8 régiments de cohortes ;
13 régiments de ligne ou provisoires.
—
60 bataillons.</td><td>Se rassembla aux environs de Mayence du commencement à la fin de mars.</td></tr>
</table>

3° *2ᵉ Corps d'observation du Rhin (plus tard 6ᵉ corps)* :

<table>
<tr><td>4 divisions d'infanterie (Maréchal Marmont).</td><td>4 régiments de marine ;
2 régiments de cohortes ;
12 régiments de ligne ou provisoires ;
37ᵉ léger (compagnies départementales) ;
1 bataillon espagnol.
—
50 bataillons.</td><td>Les trois premières divisions se rassemblèrent à Mayence à la fin de mars et au commencement d'avril.
Quant à la 4ᵉ, qui ne fut prête que beaucoup plus tard, vers la fin de mai, elle ne fit jamais partie du 6ᵉ corps.</td></tr>
</table>

4° *Corps d'observation d'Italie* :

<table>
<tr><td>4 divisions d'infanterie (Général Bertrand).</td><td>3 vieux régiments de ligne ;
2 régiments de cohortes ;
8 régiments de ligne ou provisoires ;
1 régiment croate ;
5 régiments italiens.
—
54 bataillons.</td><td>Fut dirigé, dès le commencement de mars, par le Tyrol sur Augsburg, et de là sur Bamberg. Au cours des opérations, ce corps fut dédoublé pour former avec deux divisions alliées, une bavaroise et une wurtembergeoise, les 4ᵉ et 12ᵉ corps, que commandèrent le général Bertrand (4ᵉ) et le maréchal Oudinot (12ᵉ).</td></tr>
</table>

5° *1er Corps d'armée :*

4 divisions d'infanterie (Nos 1, 2, 3, 3 *bis*). { 16 régiments français de l'ancien 1er corps reconstitués à 4 bataillons.

2e *Corps d'armée :*

3 divisions d'infanterie (Nos 4, 5, 6). { 12 régiments français des anciens 2e et 3e corps reconstitués à 4 bataillons.

Les sept divisions des 1er et 2e corps furent constituées successivement de la manière suivante :

Les bataillons n° 2 des vingt-huit régiments de ces deux corps groupés par deux en régiments provisoires formèrent les 1re et 4e divisions ; les cadres prélevés sur ceux rentrés de Russie avaient été arrêtés à Erfurt où on leur envoya leurs recrues. L'organisation de ces deux divisions fut terminée dès la fin de février ; mais comme les recrues n'avaient fait que traverser les dépôts et que les cadres de conduite réduits à quelques gradés n'avaient pu commencer à les discipliner et à les instruire au cours du voyage, ces divisions ne furent en état de rendre des services que vers le commencement d'avril.

Les vingt-huit bataillons n° 4 organisés dans les dépôts se rassemblèrent à Wesel et formèrent les 2e et 5e divisions, qui furent dirigées sur Brême où elles arrivèrent du 10 au 15 avril. Ces 2e et 5e divisions constituèrent jusqu'à l'armistice, avec la division dite de Hamburg, un corps d'armée provisoire destiné à opérer sur le bas Elbe, et qui eut pour chef le général Vandamme.

Les 3e et 6e divisions furent également formées à Wesel avec les vingt-huit bataillons n° 1, puis dirigées sur Brême où elles n'arrivèrent qu'à la fin de mai. On les employa tout d'abord à renforcer le corps de Vandamme.

Quant aux vingt-huit bataillons n° 3, ils ne furent prêts à marcher qu'au mois de juin ; en principe, ils devaient servir, les seize bataillons du 1er corps à former la division 3 *bis*, les douze du 2e corps à compléter à quatre bataillons les régiments provisoires des divisions 4, 5, 6.

Cette organisation n'était que temporaire, il était entendu qu'on grouperait les bataillons par régiment d'origine dès que les circonstances le permettraient. C'est seulement pendant l'armistice du mois de juin que l'opération put être effectuée et encore pas complètement.

6° On usa de procédés identiques à ceux que nous venons d'indiquer pour assurer la réorganisation successive de la division Durutte (32ᵉ) du 7ᵉ corps, et la formation de deux divisions nouvelles, une affectée jusqu'à nouvel ordre à la place d'Erfurt, l'autre destinée en principe à Hamburg et qui fit partie du corps provisoire de Vandamme jusqu'à l'armistice, comme il a été dit ci-dessus.

7° La Garde fut reconstituée à quatre divisions, une de vieille garde, formée de ce qui était revenu de Russie et de 3 000 vieux soldats d'élite tirés de l'armée d'Espagne, trois de jeune garde formées de conscrits choisis et qui se rassemblèrent successivement à Mayence, la première à la fin de mars, la deuxième à la fin d'avril et la troisième en juin.

8° Enfin, le 4 avril, l'Empereur prescrivit la formation de deux corps d'armée de réserve qui se réuniraient l'un à Mayence et l'autre en Italie ; les bataillons destinés à former ces deux corps d'armée étaient à organiser de toutes pièces : ils ne purent être mis sur pied qu'au mois d'août.

CAVALERIE. — La cavalerie était encore plus difficile à rétablir que l'infanterie. Il n'était rentré de Russie que 9 000 ou 10 000 cavaliers, et dans les dépôts il n'y avait guère que des cadres. On compléta les cadres par les mêmes moyens que pour l'infanterie ; pour les cavaliers, on prit des conscrits en s'efforçant de choisir ceux qui avaient une certaine habitude du cheval.

Il fut décidé :

1° Que la cavalerie de la Garde serait entièrement reconstituée ;

2° Que les cinquante-deux régiments qui avaient fait partie de la Grande Armée seraient réorganisés, et que l'on en formerait deux corps : le premier, sous le général Latour-

Maubourg, comptant quatre divisions, deux de grosse cavalerie et deux de légère ; le deuxième, sous le général Sébastiani, comptant trois divisions, deux de légère et une de grosse cavalerie.

3° Que les trente et un régiments de l'armée d'Espagne, indépendamment des cadres qu'ils céderaient pour la réorganisation des cinquante-deux régiments des 1er et 2° corps, fourniraient des éléments (chacun un escadron) pour la formation d'un troisième corps comptant quatre divisions et dont le commandement serait exercé par le général Arrighi.

La nécessité d'utiliser les moindres fractions de cavalerie à mesure qu'elles étaient prêtes conduisit à adopter les dispositions suivantes :

Les premières compagnies formées dans chaque division seraient réunies en un régiment provisoire de telle sorte que le corps de cavalerie lors de sa mise en route compterait autant de régiments qu'il devait avoir de divisions, une fois son organisation achevée.

A mesure que de nouvelles compagnies seraient prêtes, les dépôts les dirigeraient sur un point de rassemblement où l'on en formerait des régiments de marche se composant chacun des compagnies appartenant à la même division ; ces régiments de marche groupés en une division provisoire seraient dirigés sur l'armée ; dès que la division provisoire aurait rejoint le corps de cavalerie correspondant, elle serait dissoute, les diverses compagnies ralliant leurs régiments respectifs.

Quand les effectifs le permettraient, on reconstituerait les brigades puis les divisions définitives.

Le noyau du 1er corps fut organisé à Magdeburg, et celui du 2e à Brunswick ; ils comptèrent l'un et l'autre 3 500 à 4 000 cavaliers montés. Les divisions de marche de ces deux corps se réunirent à Mayence ; les deux premières (une pour chaque corps) en partirent vers la fin d'avril, les autres ne furent formées qu'après l'armistice.

La cavalerie de la Garde s'organisa partie à Mayence, partie à Paris. Lors de l'entrée en campagne, son effectif s'élevait à près de 4 000 cavaliers.

L'Empereur avait espéré (voir la correspondance) que les
1ᵉʳ et 2ᵉ corps de cavalerie réuniraient à la fin d'avril 15 000
cavaliers montés environ ; mais la perte de Hamburg et les
incursions des cosaques dans le Hanovre ayant désorganisé
le service des remontes de cette région, le général Bourcier,
commandant supérieur des dépôts de l'Allemagne du Nord,
ne put obtenir l'exécution des marchés passés, si bien que
les cavaliers remontés par ses soins ne dépassèrent pas
8 000 à l'époque indiquée ci-dessus.

Les dépôts de France se procurèrent des chevaux sans
trop de peine, mais la plupart de ces animaux, d'une qualité médiocre, étaient peu propres au service de la selle.
Néanmoins ce fut surtout le manque absolu de cavaliers
exercés qui retarda l'exécution des mesures prescrites par
l'Empereur.

Valeur des nouvelles troupes. — Pour apprécier à sa
juste valeur l'armée dont disposa Napoléon, il importe d'établir une distinction très nette entre les troupes qui partici-
pèrent aux opérations antérieures à l'armistice de Poischwitz
et celles qui ne purent être employées activement qu'après
l'armistice. C'est pour n'avoir pas fait cette distinction que
beaucoup d'écrivains ont été amenés à représenter « l'Armée
de 1813 » comme composée d'un ramassis de conscrits ado-
lescents jetés pêle-mêle dans des cadres insuffisants en nombre et en qualité. Cette appréciation, vraie dans une certaine
mesure pour la période qui suit l'armistice de Poischwitz,
est inexacte pour la période précédente.

Ainsi, en ce qui concerne l'*infanterie,* les détails donnés précédemment (¹) montrent que les 3ᵉ, 4ᵉ, 5ᵉ, 6ᵉ, 11ᵉ et 12ᵉ corps,
qui formaient le gros de l'armée, se composaient en presque

---

1. C'est précisément pourquoi nous avons tant insisté sur le mode d'organisation de
ces corps.

totalité d'éléments permanents mobilisés d'une valeur toujours plus grande que des unités constituées pour ainsi dire de toutes pièces, comme celles qui servirent à former les sept divisions des 1ᵉʳ et 2ᵉ corps. D'après une situation générale du 20 avril, la Grande Armée (et sous cette dénomination on comprend les six corps énumérés plus haut, la Garde, les 1ʳᵉ, 4ᵉ et 32ᵉ divisions d'infanterie, et les quatre divisions alliées) comptait 210 000 fantassins présents sous les armes, 175 000 Français et 35 000 alliés. Sur les 175 000 Français, 70 000 au plus provenant de la classe 1813, 105 000 appartenaient aux classes antérieures et avaient accompli au moins une année de service : c'étaient des soldats vigoureux et instruits. Quant aux hommes de la classe 1813, on remarquera que, le 20 avril, ils avaient déjà quatre mois de service ; de plus, au point de vue de la vigueur physique, ils ne laissaient pas autant à désirer qu'on pourrait le croire en raison de leur âge, vingt ans en moyenne, attendu que la sélection s'était faite parmi eux au cours des longues marches qu'ils avaient exécutées pour se rendre des dépôts à l'armée : les malingres étaient restés en route, seuls les sujets vigoureux étaient parvenus à destination.

Les cadres, malgré le renvoi aux dépôts des officiers âgés ou incapables, avaient pu être complétés ; on y trouvait sans doute des jeunes gens très ignorants du métier, mais la grande majorité se composaient de gradés anciens ayant l'expérience de la guerre. Un état dressé à la date du 15 avril donne pour l'infanterie du 3ᵉ corps 1 170 officiers et 36 289 hommes de troupe (sous-officiers, caporaux et soldats) présents sous les armes, soit un officier pour 31 hommes de troupe ce qui est une proportion assez forte. D'autres corps étaient moins favorisés, cependant aucun ne comptait moins d'un officier pour 40 hommes de troupe ce qui est encore suffisant. Les unités d'infanterie, à la date indiquée (¹), 15 avril, avaient donc leurs cadres au complet ou peu s'en faut. Malheureusement elles ne possédaient qu'en nombre très restreint les éléments nécessaires pour réparer dans la suite les vides produits dans ces cadres par le feu et les maladies. Cette pénurie de matière à cadres exposait les unités à une usure rapide ; l'effectif des soldats diminuant sensiblement dans la même proportion que celui des gradés, l'inconvénient fut tout d'abord d'importance minime, mais après l'armistice, quand les détachements de renfort rehaussèrent les effectifs, les cadres devinrent insuffisants : la valeur des troupes se trouva d'autant plus réduite que les renforts se composaient de soldats et plus jeunes et moins instruits que ceux du début de la campagne (²).

La *cavalerie* se réduisait à 15 000 hommes presque tous anciens soldats, 11 000 Français et 4 000 alliés. En présence de la cavalerie adverse, deux à trois fois plus nombreuse, très bonne et de plus très favorisée par les populations du théâtre de la guerre, notre cavalerie fut condamnée à une extrême circonspection et ne put par conséquent rendre que de faibles services. Après Lützen, elle reçut, il est vrai, des renforts qui portèrent son effectif à près de 25 000 hommes, mais comme ces renforts se composaient en grande partie de recrues montées sur des chevaux de réquisition, la qualité de la troupe diminua à mesure que son effectif augmentait. C'est seulement à la fin du mois d'août, par suite postérieu-

---

1. Jusqu'au 15 avril, les commandants de corps d'armée et plus particulièrement le général Lauriston et le maréchal Marmont, dans toutes leurs lettres à l'Empereur, se plaignent en termes très vifs des nombreuses vacances qui existent dans les cadres des troupes sous leurs ordres ; à partir du 15, les plaintes à ce sujet cessent, l'arrivée de détachements de gradés tirés de l'armée d'Espagne a permis de compléter les cadres.

2. On verra plus tard Napoléon se plaindre amèrement du manque d'officiers. Après Lützen (2 mai), écrivant au ministre de la guerre une lettre de reproches à propos du retard d'un détachement de gradés venant d'Espagne, il lui dira : « Je me trouve sur le champ de bataille sans officiers. » Ces récriminations, d'ailleurs d'une exagération systématique, seront provoquées par la difficulté de remplacer les officiers mis hors de combat, les corps ne possédant pour ainsi dire pas de sujets capables.

rement à l'armistice de Poischwitz, que les nouveaux escadrons présentèrent assez de consistance pour être employés activement. Il fallut donc plus de neuf mois pour mettre sur pied les formations ordonnées par l'Empereur : il avait été démontré une fois de plus que la cavalerie est une arme qui ne s'improvise pas.

L'*artillerie* était excellente, quoique ses chevaux d'attelage fussent un peu jeunes, mais son organisation n'était pas terminée lorsque commencèrent les opérations. La plupart des corps n'avaient reçu que la moitié de leur réserve d'artillerie ; les deux batteries manquantes ne les rejoignirent qu'après Lützen.

Certes, les nouvelles troupes ne valaient point les vieilles bandes détruites en Russie, et de plus leur constitution les exposait à une usure rapide, néanmoins elles étaient bonnes. Le major Odleben, officier saxon attaché à l'État-major de l'Empereur et dont la partialité s'est maintes fois donnée carrière contre nous, a exprimé en ces termes l'admiration qu'elles lui inspirèrent.

« La bonne tenue militaire qui régnait dans une armée sortie de terre pour ainsi dire et rassemblée d'un coup de baguette, était vraiment admirable, et si l'on éprouvait de l'horreur pour les excès des soldats français, l'esprit militaire, l'activité dans les marches et la bravoure de jeunes troupes si rapidement formées qu'on opposait tout d'un coup à des soldats exercés, n'en soulevaient pas moins l'étonnement. » D'ailleurs l'attitude des troupes françaises sur les champs de bataille de Lützen et de Bautzen atteste leur solidité.

Il nous a paru essentiel d'insister sur ce point, car l'opinion contraire eut cours pendant très longtemps ; les écrivains étaient en effet presque unanimes à proclamer qu'à Lützen et à Bautzen ce ne fut qu'à force de génie que Napoléon parvint à compenser l'extrême médiocrité de son armée. « L'Empereur, a dit York de Wartenburg (¹), prouva dans ces circonstances que le génie sait vaincre quelle que soit la qualité des troupes. » Présentée sous une forme aussi absolue, cette affirmation est d'une fausseté manifeste ; assurément le propre du génie est de triompher en dépit de difficultés qui arrêteraient le vulgaire, mais la limite de l'impossible existe aussi pour lui, seulement plus reculée. Le chef le plus génial ne saurait avec de mauvaises troupes remporter de succès décisifs sur un adversaire même sensiblement moins nombreux mais dont les troupes sont bonnes, tandis qu'au contraire il l'emportera presque toujours avec une très bonne armée contre une armée adverse supérieure en nombre mais de qualité médiocre. Jomini, dans son *Traité des grandes opérations de la guerre*, a émis l'avis « que Napoléon n'aurait rien fait de plus, s'il eût commandé aux armées les mieux exercées ». Nous avouons ne pas saisir la portée exacte de la pensée du grand critique. En fait, personne ne conteste que les armées, avec lesquelles Napoléon accomplit des prodiges de 1796 inclus à 1808, ne fussent absolument incomparables ; et, d'autre part, il est de toute évidence que la diminution de la valeur de ses troupes est l'une des causes principales (l'une des causes et non pas la seule) pour lesquelles ses opérations à partir de 1809 ne revêtirent plus qu'exceptionnellement le même caractère de décision foudroyante que par le passé, et finalement, dans la seconde campagne de 1813, aboutirent à la défaite (²). La stratégie napoléonienne

---

1. L'auteur de *Napoléon, chef d'armée.*

2. De 1796 à 1808, les troupes françaises qui marchent sous les ordres directs de Napoléon sont des troupes d'élite dans toute l'acception du terme. A partir de 1808 et jusqu'en 1812 leur qualité diminue, mais elles restent pourtant excellentes ; malheureusement il s'y mêle dès lors en trop grande proportion des troupes alliées de qualité quelconque et par surcroît peu sûres, de telle sorte que la valeur de l'armée est beaucoup moindre que dans la période précédente. En 1813, pendant la première partie de la campagne, les troupes françaises, comme nous venons de le dire, sont encore bonnes, mais dans la seconde partie elles ne sont plus que médiocres, pour la plupart du moins.

faite avant tout de rapidité et d'audace exigeait des troupes d'élite pour se développer à l'aise.

Quoi qu'il en soit, l'armée avec laquelle Napoléon ouvrit la campagne sur la Saale au printemps de 1813 était un bon instrument de guerre; pourtant elle portait en elle de graves germes de faiblesse.

D'abord, si la masse était animée d'un bon esprit militaire, elle ne connaissait guère d'autre sentiment de nature élevée que celui de l'honneur des armes; or ce sentiment ne suffit pas pour soutenir longtemps le moral de soldats qui ne sont pas des professionnels à l'esprit façonné par une longue éducation militaire. Sous l'action déprimante qu'exercent sur tout homme de caractère ordinaire des périls et des privations se renouvelant sans cesse et dont on n'entrevoit point le terme, les courages faiblissent, et il arrive un moment où l'énervement est tel que le premier revers provoque un effondrement général; la plus insignifiante défaite dégénère en déroute. Pour maintenir haut les cœurs en dépit des vicissitudes de la Fortune, il ne faut pas moins que les hautes vertus, filles de ce patriotisme ardent, qui jadis avait exalté jusqu'à l'héroïsme les soldats de la République, et qui maintenant, hélas! sans force sur les soldats de l'Empire à son déclin, embrasait d'une noble ardeur l'armée prussienne [1].

En outre, le personnel de haut commandement n'était pas à la hauteur de sa tâche. Les lieutenants de l'Empereur saturés de gloire militaire, gorgés d'honneurs et de richesses, aspiraient au repos; ils voulaient enfin jouir en paix de biens acquis à la pointe de l'épée pendant vingt années de guerre

---

1. Il n'y a pas à s'y tromper : dans la coalition formée contre la France en 1813, la Prusse est l'élément le plus redoutable, et cela parce que son armée est une armée de patriotes qui luttent pour reconquérir l'indépendance de leur pays.

Quelle leçon! un grand peuple menacé dans sa liberté ne périt que s'il s'abandonne lui-même; s'il fait tête au danger sans se troubler, il développe des forces morales supérieures à celles de son adversaire et finit par lui imposer le respect de ses droits.

continuelle. Tous, au fond, redoutaient de compromettre leur
réputation dans de nouveaux combats, et leur crainte à cet
égard s'avivait de la méfiance exagérée que leur inspiraient
les nouvelles troupes, méfiance très compréhensible chez
des hommes habitués pendant longtemps à ne commander
qu'à des troupes d'élite. D'autre part, ces illustres guerriers,
hommes de métier consommés, presque tous très bons tac-
ticiens, étaient capables de commander avec distinction un
corps d'armée dans une situation subordonnée, c'est-à-dire
sous la direction immédiate de Napoléon, mais aucun d'eux
(l'expérience l'a prouvé) ne possédait les talents nécessaires
pour exercer un grand commandement indépendant entraînant pour lui l'obligation de former des combinaisons stratégiques. Ce n'est pas que les dons naturels manquassent à plusieurs de ces généraux, mais la méthode de commandement
de l'Empereur ne leur avait pas permis de développer ces
dons et d'acquérir ainsi une véritable aptitude au commandement en chef. « Il y a, dit York de Wartenburg, une façon
de commander qui exclut toute velléité d'insubordination
et jusqu'à l'idée même de s'écarter des ordres donnés. Cet
empire, presque tous les grands capitaines l'ont exercé, et
Napoléon plus qu'aucun autre. Mais celui qui commande
de la sorte affirme sa prétention à l'infaillibilité et tue chez
ses subordonnés l'esprit d'initiative. C'est ce qui explique
pourquoi les plus grands hommes de guerre firent rarement
école. Napoléon coupait les ailes à toute envolée stratégique
de la part de ses lieutenants ; à prétendre ainsi assumer
toutes les activités directrices et partant toutes les respon-
sabilités, il n'eut bientôt plus autour de lui que des instru-
ments passifs. »

On sait comment Marmont, en août 1813, répondit à l'Empereur qui lui avait communiqué son plan d'opération, où
étaient envisagées diverses éventualités dans lesquelles cer-

tains de nos corps d'armée avaient momentanément à agir d'une façon indépendante : « Je crains bien que le jour où Votre Majesté aura remporté une victoire et cru gagner une bataille décisive, elle n'apprenne qu'elle en a perdu deux. » Conscients de leur impuissance, les lieutenants de l'Empereur ne redoutaient rien tant que d'être abandonnés à eux-mêmes. « Ainsi donc, le rêve de tout soldat, un poste où il est le maître, où il peut donner un libre essor à ses facul-tés, répugnait à ces chefs ; s'ils savaient encore obéir, ils ne savaient plus commander. Déjà l'Espagne avait été pour la plupart une rude pierre de touche, nul d'entre eux ne s'était tiré de cette épreuve à son honneur ; la campagne de 1813 révéla complètement leur insuffisance. » Cette pénurie de généraux capables de commander en chef ne se fit pas trop vivement sentir pendant la première partie de la campagne parce que les forces françaises composèrent une armée uni-que agissant tout entière sous les ordres directs de Napoléon ; mais dans la seconde partie, après l'armistice, il en fut autre-ment : l'Empereur, contraint par la grandeur des moyens mis en œuvre, tant par lui-même que par ses adversaires, de pratiquer *la guerre d'armées,* vit l'exécution de ses plans compromise par l'incapacité des chefs de ses divers groupes stratégiques. La prophétie de Marmont s'accomplit.

L'insuffisance du personnel de haut commandement se compliquait de la médiocrité du personnel d'État-major. Celui-ci, qui avait conservé la même organisation qu'avant la Révolution, se composait d'un petit nombre de sujets recrutés au hasard, sans aptitude ni instruction spéciales, jouissant d'une considération plutôt minime, et qui ne rem-plissaient auprès du commandement qu'un rôle purement passif. « L'État-major, avait dit Napoléon lui-même (à Vilna, le 2 juillet 1812), est organisé de manière qu'on n'y prévoit rien. » Or la guerre d'armées exige des états-majors de premier ordre, des états-majors constitués avec des sujets de choix, élevés dans l'étude des hautes connaissances de la guerre, unis par la communauté de doctrine, et chez lesquels on a développé avec soin l'initiative.

Rien à dire de l'organisation intérieure des diverses unités qui restait à peu près la même que dans les campagnes antérieures. La seule modification importante consistait dans la suppression de la plupart des voitures des trains régimentaires et leur remplacement par des animaux de bât (Décret du 15 février 1813. Voir le *Moniteur* à cette date).

Par exemple, voici quelle était la composition du train d'un régiment d'infanterie.

État-major du régiment.
- Une voiture à 2 chevaux ;
- Un mulet de bât pour la comptabilité ;
- Une voiture de cantinière.

Par bataillon.
- 5 mulets de bât pour les bagages des 21 officiers (médecin compris) du bataillon ;
- Un mulet de bât pour le transport des paniers d'ambulance ;
- Une voiture de cantinière.

On avait adopté pour le train des équipages des voitures plus légères ; l'emploi du modèle dit « *à la comtoise* » s'était généralisé.

CONTINGENTS DES ÉTATS DE LA CONFÉDÉRATION DU RHIN

Les États de la Confédération du Rhin mirent sur pied au commencement de la campagne :

Bavière : Une division mixte, général RAGLOWITCH.
Wurtemberg : Une division mixte, général FRANQUÉMONT.
Bade, Hesse, etc. : Une division mixte, général MARCHAND.
Westphalie : Une division mixte, général HAMMERSTEIN.

Au total, quatre divisions mixtes de troupes assez bonnes mais d'une fidélité problématique.

Quant à la Saxe, elle garda la neutralité jusqu'après Lützen; à ce moment, elle mit sur pied une division d'infanterie et une division de cavalerie.

L'Empereur eut soin de répartir les troupes alliées entre ses corps d'armée, afin de se prémunir contre les conséquences de la défection éventuelle de certaines d'entre elles.

La division bavaroise fut affectée au 12e corps;
La division wurtembergeoise, au 4e;
La division badoise, au 3e.
Quant à la division westphalienne, qui ne put être réunie assez à temps pour participer aux premières opérations, et qui d'ailleurs ne valait pas grand'chose, elle fut disloquée : l'infanterie fut affectée à la garnison de Dresde, la cavalerie attribuée au 6e corps.

Après Lützen, la division d'infanterie saxonne forma, avec la 32e division française, le 7e corps, dont le général Reynier prit le commandement.

2° Les Coalisés.

LA PRUSSE

Le traité de Tilsit avait réduit la Prusse à 4 500 000 habitants, et ruiné ses finances en lui imposant une indemnité de guerre de 120 millions en même temps que l'obligation de se soumettre au « système du blocus continental ».

Le roi Frédéric-Guillaume eut le bonheur de trouver dans le baron de Stein un ministre dont le génie fut à la hauteur de circonstances aussi difficiles.

Le soin de réorganiser l'armée fut confié au général Scharnhorst : la tâche était des plus ardues. L'armée ancienne n'existant pour ainsi dire plus, il fallut créer de toutes pièces une armée nouvelle, *nationale comme celle du vainqueur,* ce qui exigea la réforme complète de toutes les lois militaires.

Tous les citoyens furent astreints au service personnel : être soldat fut désormais considéré comme un honneur. Le peuple prussien tout entier, sans distinction de classe, comprenant que c'était l'armée qui jouerait le rôle principal dans l'œuvre de relèvement du pays, se prêta à un revirement d'opinion qui plaça au premier rang de la société « le Militaire », qui jusqu'alors avait été relégué au dernier. Les règlements furent modifiés en conséquence; pour assurer le respect de la discipline, on fit appel au sentiment de l'honneur et non plus seulement à celui de la crainte; les peines corporelles furent supprimées, sauf pour les fautes contre l'honneur. Le grade d'officier devint accessible à tous sans distinction de naissance.

En même temps, Scharnhorst poursuivit avec la plus extrême rigueur la punition des officiers qui, dans la campagne de 1806, n'avaient pas fait leur devoir : les commandants de place qui avaient livré leur forteresse sans combattre, furent traduits devant des conseils de guerre et condamnés; des tribunaux d'honneur, institués pour examiner la conduite des officiers qui avaient capitulé à Prenzlau et ailleurs, chassèrent de l'armée tous ceux qui ne purent se justifier.

Pour se ménager de grandes ressources en soldats exercés sans dépasser l'effectif de paix de 42 000 hommes imposé par le traité de Tilsit, on organisa les réserves en réduisant la durée du service dans l'armée active et en astreignant les hommes libérés à rejoindre leur corps en cas de guerre. On prépara la réquisition des chevaux et on créa des magasins contenant tout le matériel nécessaire pour la mise sur pied de guerre de l'armée active et de sa réserve.

Les règlements de manœuvre furent remaniés; on supprima les exercices de parade pour ne laisser subsister que ceux qui constituaient une véritable préparation à la guerre.

Des écoles de guerre furent créées pour développer l'instruction professionnelle des officiers.

L'armée fut divisée en six corps constitués en toutes armes ; corps dénommés « brigades » et forts chacun de 6 000 à 7 000 hommes. La Prusse fut partagée en trois commandements militaires : 1° la Prusse proprement dite ; 2° la Silésie ; 3° la Marche avec la Poméranie.

En 1812, après avoir vainement essayé de s'entendre avec le tsar Alexandre, le roi de Prusse avait signé avec Napoléon un traité par lequel il mettait à la disposition de son vainqueur, pour la campagne qui allait s'ouvrir, un corps d'armée de 20 000 hommes, c'est-à-dire près de la moitié de ses forces militaires actives. Beaucoup d'officiers patriotes, entre autres Scharnhorst, Gneisenau, Clausewitz, qui avaient été les conseillers militaires du roi, quittèrent leur pays pour prendre du service en Russie ; d'autres, parmi lesquels Blücher, signalés comme ennemis irréconciliables des Français, se virent enlever leur commandement. Il en résulta que l'organisation militaire préparée avec tant de soin fut en partie bouleversée, si bien que quand la Prusse se déclara contre la France en 1813, la mise sur pied de ses forces ne s'effectua pas aussi rapidement qu'on l'avait espéré ([1]).

A la fin de janvier 1813, le rappel des réservistes permit de compléter à l'effectif de guerre les troupes de l'armée active (800 hommes par bataillon, 150 par escadron), et en outre de former cinquante-deux bataillons de réserve qui devaient porter à 90 000 hommes le total des troupes de ligne.

Le 3 février, le roi Frédéric signa un édit qui organisait des compagnies et des escadrons de chasseurs dits volontaires et dont devaient faire partie les jeunes gens de dix-sept

---

1. C'est probablement pour ce motif que l'on ne comprit pas en Europe la valeur d'une organisation grâce à laquelle la Prusse devait par la suite prendre le premier rang parmi les puissances militaires.

à vingt-quatre ans, qui, n'appartenant pas à l'armée active, n'avaient pas de cas de dispense. Ces jeunes gens, presque tous de familles aisées, étaient tenus de s'habiller, de s'équiper et même de s'armer à leurs propres frais (ou aux frais des communes). Les compagnies et escadrons ainsi constitués furent annexés aux régiments d'infanterie et de cavalerie de l'armée active.

Le 9 du même mois, un nouvel édit compléta celui du 3 en supprimant la plupart des cas de dispense, et en définissant les pénalités dont seraient frappés tous ceux qui ne prendraient pas du service (ils ne pourraient plus exercer de fonctions publiques et seraient privés des droits de bourgeoisie et de patente; il leur serait interdit de porter la cocarde nationale, etc.) [1].

Le 27 mars, parut un décret sur l'organisation de la landwehr.

Pour compléter les cadres des troupes de campagne, on avait rappelé les anciens officiers encore en état de servir, et fait des promotions non seulement parmi les enseignes porte-épée, mais encore parmi les cadets et les sous-officiers. Comme cela ne suffisait pas, on nomma officiers des volontaires n'ayant que quelques semaines de service. Quand on forma la landwehr, on éprouva naturellement des difficultés plus grandes encore que l'on résolut de la même manière. En résumé, les compagnies et les escadrons de chasseurs volontaires furent dès le principe considérés comme des pépinières d'officiers.

Les troupes de l'armée active proprement dite eurent ter-

---

1. Les écrivains prussiens se sont évertués en vain à démontrer que le second décret était inutile. Ce qui s'est passé en France en 1792, et en Prusse en 1813, prouve que si grand que soit l'élan patriotique de la nation, l'engagement volontaire ne fournit en temps de guerre qu'un très petit nombre de défenseurs. Sans une loi astreignant au service militaire personnel tous les citoyens d'un certain âge, on n'obtient que des résultats insignifiants.

miné leur mobilisation au commencement de mars. La formation des bataillons de réserve se prolongea jusqu'au milieu de mai; une partie, de quinze à vingt, marchèrent avec les troupes actives, le reste fut employé à constituer les corps de blocus des places occupées par les Français. Quant à la landwehr, son organisation fut entravée par la pénurie des cadres et le manque d'effets de toute sorte et d'armes; au moment de l'armistice, son organisation était à peine ébauchée.

D'après les prévisions, la mobilisation terminée, l'effectif de l'armée prussienne s'élèverait à plus de 250 000 hommes, savoir :

			HOMMES.
Armée de campagne.	Armée active.	Infanterie : 46 bataillons à 800 hommes	36 800
		Cavalerie. 19 régiments à 4 escadrons. . . . . 2 escadrons indépendants	11 700
		Artillerie. 45 batteries : 36 à pied, 9 à cheval . . . . . 3 compagnies de pionniers à 200 hommes .	6 600
		TOTAL	55 100
	Détachement de chasseurs volontaires à pied et à cheval		10 000
	52 bataillons de réserve à 800 hommes . . .		41 600
	TOTAL		106 700
Landwehr.	149 bataillons 124 escadrons		140 000
3 régiments de cavalerie nationale			1 650
Divers détachements de partisans.			5 000
TOTAL général			253 350

Les troupes de l'armée active, renforcées des détachements de volontaires et d'une partie des bataillons de réserve, formèrent au début des opérations trois corps d'armée de

composition très différente, ayant à leur tête les généraux
Blücher, Bülow et York. De ces trois corps, celui de Blücher
est le seul qui conserva son organisation durant toute la
première partie de la campagne ; les deux autres furent fractionnés dès le début. Chaque fois que cela sera nécessaire,
on donnera dans le texte l'ordre de bataille de l'armée prussienne.

Lorsque commença la campagne, en mars, les corps
d'York et de Bülow, éprouvés par la fièvre typhoïde, avaient
un très grand nombre de malades, 10 000 d'après Clausewitz.

LA RUSSIE

Les corps russes, qui avaient atteint la Vistule au commencement de février, comprenaient ensemble cent cinquante régiments d'infanterie, soixante-trois de cavalerie et
plus de cinquante batteries ; l'effectif des présents sous les
armes ne dépassait pas 110 000 hommes, dont 70 000 fantassins, 30 000 cavaliers et Cosaques et 10 000 artilleurs. Les
régiments d'infanterie étaient réduits pour la plupart à un
seul bataillon, et le bataillon ne comptait pas en moyenne
plus de 350 hommes. Les régiments de cavalerie comptaient
seulement quatre escadrons (au lieu de huit) de 100 hommes
chacun.

Un ukase du 5 février avait prescrit l'organisation d'une
armée de réserve comprenant cent soixante-treize bataillons,
quatre-vingt-douze escadrons, trente-sept batteries, et qui
devait se réunir autour de Bialistock. Le manque de cadres
joint au manque de matériel et d'armes retarda beaucoup
la formation des unités de toutes armes.

Du commencement de mars à la fin de juillet 1813, l'armée
de réserve envoya à l'armée d'opération : 68 000 fantassins,
14 000 cavaliers, 5 batteries. Les détachements, mis en

route successivement, marchèrent très lentement et perdirent, avant d'arriver à destination, par désertion ou maladie près du tiers de leur effectif. En définitive, les renforts qui parvinrent à l'armée active dans la première partie de la campagne, ne suffirent même pas pour la maintenir au faible effectif indiqué ci-dessus.

Les corps d'armée d'infanterie et de cavalerie furent à peu près tous fractionnés et mélangés à un tel point que, suivant un témoin oculaire, « les généraux ne savaient plus à quelles troupes commander, et réciproquement les troupes à quel chef obéir ». On sera obligé d'indiquer pour chaque affaire la composition des troupes russes qui y prirent part.

L'armée russe d'Allemagne ne se compose que de vieux soldats éprouvés ; elle est à coup sûr redoutable, mais pas autant que l'armée prussienne, qui compte pourtant dans ses rangs beaucoup de jeunes soldats. Le soldat russe montre dans les combats sa ténacité ordinaire, mais il n'est plus animé de cette ardeur patriotique que l'on constatait en lui quand il luttait pour chasser l'étranger du territoire national.

Une partie des landwehrs levées l'année précédente furent utilisées pour renforcer les corps russes chargés de bloquer ou d'assiéger les places de la Vistule.

DEUXIÈME PARTIE

L'ARMÉE DE L'ELBE
(DU 19 FÉVRIER AU 11 AVRIL)

CHAPITRE Ier

LES OPÉRATIONS ENTRE L'ODER ET L'ELBE

1° Situation générale au 19 février.

Le prince Eugène, avec les quatre petites divisions qu'il a ramenées de Posen (12 000 hommes), atteint l'Oder à Francfort le 18 février; c'est le lendemain 19 qu'arrivera à Glogau le 7ᵉ corps, réduit à 9 000 hommes depuis la malheureuse affaire de Kalisch.

Le prince trouve à Francfort le maréchal Gouvion Saint-Cyr, qui est venu à sa rencontre avec deux divisions du 11ᵉ corps (35ᵉ et 36ᵉ), 18 000 hommes; le maréchal Augereau est resté à Berlin avec une brigade de la 31ᵉ division (l'autre est à Stettin) et quelques autres troupes, en tout 6 000 à 7 000 hommes. Le général Lauriston est à Magdebourg avec les deux premières divisions du 5ᵉ corps et il attend les deux autres du 20 au 25; le général Morand avec un détachement de troupes saxonnes (2 000 hommes) se trouve dans la Poméranie suédoise.

Les places de l'Oder sont pourvues de leurs garnisons et approvisionnées : Stettin, 9 000 hommes (en y comprenant

une brigade de la 31ᵉ division qui n'aurait pas dû y rester);
Küstrin, 4 000 hommes; Glogau, 4 000 hommes. Il y a
3 000 hommes à Spandau.

Le prince Poniatowski, avec 8 000 à 9 000 Polonais, a
suivi en Galicie le corps auxiliaire du prince de Schwarzen-
berg; malgré ses protestations, il va être compris dans l'armistice conclu entre les Autrichiens et les Russes, et se
trouvera par suite réduit à l'inaction. Nous ne nous en
occuperons plus.

Les détachements de Cosaques du corps de Wittgenstein
qui ont franchi l'Oder en amont et en aval de Küstrin dès
le 16 février, battent l'estrade jusqu'à Berlin, enlevant les
courriers et les isolés. Dans cette même journée du 16, un
de leurs partis a rencontré un bataillon westphalien qui s'est
rendu sans combattre; le 20, un autre détachement, qui a
réussi à se glisser derrière les avant-postes de la 31ᵉ division, apparaît tout à coup devant Berlin, et y pénètre un
instant provoquant une vive échauffourée. Les gros des
corps russes sont encore très loin de l'Oder : Wittgenstein,
qui a dû laisser 20 000 hommes devant Thorn et Dantzig
et n'a plus que 19 000 hommes, s'avance très lentement à
travers la Poméranie, de telle sorte que, le 18, il est encore
à une marche en arrière de Konitz, à plus de 250 kilomètres
de l'Oder; Kutusow avec 40 000 hommes est à Kalisch;
Sacken avec 20 000 hommes occupe la Pologne et observe
la Galicie.

Les Prussiens ne nous ont pas encore déclaré la guerre,
mais on s'attend à les voir d'un jour à l'autre se joindre aux
Russes. Le général York avec son corps d'armée (10 000
hommes) suit Wittgenstein à deux ou trois marches. Blücher
organise un nouveau corps à Breslau, en Silésie, et Bülow
un autre à Colberg en Poméranie.

2° Repliement des troupes françaises sur Berlin.

Le prince Eugène est assez mal renseigné, cependant il lui est facile de se rendre compte de la situation qui est des plus nettes. L'inaction des Russes démontre qu'ils sont hors d'état d'entreprendre rien de sérieux sans le concours des Prussiens; la défection de ceux-ci est probable à bref délai, mais si elle ne s'est pas produite encore, c'est que le roi Frédéric-Guillaume, craignant des représailles de notre part, hésite à se déclarer contre nous alors que nous sommes maîtres d'une grande partie de ses États et de sa capitale. La conduite à suivre est donc tout indiquée : il faut *tenir la ligne de l'Oder afin de couvrir Berlin, et prendre une attitude énergique, qui impose le respect à un ennemi devenu trop audacieux, et maintienne le roi de Prusse dans ses hésitations.*

Le mieux serait de s'établir avec le gros de ses forces dans une position offensive sur la rive droite de l'Oder à l'est de Küstrin, en prenant la précaution de rompre tous les ponts en dehors de ceux des places fortes et de détruire systématiquement les barques et nacelles qu'il ne serait pas possible de ramener à l'intérieur de ces places.

Une fois la décision prise de tenir ferme en avant de l'Oder, il n'y aurait aucun inconvénient à pousser en avant de l'Elbe les deux divisions du 5ᵉ corps qui sont à Magdeburg quoique leur organisation ne soit pas complètement terminée. Le corps ennemi le plus proche, celui de Wittgenstein, ne pouvant atteindre Küstrin avant une dizaine de jours, on aurait le temps de porter sur Berlin la tête du 5ᵉ corps et de faire sortir de Stettin la 2ᵉ brigade de la 31ᵉ division, de manière à disposer, pour les opérations actives de tout le 11ᵉ corps, des troupes venues de Posen et des débris du 7ᵉ corps, au total : 50 000 hommes environ. La présence de 4 000 à 5 000 Cosaques sur la rive gauche de l'Oder est à coup sûr très gênante en raison du manque de cavalerie, mais on sera assez rapidement renforcé en troupes de cette arme ; d'ailleurs, avec les 2 000 cavaliers immédiatement disponibles et 7 000 à 8 000 fantassins et artilleurs, on pourrait aisément former deux ou trois colonnes mobiles qui auraient bientôt fait de débarrasser des coureurs ennemis tout le pays à l'ouest de l'Oder, pourvu qu'on se décidât enfin à traiter avec la plus extrême rigueur les habitants convaincus de connivence avec l'ennemi.

Si l'on réussissait à gagner le 10 mars, le corps d'opération se renforcerait successivement des quatre divisions du 5ᵉ corps qui seraient relevées dans la garde de Berlin et de Magdeburg par les 1ʳᵉ et 4ᵉ divisions. A partir du 20 mars, on aurait plus de 80 000 hommes pour tenir la campagne à l'est de l'Oder.

Malheureusement le prince Eugène s'est laissé influencer par les rapports alarmants du maréchal Augereau qui était convaincu que l'apparition aux environs de Berlin du premier détachement ennemi serait le signal d'une insurrection générale du peuple de cette ville ; il a jugé nécessaire d'en rapprocher le gros de ses forces. Il eût été possible de satisfaire à ce desideratum sans abandonner complètement la ligne de l'Oder. Si l'on renonçait à la défendre en avant, on pouvait du moins la défendre en arrière. En effet, puisqu'il n'y a que 60 kilomètres environ de Berlin à Küstrin, les avant-gardes étant maintenues le long du fleuve et le gros des forces reporté vers Müncheberg, à mi-distance de Berlin et de Küstrin, on fût resté en mesure de tomber sur tout corps ennemi entreprenant de franchir le fleuve entre Francfort et Wriezen, et l'on eût été pourtant assez près de Berlin pour y arriver en quelques heures en cas de nécessité. En outre, c'était affirmer l'intention de défendre Berlin, ce qui eût ramené l'ennemi à une circonspection dont le moindre bénéfice aurait été un gain de temps appréciable : Wittgenstein livré à ses propres forces (24 000 hommes en y comprenant les détachements francs) ne se serait pas hasardé à passer l'Oder en présence d'un corps français très supérieur en nombre ; il aurait attendu d'être renforcé, ce qui l'eût mené au delà du 5 mars, puisque les troupes de Kutusow étaient encore à la date du 20 février réunies près de Kalistch. Il y avait bien, plus à portée, les corps prussiens d'York et de Bülow, mais tant que la Prusse ne nous avait pas officiellement déclaré la guerre, on devait espérer que ses troupes ne se joindraient pas aux Russes, et agir en conséquence.

Le maréchal Gouvion Saint-Cyr, qui voulait qu'on restât sur l'Oder, aurait sans doute réussi à faire prévaloir son avis, mais il tomba malade et le commandement du 11ᵉ corps revint provisoirement au général Grenier, qui n'avait pas assez d'influence sur le prince Eugène pour le convaincre.

Le prince renonça donc à défendre la ligne de l'Oder pour concentrer aux environs immédiats de Berlin la majeure partie de ses forces ; il donna l'ordre suivant :

Le 7ᵉ corps restera à Glogau, la division bavaroise de Rechberg à Krossen, la division Gérard à Francfort ; les 35ᵉ et 36ᵉ divisions avec le reste des troupes venues de Posen se replieront sur Berlin.

Faire rétrograder le gros des forces jusqu'à Berlin était déjà une faute ; cette faute, on l'aggravait par des dispositions de détails en contradiction avec la résolution prise. Les ponts de Krossen et de Francfort étant détruits, pourquoi laisser sur ces deux points, à 80 kilomètres derrière soi, les 4000 hommes des divisions Gérard et Rechberg, qu'on exposait à être enlevées ? Dès l'instant où l'on avait renoncé à défendre l'Oder, il fallait en prendre franchement son parti et se retirer avec tout son monde ; *tenir ses troupes réunies*

*était d'autant plus indispensable qu'elles étaient moins nom-
breuses et l'ennemi plus audacieux.* Enfin, si l'on voulait absolument laisser un détachement sur l'Oder, la prudence commandait au moins de l'appuyer à Küstrin. « Puisque vous
vous retiriez sur Berlin, écrira Napoléon le 5 mars, qui vous
a porté à garder Francfort? vous n'aviez qu'à brûler le pont
(c'était fait). » Il ajoutera le 7 mars en réponse à un rapport
du prince Eugène signalant qu'on était sans nouvelles du
général Gérard : « Je ne puis comprendre pourquoi compromettre ce corps d'observation, lorsque vous pouviez l'appuyer
à Küstrin. »

Le 20 février, c'est-à-dire le jour même où quelques centaines de cavaliers russes causaient à Berlin l'échauffourée
dont nous avons parlé, le prince Eugène mit ses troupes en
mouvement en deux colonnes : une division et un régiment
de chasseurs à cheval italiens passant par Müncheberg, le
reste suivant la route de Fürstenwald. Le 21, le régiment
de chasseurs italiens, qui marchait isolément sans prendre
de précautions, fut surpris par les Cosaques et presque entièrement détruit. C'était la deuxième affaire de ce genre en
moins de dix jours ; l'Empereur se montra très irrité de tant
de négligence :

Tout cela ne serait pas arrivé, écrivit-il le 19 mars, *si la cavalerie
avait marché réunie, et si on y avait joint un régiment d'infanterie,
ce que la prudence et la manière de faire des Cosaques indiquaient
impérativement* (¹).

Le 22, le quartier général s'établit à Köpernich avec la
division de la garde (général Roguet), qui détacha un bataillon à Fürstenwald pour assurer la communication avec

---

1. Et, en effet, quand on ne dispose que d'une cavalerie très inférieure à celle de
l'adversaire, il n'y a pas d'autre moyen de la mettre à l'abri d'une destruction totale
que de lui donner un soutien d'infanterie ; elle perd, il est vrai, en mobilité, mais mieux
vaut une cavalerie peu mobile que pas de cavalerie du tout.

Francfort; les 35e et 36e divisions prirent position face au
nord-est en avant de Berlin, où fut placé le général Girard
avec la division polonaise et la 1re brigade de la 31e division ;
on sait que la division Gérard était restée à Francfort et la
division Rechberg à Krossen.

3° Convention de Kalisch et premières opérations en commun des Russes et des Prussiens.

Le 28 février, le roi Frédéric-Guillaume se décida à signer
avec les Russes la convention de Kalisch, mais il ne voulut
pas qu'elle fût rendue publique immédiatement, et émit là
prétention de n'adresser à la France sa déclaration de guerre
que quand les Russes se seraient rendus maîtres de Berlin.
Kutusow, qui n'avait que 60 000 hommes réellement disponibles pour les opérations actives, déclara qu'il ne ferait pas
un pas de plus vers l'Oder tant que les troupes prussiennes
n'auraient pas reçu des ordres positifs pour agir de concert
avec lui.

Le 1er mars, le roi Frédéric-Guillaume ordonna à ses
généraux de s'avancer vers l'Oder à la suite des corps
russes, mais en leur recommandant d'éviter avec soin tout
acte d'hostilité tant que la guerre n'aurait pas été déclarée
officiellement à la France. Rappelons de suite que ce fut
seulement le 15 que notre ambassadeur près la cour de
Prusse eut connaissance de la convention de Kalisch, et le
27 que la déclaration de guerre parvint à Paris (¹).

Les deux souverains alliés s'étaient entendus pour régler
de la manière suivante la conduite des opérations.

Kutusow était désigné comme généralissime ;
L'aile droite, commandée par Wittgenstein et comprenant le corps

---

1. Ne pas perdre de vue ces deux dates, quand on étudie la correspondance de
Napoléon, afin de se rendre compte de ce qu'il entend par le mot « ennemi ».

russe de ce général (19 000 hommes) et les deux corps prussiens d'York et de Bülow (30 000 hommes), en tout 50 000 hommes, franchirait l'Oder entre Küstrin et Stettin, et marcherait sur Berlin, puis sur Magdeburg ;

L'aile gauche, commandée par Blücher et comprenant le corps russe de Winzingerode (14 000 hommes, la plupart cavaliers) et le corps prussien de Blücher (27 000 hommes), en tout 40 000 hommes, se porterait sur Dresde à travers la Silésie ;

La réserve, formée, sous les ordres immédiats de Kutusow lui-même, du corps de Miloradowitch et de la Garde russe, 30 000 hommes, suivrait l'aile gauche à trois ou quatre marches.

Les Coalisés, estimant que, pour le moment, les Français étaient hors d'état d'opposer une résistance quelconque, se croyaient certains d'aller jusqu'à l'Elbe sans avoir à combattre. Ils s'étendaient sur un très grand front, donnant à leur mouvement des allures d'invasion pour balayer d'un seul coup tout le pays entre l'Oder et l'Elbe, et aussi pour tâcher d'influencer les États de la Confédération du Rhin et de les déterminer à faire cause commune avec la Coalition. « Quand on aurait atteint l'Elbe, il serait temps de serrer le jeu ; pendant que de forts partis de troupe légère déborderaient l'aile gauche de l'ennemi, l'on masserait la plus grande partie des forces sur la gauche du théâtre d'opérations en s'appuyant aux montagnes de la Bohême, afin d'agir en masse de ce côté selon les circonstances. »

Le désir de rester lié à l'Autriche, dont l'adhésion à la Coalition était considérée comme une affaire de temps, et le souvenir de la manœuvre exécutée par Napoléon en 1806 avaient dicté aux Coalisés leur résolution.

Nous donnons ci-après la situation détaillée de l'armée coalisée (troupes d'opérations seulement) au 15 mars. On remarquera la composition hétérogène des différents corps, qui doit compliquer à l'extrême l'exercice du commandement supérieur.

Armée de Wittgenstein (49 500 hommes ; 188 canons).

Corps russes. — 19 000 hommes ; 90 canons. (Non compris le détachement Woronzow, 5 000 hommes, qui resta devant Küstrin; dans la suite, ce détachement, relevé devant cette place par une division formée de bataillons de réserve prussiens, fut utilisé pour masquer Magdburg.)	Détachements francs de Tschernitchew, Benkendorf et Tettenborn.	4 régiments de cavalerie ; 14 régiments de Cosaques ; 6 canons.	5 000 hommes.
	Corps d'avant-garde du général prince Repnin.	11 bataillons ; 4 régiments de cavalerie ; 4 régiments de Cosaques ; 2 batteries : 24 canons.	5 000 hommes.
	Corps du lieutenant-général de Berg.	19 bataillons ; 2 régiments de cavalerie ; 1 régiment de Cosaques ; 5 batteries : 60 canons.	9 000 hommes.

Corps prussiens. — 30 500 hommes. (Y compris les détachements qui furent employés au blocus de Spandau et à celui de Wittenberg.)	Corps d'York. — 13 500 hommes ; 58 canons.	Infanterie (Général Kleist).	Brigade du général Hennebein : 7 bataillons 1/2 ; Brigade du colonel Horn : 9 bataillons.
		Cavalerie (Général Korswand).	12 escadrons.
		Artillerie. (Général Schmidt.)	8 batteries (dont 3 à cheval) : 58 canons.
		2 compagnies du génie.	
	Corps de Bülow. — 17 000 hommes ; 40 canons.	Brigade du général prince Louis de Hesse : 8 bataillons 1/2 ;	
		Brigade du général Thümen : 3 bataillons et 1 batterie (8 canons) ;	
		Brigade de cavalerie du général Oppen : 8 escadrons.	
		Artillerie du major Holzendorf : 2 batteries 1/2 (18 canons) ;	
		2 compagnies de génie.	
		Brig. mixte (Général Borstell), 5 500 hommes.	5 bataillons ; 4 escadrons ; 2 batteries : 14 pièces ; 1 compagnie de pionniers.

Armée de Blücher (40 800 hommes ; 136 canons).

Corps russes du général Winzingerode. — 13 500 hommes ; 68 canons.

- Avant-garde du général Landskoi. — 4 500 hommes ; 12 canons.
  - 3 régiments de cavalerie. 1 250 h.
  - 5 — Cosaques. 1 500
  - 1 bataillon 450
  - 1 batterie (8 canons). . 150
  - Détachement de partisans du colonel Davydow : 700 cavaliers.
- Corps de cavalerie du général prince Troubetzkoi (deux brigades : 3 000 hommes).
  - 3 régiments de cavalerie ;
  - 4 — Cosaques ;
  - 1 batterie : 12 canons.
- Corps d'infanterie du général prince Eugène de Wurtemberg (deux divisions : 6 400 hommes).
  - 16 bataillons : 5 400 hommes ;
  - 4 batteries : 48 canons.

Corps prussien du général Blücher. — 27 300 hommes ; 68 canons.

- Brigade Röder : 9 350 hommes.
  - 9 bataillons : 7 900 hommes ;
  - 8 escadrons : 1 000 — ;
  - 2 batteries : 450 hommes ; 14 canons.
- Brigade Klüx : 6 650 hommes.
  - 6 bataillons : 5 450 hommes ;
  - 6 escadrons : 650 — ;
  - 2 batteries : 750 hommes ; 14 canons.
- Brigade Ziethen : 7 250 hommes.
  - 7 bataillons : 6 100 hommes ;
  - 6 escadrons : 700 — ;
  - 3 batteries : 450 hommes ; 22 canons,
- Réserve de cavalerie du colonel Dolfs : 3 700 hommes.
  - 23 escadrons ;
  - 1 batterie : 6 canons.
- Réserve d'artillerie : Colonel Braun.
  - 1 batterie ;
  - 4 canons de position ;
  - les parcs ;
  - 1 compagnie de pionniers. } 750 hommes ; 12 canons.

Armée de réserve, général Kutusow (30 500 hommes ; 272 canons).

Corps de Miloradowitch. (Russes.) — 12 000 hommes ; 96 canons.

- Avant-garde.
  - 4 régiments de cavalerie ;
  - 5 — Cosaques ;
  - 6 bataillons ;
  - 2 batteries : 18 canons.
- Corps de cavalerie.
  - 2 régiments de cavalerie ;
  - 2 — Cosaques ;
  - 2 batteries : 18 canons.
- 4ᵉ corps d'infanterie.
  - 11 bataillons ;
  - 3 batteries : 30 canons.
- Détachement X...
  - 5 bataillons ;
  - 3 batteries : 30 canons.

Garde russe : Grand-duc Constantin. — 18 500 hommes ; 176 canons.

- Cavalerie.
  - 2 divisions légères : 17 escadrons ;
  - 2 — de cuirassiers : 38 escadrons.
- Infanterie.
  - Corps des grenadiers : 12 bataillons ;
  - 1ʳᵉ division de la Garde : 10 bataillons ;
  - 2ᵉ division de la Garde : 8 bataillons.
- Artillerie.
  - 15 batteries : 176 canons.

TOTAL général [1] . . . . 110 000 hommes ; 600 canons.

L'avant-garde de Wittgenstein, commandée par le général prince Repnin, traversa l'Oder les 1ᵉʳ et 2 mars à Güstebiese, à mi-distance de Küstrin et de Stettin, et s'avança sur la route de Berlin.

4° Repliement des troupes françaises sur l'Elbe.

Dans la journée du 2 mars, le prince Eugène replia ses troupes sur la rive gauche de la Sprée et porta son quartier général à Schönberg, à une demi-lieue en arrière de Berlin ; c'était avouer qu'il ne voulait pas courir le risque d'un combat pour rester maître de la ville.

---

1. Les indications données ci-dessus sont très approximatives ; en général, les Russes et les Prussiens, ces derniers surtout, se sont efforcés de diminuer leurs effectifs afin de bien faire ressortir que les Français n'ont dû leurs victoires de Lützen et de Bautzen qu'à une supériorité numérique écrasante.

Voici le jugement porté à ce sujet par Napoléon (lettre du 9 mars) :

Puisque le passage de l'Oder était impraticable et que, dans la Haute-Silésie, le général Reynier était encore à Bunzlau, je ne vois pas ce qui vous a déterminé à quitter Berlin.

Rien n'est moins militaire que le parti que vous avez pris de porter votre quartier général à Schönberg en arrière de Berlin ; il était très clair que c'était attirer l'ennemi. Si, au contraire, vous aviez pris une situation en avant de Berlin en communiquant par convois avec Spandau, et de Spandau avec Magdeburg, en faisant venir une division du corps de l'Elbe (5e corps) à mi-chemin ou en construisant quelques redoutes, l'ennemi aurait dû croire que vous vouliez livrer bataille. Alors il n'aurait passé l'Oder qu'après avoir réuni 60 000 ou 80 000 hommes, et dans l'intention sérieuse de s'emparer de Berlin ; mais il était encore bien loin de pouvoir faire cela. Vous pouviez gagner vingt jours, et cela eût été bien avantageux politiquement et militairement. Il est même probable que l'ennemi n'eût pas risqué ce mouvement..... Mais le jour où votre quartier général a été placé derrière Berlin, c'était dire que vous ne vouliez pas garder cette ville ; *vous avez ainsi perdu une attitude que l'art de la guerre est de savoir conserver. Un général expérimenté, qui eût établi un camp en avant de Küstrin, aurait donné le temps au corps de l'Elbe de venir sur Berlin, il n'aurait pu être attaqué que par de grandes dispositions qu'il aurait forcé l'ennemi de prendre.*

Quand on a intérêt à rester en possession d'un point important et qu'on est trop faible pour lutter contre son adversaire, la pire maladresse qu'on puisse commettre est de prendre des dispositions indiquant clairement qu'on ne courra pas le risque d'un engagement pour conserver le point en question. Il faut, tout en prenant ses mesures pour se dérober au moment voulu, adopter une attitude qui fasse croire à l'ennemi qu'on est décidé à livrer bataille : cet ennemi rendu prudent manœuvre avec méthode, et par suite perd du temps.

Dans la Correspondance de Napoléon, on trouve de nombreuses observations du même genre. Ainsi plus tard, quand le maréchal Davout fera sauter le pont de Dresde, l'Empereur écrira au prince Eugène :

LETTRE DU 16 MARS, 19 647

J'ai vu avec peine que le prince d'Eckmühl a fait sauter le pont de Dresde. Cela ne peut manquer d'y attirer l'ennemi. Surtout s'il a fait sauter une pile.

Les Russes ne voulant pas venir à Dresde en force, il était plus simple de barricader le pont et de rester tranquille dans la ville ; et si enfin on devait faire sauter le pont, il fallait n'en faire sauter qu'une arche de manière à pouvoir sur-le-champ la réparer avec des pièces de bois, pour rester maître de la ville, sauf à jeter ces bois dans la rivière à l'approche de l'ennemi.

En faisant sauter le pont de Dresde, on avouait implicitement qu'on disposait de trop peu de troupes pour défendre cette partie de l'Elbe, et par conséquent on incitait l'ennemi à pousser de suite une avant-garde de ce côté, alors qu'il n'y aurait pas pensé sans cela.

« Vous avez perdu une attitude que l'art de la guerre est de savoir conserver ! » voilà un précepte qu'il convient de méditer. A la guerre, malheur à celui qui laisse son adversaire perdre le respect de ses armes, surtout quand il est le plus faible ! il est à la merci de l'ennemi, qui se croit dès lors, avec raison, le droit de tout tenter. Les événements que nous allons raconter en sont une preuve convaincante.

L'avant-garde de Wittgenstein avait franchi l'Oder le 1er mars, et s'était avancée dans la direction de Berlin. A la nouvelle du repliement des Français derrière la Sprée, le prince Repnin, le commandant de cette avant-garde, marcha droit sur Berlin. Chemin faisant, il fut rejoint par les détachements francs de Tschernitchew, Benkendorf et Tettenborn, si bien qu'il se trouva disposer de 12 000 hommes — 7 000 cavaliers, 5 000 fantassins et 30 canons. Les Français ne l'attendirent pas ; dans la nuit du 3 au 4, ils se mirent en retraite sur Wittenberg. Le prince entra aussitôt à Berlin aux acclamations enthousiastes de la population, et lança sa cavalerie légère à la poursuite des colonnes françaises. *On remarquera qu'à cette même date du 4 mars, la tête du corps de Wittgenstein était à Landsberg, à deux marches à l'est de Küstrin, c'est-à-dire à plus de cinq jours de Berlin.* Ainsi, 30 000 hommes de bonnes troupes françaises se retiraient devant 12 000 hommes de troupes légères russes, leur abandonnant Berlin dont la possession était pour nous d'une si grande importance au double point de vue politique et militaire.

CHAPITRE II

LA DÉFENSE DE L'ELBE

1° Occupation de la ligne de l'Elbe par les Français.

Du 4 au 7 mars, les troupes françaises effectuèrent leur
retraite vers l'Elbe. Le corps principal, harcelé par la cavalerie ennemie, se dirigea de Berlin sur Wittenberg, où il fut
rejoint par la division Gérard qui avait réussi à se faire
jour. La division bavaroise Rechberg, passant par Guben
et Luckau, gagna Torgau; le commandant de la place, le
général Thielmann, ayant refusé de la recevoir, elle continua
sur Meissen. Le 7e corps, parti de Glogau le 26 février, au
moment où les troupes légères de Winzingerode franchis-
saient l'Oder, avait pris position à Bautzen le 2 mars; à la
nouvelle de l'évacuation de Berlin, il se replia sur Dresde.

Voici quelles furent les dispositions prises par le prince
Eugène pour assurer la défense de l'Elbe (*croquis n° 2*).

Le maréchal Davout fut désigné pour commander l'aile droite, composée du 7e corps réduit à 6 000 hommes par la fièvre typhoïde et la
désertion, de la division Rechberg, de la 31e division dans laquelle
furent fondues les divisions Gérard et Girard, et enfin de la 1re brigade
de la 1re division : en tout 17 000 hommes, avec lesquels le maréchal
devait tenir Dresde et défendre l'Elbe de Königstein à Torgau. A
Königstein, petite forteresse sans valeur, il y avait une garnison de
quelques centaines de soldats saxons. La place de Dresde avait été
déclassée en 1806, mais le faubourg de Neustadt, qui est situé sur la
rive droite du fleuve, était couvert par un rempart bastionné, d'ailleurs
en très mauvais état. Quant à Torgau, où commandait le général
Thielmann, c'était une place assez forte; sa garnison se composait de
5 000 à 6 000 hommes de troupes saxonnes de nouvelles levées.

Les 35e et 36e divisions — 18 000 hommes sous le général Grenier —
formèrent le centre; elles se placèrent en colonne, la tête en avant de

Wittenberg, la queue à Eulenburg. Wittenberg était une ancienne
place forte déclassée depuis longtemps, mais facile à remettre en état,
attendu que sa principale défense consistait dans ses fossés pleins d'eau.

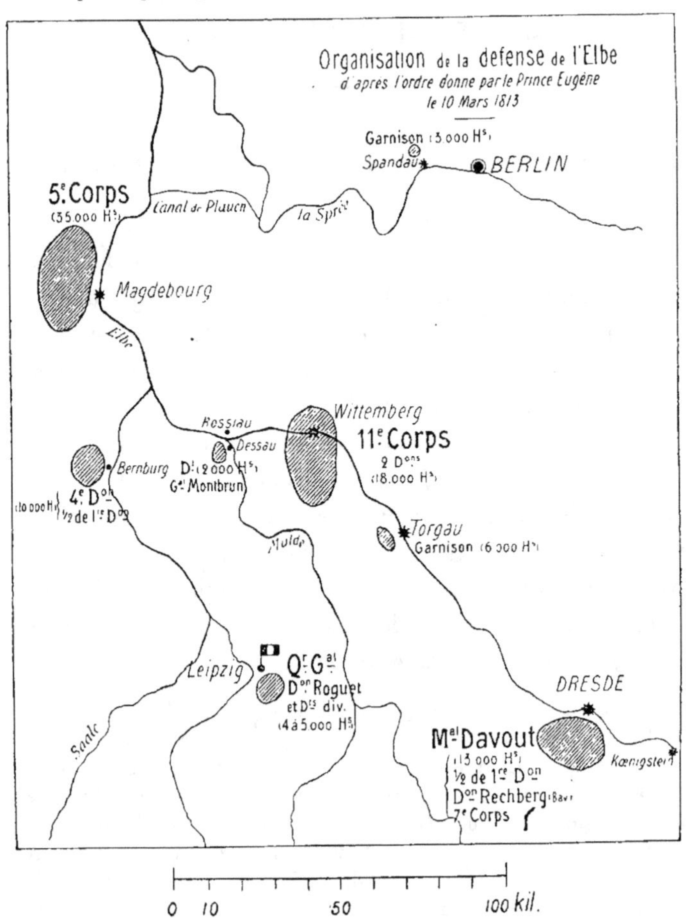

Nº 2. — ORGANISATION DE LA DÉFENSE DE L'ELBE PAR LE PRINCE EUGÈNE
(10 MARS 1813)

Le 5ᵉ corps — 35 000 hommes — forma la gauche à Magdeburg où il
se trouva bientôt rassemblé en entier. Magdeburg était une place très
forte qui renfermait des approvisionnements considérables en matériel
de toute espèce.

Le général Montbrun avec quelques escadrons destinés au 1er corps de cavalerie — 1 500 hommes — se plaça à Dessau pour lier le centre et la gauche.

La 4e division et la 2e brigade de la 1re division — 12 000 hommes — se réunirent à Bernburg pour achever de s'y organiser; le maréchal Victor en eut le commandement.

Le quartier général et la division Roguet — 3 000 hommes — s'établirent à Leipzig.

A Hamburg, il y avait le général Carra-Saint-Cyr avec un millier de soldats et quelques centaines de douaniers et gendarmes; la population, très hostile à la cause française, manifestait ouvertement les intentions les plus malveillantes.

Enfin, le général Morand, que l'on avait oublié en Poméranie avec deux bataillons saxons et qui avait appris fortuitement l'évacuation de Berlin, battait en retraite vers Hambourg; on se demandait avec inquiétude s'il réussirait à se frayer un passage.

Le prince Eugène a compris qu'il ne peut garder tout le cours de l'Elbe, de la Bohême à Hamburg, et qu'il doit par suite opter entre la défense du bas Elbe et celle de l'Elbe supérieur.

En s'établissant sur le bas Elbe, on abandonne la Saxe et l'on découvre les autres États de la Confédération du Rhin; en s'établissant sur l'Elbe supérieur, on livre à l'ennemi la 32e division militaire qui fait partie intégrante du territoire français, et l'on découvre la Hollande, on permet aux Coalisés de mettre la main sur Hamburg, par où ils seront en communication facile avec l'Angleterre. Chacun des deux partis présente donc des inconvénients. Après mûre réflexion, le prince Eugène se décide à défendre l'Elbe supérieur; il veut garder Dresde et couvrir les routes qui conduisent directement du Mein sur l'Elbe; l'armée de secours s'organisant dans la vallée du Mein, il se croit obligé de prendre sa ligne d'opérations sur Mayence pour rester en liaison avec cette armée. Il adopte, en conséquence, les dispositions que nous avons exposées plus haut.

Il fallait que le prince eût des idées bien étranges sur la

guerre pour disperser ainsi en cordon le long de l'Elbe, sur un front de plus de 250 kilomètres, une armée de 90 000 hommes, en conservant pour unique réserve les 3 000 hommes de la division Roguet. L'Empereur lui écrit le 15 mars :

> Par vos dispositions du 10, vous placez parfaitement vos troupes pour empêcher aux Cosaques et aux troupes légères de passer la rivière. Vous placez votre armée comme une arrière-garde ou comme on placerait une avant-garde, mais il n'y a point de dispositions réelles.

En effet, si l'on n'est pas au courant de la situation, on est tenté de considérer les corps placés le long de l'Elbe comme des détachements de couverture et l'on cherche, à quelque distance en arrière du centre de leur ligne, soit vers Leipzig, ce que nous dénommons aujourd'hui la *masse de manœuvre*, la *masse offensive* comme l'appelle Napoléon.

« Il n'y a pas de dispositions réelles ! » Le prince Eugène n'acceptera pas cette critique, il répliquera que les mesures qu'il a prises lui permettent de maîtriser d'une façon absolue le cours de l'Elbe des montagnes de la Bohême à Magdeburg, si bien que tout le pays à l'ouest du fleuve est parfaitement couvert, ce qui est le but à atteindre. Napoléon, prévoyant les objections du prince, a pourtant pris soin de lui expliquer pourquoi ses dispositions ne sont pas des *dispositions réelles*.

> En effet, dit-il, vous ne faites pas connaître ce que feront le prince d'Eckmühl, le duc de Bellune et vos officiers généraux si l'ennemi passait l'Elbe.
>
> Il faut mettre en principe que l'ennemi passera l'Elbe où et comme il le voudra. Jamais une rivière (¹) n'a été considérée comme un obstacle qui retardât de plus de quelques jours, et le passage n'en peut être défendu qu'en plaçant des troupes en forces dans des têtes de pont sur l'autre rive, prêtes à prendre l'offensive aussitôt que l'ennemi

---

1. Ce que dit Napoléon au sujet des cours d'eau s'applique évidemment à toutes les lignes d'obstacles naturels de quelque nature que ce soit, quand ces lignes ont un grand développement et que l'ennemi est libre de les aborder à peu près où bon lui semble.

commencerait son passage. Mais, voulant se borner à la défensive, il n'y a pas d'autre parti à prendre que de disposer ses troupes de manière à pouvoir les réunir en masse, et tomber sur l'ennemi avant que son passage soit achevé; *mais il faut que les localités s'y prêtent et que toutes les dispositions soient faites d'avance.*

Si le corps ennemi de droite, qui peut être de 25 000 hommes, qu'il fera comme de raison passer pour 50 000 hommes, se portait sur Havelberg et voulait passer l'Elbe, que feriez-vous ? L'ennemi aurait passé.et serait déjà sur Hanovre avant que vous eussiez fait aucun mouvement. Si 40 000 à 50 000 hommes marchaient sur Dresde, se battrait-on dans la ville pour défendre le pont ? et si l'ennemi passait l'Elbe du côté de Pilnitz, où cela est si facile, la rivière y étant si étroite, que ferait le prince d'Eckmühl ? Enfin, si l'ennemi passait l'Elbe *entre Magdeburg et Wittenberg, ce qu'il osera faire, s'il ne voit nulle part* DE MASSES OFFENSIVES, *que deviendraient toutes les colonnes de l'armée coupées par les troupes légères, en ayant sur leurs derrières et ne pouvant jamais se rallier?*

Rien n'est plus dangereux que d'essayer de défendre sérieusement une rivière en bordant la rive opposée ; car une fois que l'ennemi a surpris le passage, et il le surprend toujours, il trouve l'armée dans un ordre défensif très étendu et l'empêche de se rallier.

Tous ces inconvénients sont encore bien plus grands dans la situation actuelle des choses, quand l'ennemi a tant de cavalerie et tant d'habitude de ces mouvements.

En admettant que l'idée de défendre l'Elbe supérieur fût rationnelle (nous verrons plus tard qu'elle ne l'était pas), que devait donc faire le prince Eugène de ses 90 000 hommes « dès l'instant où il voulait se borner à la défensive » ? Il devait prendre 30 000 hommes, au plus, pour en former des détachements de couverture chargés de garder les principaux passages de l'Elbe, et tenir tout le reste, 60 000 hommes environ, bien groupés pour constituer sa masse de manœuvre, dont la place semblait indiquée dans la région à l'est de Leipzig. Grâce à ces dispositions, le prince restait maître de la situation, tant que l'armée de Wittgenstein opérerait sur Magdeburg et celle de Blücher sur Dresde. Ces deux armées franchissaient-elles le fleuve dans les parties

où y aboutissaient leurs lignes d'opérations particulières ?
Au début de leur mouvement sur la rive gauche, elles se
trouveraient à huit jours de marche au moins l'une de l'autre, ayant entre elles l'armée française ; celle-ci, dont l'effectif était très supérieur à celui de chacune d'elles, aurait beau
jeu pour les battre séparément. Mais il était probable que
l'ennemi, voyant nos forces groupées, se garderait bien d'a-
gir aussi maladroitement : avant de tenter le passage de
l'Elbe, Blücher et Wittgenstein feraient leur jonction. Ceci
fait, le prince Eugène réussirait-il longtemps à empêcher
les Coalisés de franchir le fleuve ? C'était plus que douteux.

La défense en arrière d'un grand cours d'eau est une opération très simple en théorie, mais d'une exécution très difficile. Selon l'expression de Napoléon, « il faut d'abord que
les localités s'y prêtent et que toutes les dispositions soient
prises d'avance ». Il faut que la configuration générale du
terrain et le tracé des voies de communication permettent à
la masse de manœuvre d'exécuter facilement ses navettes.
Il faut encore que le défenseur ait un bon service de renseignements qui l'informe, en temps utile, des mouvements
du gros des forces de l'adversaire, afin qu'il puisse faire exécuter à sa masse de manœuvre les mouvements nécessaires
pour l'amener à portée des points de passage menacés. Les
renseignements arrivent souvent trop tard, et le défenseur
finit toujours par se laisser prendre aux démonstrations de
l'ennemi : pendant qu'il est attiré sur un point, l'armée adverse passe sur un autre.

Quoi qu'il en soit, le moindre résultat des dispositions
indiquées ci-dessus était d'obliger les Coalisés à des mouvements de concentration entraînant pour eux une perte de
plusieurs jours ; or, dans la situation où l'on se trouvait,
tout gain de temps était un avantage très appréciable.

Dans sa correspondance de la fin de février, l'Empereur

avait avec soin évité de parler au prince Eugène de ce qu'il y aurait à faire si les circonstances exigeaient l'abandon de Berlin. Il craignait sans doute d'aviver dans l'esprit de son lieutenant l'idée de retraite dont celui-ci n'était déjà que trop hanté, ainsi que le prouvaient ses rapports empreints du pessimisme le plus exagéré. Cependant, le 2 mars, prévoyant sans doute ce qui allait arriver, Napoléon s'était décidé à faire connaître la conduite à tenir en cas de retraite (¹). Ses instructions étaient conçues dans le sens suivant :

L'essentiel est de couvrir la 32ᵉ division militaire, le royaume de Westphalie et la Hollande. Le gros des forces disponibles, c'est-à-dire les 5ᵉ et 11ᵉ corps, la division Roguet et tout ce qui sera prêt des 1ᵉʳ et 2ᵉ corps de cavalerie, sera groupé en avant de Magdeburg dans une position offensive. Avec le reste des troupes, on bordera l'Elbe afin d'empêcher les troupes légères de l'ennemi d'envahir la rive gauche.

Tous les ponts qui ne seront pas gardés seront rompus, et l'on procédera à une destruction systématique des barques qu'il ne serait pas possible de ramener à l'intérieur des places.

Si les circonstances obligeaient l'armée à abandonner Magdeburg, elle prendrait sa ligne d'opérations sur Wesel et défendrait successivement la Harz, le Wesel et l'Ems; dans cette prévision, la ligne d'étapes sera tracée par Cassel sur Wesel, et non plus sur Mayence.

Malheureusement, ces instructions, parties de Paris le 2 mars au soir, ne parvinrent au prince Eugène que le 9 mars, c'est-à-dire trop tard pour qu'il pût s'y conformer.

Quand, le 9, Napoléon apprit le mouvement de retraite sur Wittenberg, très irrité, il écrivit le jour même :

Je ne vois pas ce qui vous obligeait à quitter Berlin. Vos mouvements sont si rapides, que vous n'avez pas pu prendre la direction que je vous avais indiquée.....

---

1. N'ayant pas de chiffre pour correspondre avec le prince Eugène et ne voulant pas lui écrire en clair de peur que sa lettre ne tombât entre les mains des Cosaques qui ne cessaient de battre l'estrade entre Magdeburg et Berlin, Napoléon écrivit au général Lauriston en l'invitant à faire connaître ses intentions au prince au moyen de son chiffre particulier. Mais le général Lauriston n'avait pas plus de chiffre pour correspondre avec le prince Eugène que l'Empereur lui-même. Les ordres de l'Empereur arrivèrent trop tard.

Vous découvrez Magdeburg sans être assuré si cette place est approvisionnée et quelle garnison on y mettra : là sont pourtant toute notre artillerie de campagne et beaucoup de choses importantes..... (Reproche excessif, car le prince Eugène avait mis à Magdeburg tout le 5e corps, 3o ooo hommes.)

Par la marche que vous avez faite sur Wittenberg, vous avez laissé à découvert toute la 32e division militaire et le royaume de Westphalie. Par là vous vous trouvez perdre toute la cavalerie qui est éparpillée dans les cantonnements, et vous livrez à une avant-garde de quelques milliers d'hommes les plus belles provinces de l'Empire.

Je vous ai toujours dit que vous deviez vous retirer sur Magdeburg. En prenant votre ligne d'opérations sur Mayence, non seulement vous compromettez la 32e division militaire, mais encore la Hollande et mes escadres de l'Escaut.

Il faut enfin commencer à faire la guerre. C'est devant Magdeburg qu'il faut que vous réunissiez 8o ooo hommes, et, de là, comme d'un centre, protégiez tout l'Elbe.....

Nos opérations militaires sont l'objet de la risée de nos alliés et de nos ennemis, parce que constamment l'armée s'en va huit jours avant que l'infanterie ennemie soit arrivée, à l'approche des troupes légères et sur de simples bruits.

Il est temps que vous travailliez et que vous agissiez militairement. Je vous ai tracé ce que vous aviez à faire.

Les reproches de l'Empereur sont mérités, mais le prince Eugène a droit aux circonstances atténuantes. En effet, il n'y a pas à la guerre de situation plus difficile que celle d'un chef qui doit, avec des forces très inférieures à celles de l'adversaire, exécuter une longue retraite, ne reculant que pied à pied, mais évitant avec le plus grand soin tout engagement sérieux, qui causerait sa perte. Les difficultés de la situation sont encore plus grandes quand le moral des troupes est déjà affaibli par de nombreuses défaites et qu'on ne dispose que d'une cavalerie très inférieure à celle de l'ennemi. On doit reculer de position en position, ne quittant la place ni trop tôt, ni trop tard, toujours prêt à revenir sur son adversaire dès qu'il commet quelque imprudence ; cela exige plus de coup d'œil et plus d'énergie que n'en possèdent la plupart des généraux. Pour mener à bien une pareille opération, il faut un chef de premier ordre.

Le problème stratégique qui se pose est le suivant :

L'armée de l'Elbe, qui compte 90 000 hommes dont 15 000 hommes de troupes sans cohésion, remplit le rôle d'*armée de couverture*. Sa mission consiste à tenir l'ennemi le plus loin possible de la vallée du Mein jusqu'au 15 avril (pendant 30 à 35 jours par conséquent, puisque l'on est au 15 mars), c'est-à-dire jusqu'au moment où la Grande Armée, qui se réorganise aux environs de Mayence et de Würzburg, sera prête à entrer en opérations. Les corps ennemis (le 15 avril) ont leurs têtes de colonnes sur la ligne Berlin-Bautzen.

Le rôle de l'armée de l'Elbe est essentiellement défensif, car notre intérêt est d'éviter la bataille jusqu'au moment où l'entrée en ligne de l'armée du Mein nous assurera une telle supériorité numérique, que nous aurons la certitude du succès. L'Elbe est un fleuve large et profond, sur lequel les places de Torgau, Wittenberg et Magdeburg forment têtes de pont. C'est une bonne ligne de défense, barrant tout le théâtre d'opérations des monts de Bohême à la mer, et qui est beaucoup meilleure qu'aucune des lignes situées plus à l'ouest jusqu'au Rhin : de là découle la nécessité de s'y cramponner aussi longtemps qu'on le pourra.

Étant donnés nos propres moyens et ceux de l'adversaire, comment organiser la défense de la ligne de l'Elbe, et ensuite quel parti prendre si l'ennemi nous contraint à l'abandonner ? L'Empereur, dans ses lettres au prince Eugène, traite la question dans le plus grand détail. Pour apprécier à leur juste valeur les leçons magistrales de Napoléon, qu'on ne perde pas de vue que celui-ci, conformément à son habitude invétérée, évalue trop haut les moyens d'action du prince Eugène et trop bas ceux des Coalisés. Le problème stratégique qu'il résout est bien celui posé plus haut, mais dont certains facteurs ont été quelque peu modifiés.

L'Empereur, obligé « d'opter entre la défense du bas de

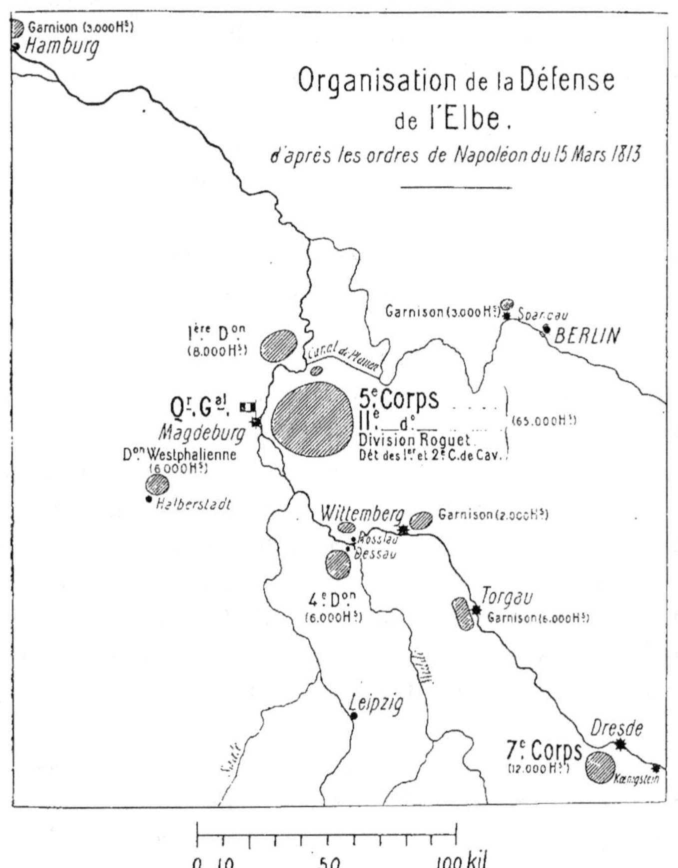

Nᵒ 3. — Organisation de la défense de l'Elbe par Napoléon
(15 mars 1813)

l'Elbe et celle du haut, se décide à défendre le haut ». Il estime « qu'il importe avant tout de couvrir la 32ᵉ division militaire et la Westphalie ; je préférerais, dit-il, voir l'ennemi

à Leipzig, Erfurt et Gotha plutôt qu'à Hanovre et à Bre-
men. » Il faut à tout prix empêcher l'adversaire de pénétrer
sur le *territoire français*, ce qui produirait un très fâcheux
effet moral. Et puis, si l'armée est contrainte d'abandonner
la ligne de l'Elbe, elle devra prendre sa direction de retraite
sur Wesel et non pas sur Würzburg et Mayence, ce qui
aurait pour résultat d'amener l'ennemi dans la région où se
réorganise l'armée de secours avant que cette dernière fût
prête. Enfin, si les armées adverses s'aventuraient à suivre le
prince Eugène vers le Bas-Rhin, quelle belle occasion de
renouveler la manœuvre d'Iéna dans de meilleures conditions
encore qu'en 1806, puisque Magdeburg nous appartient !
Ajoutons que l'Empereur médite pour le printemps un projet
d'opérations qui exige qu'il soit maître du bas Elbe (nous
reviendrons plus tard sur ce sujet).

En conséquence (¹), le prince Eugène prendra position à trois ou
quatre lieues à l'est de Magdeburg avec les 5ᵉ et 11ᵉ corps, la division
Roguet et la majeure partie de la cavalerie, 65 000 à 70 000 hommes
des meilleures troupes disponibles ; il couvrira « son camp par des
redoutes espacées de manière qu'on puisse manœuvrer entre elles. »

Le maréchal Victor avec la 4ᵉ division (12 bataillons) se tiendra sur
la rive gauche de l'Elbe près de Dessau, où l'on établira un pont (et en
attendant un va-et-vient) couvert par des ouvrages de fortification improvisée. Le maréchal étendra son action jusqu'à Torgau exclusive-
ment ; la garnison de Wittenberg sera portée à 2 000 hommes.

Le général Reynier, avec le 7ᵉ corps (que l'Empereur suppose de
12 000 hommes, mais qui en réalité en compte à peine 6 000), assurera
la surveillance de la ligne de l'Elbe, de Torgau inclus jusqu'aux montagnes de la Bohême ; il fera couper le pont de Meissen. Le général
saxon qui commande à Torgau emploiera les deux tiers de sa garnison
(4 000 hommes) à garder le fleuve en amont et en aval de la ville, le
dernier tiers (2 000 hommes) restant toujours dans la place.

Le maréchal Davout, avec la 1ʳᵉ division (16 bataillons), sera placé
sur la gauche de Magdeburg. « Il y sera fort bon ; il connaît Hamburg et y est connu, et sa proximité de cette ville sera fort utile. »

---

1. Voir le croquis nᵒ 3.

Il s'établira en face de l'embouchure du canal de Plauen, et installera un va-et-vient couvert par une tête de pont improvisée. Il fera surveiller l'Elbe en aval de sa position par des postes.

Hambourg aura une garnison de 3 000 hommes, « qui suffira avec la garde nationale pour interdire aux Cosaques d'insulter la ville ».

Le roi de Westphalie organisera une division mixte de ses troupes qu'il placera à deux ou trois marches à l'ouest de Magdeburg, et qui se tiendra prête à appuyer soit le maréchal Victor, soit le maréchal Davout ([1]).

Bien entendu, on procédera à une destruction systématique des bateaux qu'on trouvera sur l'Elbe et sur ses affluents de droite, en conservant toutefois ce qui pourra être rassemblé sous le canon des places.

« La ligne d'évacuation des malades des postes de l'armée, de l'estafette, des mouvements des dépôts d'artillerie, etc..., ira de Magdeburg sur Wessel. »

Le corps principal, placé dans le camp en avant de Magdeburg, enverra « tous les jours dans les différentes directions des avant-gardes comprenant chacune 1 500 chevaux et une division d'infanterie. Je suppose bien, dit l'Empereur au prince Eugène, que vous ne vous laisserez pas enfermer par les Cosaques et quelques bataillons. »

Si l'ennemi jetait des partisans sur la rive gauche de l'Elbe, on organiserait des colonnes mobiles de 2 500 à 3 000 hommes de toutes armes, qui seraient chargées de leur courir sus et de les jeter dans le fleuve.

En cas d'attaque dirigée contre le corps principal, les maréchaux Victor et Davout, si l'ennemi ne les avait pas masqués au préalable, déboucheraient sur la rive droite par les têtes de pont de Dessau et de l'embouchure du canal de Plauen, et manœuvreraient sur les flancs du corps principal.

Les dispositions indiquées ci-dessus interdisent à l'ennemi, qui ne vous est pas très supérieur en nombre (qu'on ne l'oublie pas), de songer à envahir la rive gauche de l'Elbe tant que notre corps principal est en position à l'est de Magdeburg. Avant d'entreprendre une telle opération, il doit marcher avec toutes ses forces contre notre corps principal, le déloger de sa position retranchée, le rejeter au delà de

---

1. Cette division ne fut pas prête en temps utile.

l'Elbe, puis laisser devant Magdeburg un corps d'observation d'un effectif suffisant pour masquer les débouchés de cette place. C'est seulement alors qu'il sera en droit de tenter de forcer le passage du fleuve, si toutefois il lui reste assez de troupes disponibles pour cela.

Si l'ennemi se permettait de franchir l'Elbe sans tenir compte de notre corps principal, un mouvement offensif de celui-ci dans la direction de Berlin obligerait cet ennemi à revenir en toute hâte sur la rive droite.

Votre position dans le camp devant Magdeburg rétablira le moral de vos troupes. Si l'ennemi marchait en force sur Havelberg, il ne pourrait pas le faire sans avoir 80 000 hommes pour vous masquer. (Ce qui est impossible, les Alliés ne disposant pas d'assez de forces pour cela.) S'il veut sérieusement marcher sur Dresde et que Reynier ne puisse l'arrêter, ce général se jettera derrière la Mulde et défendra cette ligne contre les troupes légères de l'ennemi ; enfin il se formera toujours sur votre droite. Dans cette situation, un mouvement (du corps principal) de Magdeburg sur Brandenburg et Berlin effrayerait l'ennemi et le forcerait à rappeler la masse de ses forces sur la rive droite de l'Elbe. En faisant prendre une position offensive et en montrant la grande quantité de troupes qui sont à Magdeburg, l'ennemi sera bridé et ne pourra rien faire de raisonnable sans opposer une armée de 100 000 hommes à la vôtre ; et se voyant à la veille d'une bataille, il se gardera bien de faire des détachements qui l'affaibliraient. (Lettre du 15 mars.)

Napoléon ne pense pas que l'ennemi divise ses forces en deux masses dont l'une serait chargée de nous observer sur Magdeburg, tandis que l'autre franchirait l'Elbe à trois ou quatre marches en amont ou en aval. S'il commettait une pareille faute, notre corps principal aurait à manœuvrer par les deux rives du fleuve afin de battre les deux corps adverses l'un après l'autre. Une telle manière d'opérer ne serait acceptable de la part de l'ennemi que si l'ensemble de ses forces lui permettait de donner à chacun de ses deux corps un effectif, sinon supérieur, du moins égal à celui de notre masse de manœuvre grossie des détachements qu'elle serait en mesure d'attirer à elle. Le prince Eugène pouvant aisément rallier environ 80 000 hommes, l'effectif total de l'ennemi devrait être de 140 000 à 150 000 hommes ; l'Empereur n'admet pas, et il a raison, que les Alliés puissent disposer d'autant de monde pour les opérations actives au delà de l'Elbe (leur effectif réel dépasse à peine 100 000 hommes).

On remarquera les positions assignées aux détachements des maréchaux Victor et Davout. Ces détachements, placés sur la rive gauche de l'Elbe vers Dessau et l'embouchure du canal de Plauen, à environ deux marches de Magdeburg, l'un en amont, l'autre en aval, n'ayant pas à craindre d'être jamais séparés de cette place, prolongent l'action de la masse de manœuvre sur l'Elbe et obligent l'adversaire à choisir ses points de passage à trois marches au moins en amont ou en aval de Magdeburg. Notre masse de manœuvre jouit ainsi d'une sécurité complète, car elle aura toujours, quoi qu'il advienne, le temps de repasser l'Elbe et de prendre ses dispositions pour couvrir sa ligne de retraite.

De plus, *vu la situation générale,* les Coalisés ont l'obligation presque absolue d'effectuer le passage de l'Elbe en amont de Magdeburg, ce qui les amène à déboucher sur la rive gauche au moins au delà de Dessau ; ils auront alors à forcer successivement les lignes de la Mulde et de la Saale, sur lesquelles nos détachements de couverture pourront les retarder. La masse de manœuvre aura donc tout le temps de revenir sur la Saale avant que les colonnes adverses aient dépassé cette rivière ; elle sera en situation de manœuvrer sa gauche appuyée à l'Elbe, sa droite couverte par le Harz, ses derrières parfaitement assurés, car l'ennemi ne peut pas songer à faire franchir le fleuve à ses colonnes à la fois en amont et en aval de Magdeburg, sur des points qui seraient forcément distants de six à sept marches l'un de l'autre. Par conséquent, l'envahissement de la rive gauche par l'adversaire n'obligera pas le prince Eugène à abandonner la ligne de l'Elbe, ce qui serait très fâcheux aussi bien au point de vue moral qu'au point de vue matériel.

Les détachements de Davout et de Victor ont des missions purement défensives, néanmoins l'Empereur a prescrit d'une façon expresse qu'ils s'assurent de moyens de passage sur l'Elbe afin d'être à même, le cas échéant, d'agir offensivement sur la rive droite pour seconder l'action de la masse principale. On se donne ainsi la possibilité de tirer de ces détachements le maximum d'effet utile.

En résumé, il résulte de tout ce que nous venons de dire que *l'armée de l'Elbe ne peut remplir sa mission que par la manœuvre.* Il en est de même pour toute armée de couverture, quels que soient les avantages que présente, au point de vue de la défensive pure, la région où elle opère.

Dans ses rapports précédents, le prince Eugène avait donné entre autres raisons des mesures prises par lui le 10 mars, la nécessité de garder Dresde; l'Empereur lui répondit :

LETTRE DU 15 MARS

Je sais bien que la grande question est Dresde. Les dispositions que vous avez prises ne défendent point cette ville, car si l'ennemi veut sérieusement marcher sur Dresde, que feront la 31e division et six bataillons de plus que vous donnez au prince d'Eckmühl ? Cela est tout à fait comme rien. Vous ne défendez pas Dresde, et vous vous exposez à un échec en compromettant ce corps si l'ennemi y marchait en force. S'il n'entre pas dans les projets de l'ennemi de se porter en force sur Dresde, le général Reynier avec son corps, qui a dû se renforcer et que je suppose avoir été complété à 12 000 hommes, est bien suffisant pour se défendre.

Il ne s'agit pas d'organiser une défense sérieuse de Dresde, mais seulement de mettre cette ville à l'abri des coups de

main des troupes légères ; on y placera donc un détachement juste assez fort pour n'avoir rien à craindre de celles-
ci ; 12 000 hommes suffisant certainement, affecter à cette
mission un corps plus considérable serait une faute, car le
but particulier qu'on se propose ne serait pas plus complètement atteint, et l'on affaiblirait davantage « la masse de
manœuvre ».

L'Empereur ajoute :

La retraite du général Reynier de Dresde ne serait ni un affront pour
nous, ni une nouvelle pour l'Europe, ce ne serait que la suite de son
premier mouvement de retraite, celle du prince d'Eckmühl serait un
véritable affront, elle montrerait que nous avons voulu défendre Dresde
et que nous ne l'avons pas pu.

A la guerre, l'*opinion* joue un rôle considérable ; il faut éviter de fournir à son adversaire des prétextes de chanter victoire, car une apparence de succès habilement exploitée lui
procurera parfois des avantages aussi grands qu'un succès
réel.

*La formation du camp de Magdeburg est le meilleur moyen de dé-
fendre Dresde, en ôtant à l'ennemi l'envie d'y aller,* puisque, comme
je l'ai déjà observé, il pourra craindre qu'on ne veuille se porter sur
Stettin, et c'est le seul moyen de réorganiser l'armée.

S'il avait été convenable de défendre Dresde, il aurait fallu se grouper autour, mais nous n'aurions eu ni magasins, ni munitions, ni aucune des ressources que donne une place forte. Si Wittenberg était une
place comme Magdeburg, vous auriez pu vous y porter, comme je l'ai
dit pour celle-ci, et cela aurait même été plus avantageux, puisque
Wittenberg est plus près de Berlin, de Dresde et même de la ligne
d'opération de l'armée ennemie qui se porterait sur Hanovre ; mais
une armée campée à Wittenberg peut craindre d'être tournée, tandis
que, campée à Magdeburg, elle n'a rien à craindre. Elle pourrait
au besoin s'y renfermer tout entière et peut manœuvrer sur les deux
rives.

L'armée de l'Elbe pourrait au besoin, *c'est-à-dire si elle y
était contrainte par les événements,* se renfermer dans Mag-

deburg, mais le prince Eugène commettrait une faute capitale, s'il prenait de parti pris une telle résolution.

Remarquons en passant que la lettre précitée présente un très grand intérêt en ce sens qu'elle indique de quelles considérations on doit tenir compte, quand il s'agit de déterminer l'organisation défensive d'une région par la fortification permanente. Si l'Empereur avait à organiser de toutes pièces la défense permanente de l'Elbe, il créerait sa place principale à Wittenberg et non à Magdeburg, et cela pour les raisons qu'il indique.

Le prince Eugène, ému des reproches qui lui étaient adressés, a dû essayer de se justifier dans ses lettres des 13 et 14 mars, car l'Empereur lui répond à la date du 18 :

> Le parti pris de faire sauter le pont de Dresde et de rétablir l'ancienne enceinte de la ville me paraît convenable (¹) ; mais tous ces préparatifs disparaîtront si l'ennemi fait un mouvement de 40 000 hommes sur Dresde ; or, c'est contre ce mouvement qu'il faut se prémunir.
>
> Il ne faut pas chercher si l'ennemi fera ou ne fera pas de mouvement, ce qu'il ne fait pas aussitôt, il pourra le faire dans quinze jours, or dans quinze jours, rien ne sera changé de votre côté.
>
> C'est parce que vous vous êtes laissé éblouir par de pareilles illusions que vous n'avez pas pris un grand parti.

Il n'est pas possible de dire plus clairement à un général en chef qu'il a la vue courte.

Après avoir renouvelé ses ordres antérieurs relativement à la concentration du gros de l'armée de l'Elbe en avant de Magdeburg, l'Empereur ajoute :

> Faites battre par des avant-gardes de cavalerie et d'infanterie, avec de l'artillerie, toute la rive droite, l'alarme sera aussitôt à Berlin. La crainte que vous ne preniez l'offensive en vous portant sur Stettin re-

---

1. Oui, mais à la condition que cela se fasse seulement quand l'ennemi menacera sérieusement Dresde. Dans des lettres ultérieures (24 et 26 mars), Napoléon adressera de vifs reproches au maréchal Davout pour avoir fait sauter le pont de Dresde « alors que l'ennemi n'avait encore fait avancer sur cette ville que des partis de troupes légères », reproches d'ailleurs non fondés.

tiendra l'ennemi. C'est le moyen le plus puissant de venir au secours de Dresde, et vous serez au moins certain d'empêcher toute opération sur Hamburg...

Vous garderez Dresde si l'ennemi le veut, et sans doute tant qu'il ne viendra pas avec 25 000 à 30 000 hommes qu'il fera passer pour 50 000. D'après les mesures qui ont été prises, il est évident qu'il ne tentera pas de forcer la ville; mais, s'il est en force, il menacera de passer ou passera effectivement à droite ou à gauche... Toutefois, c'est un grand point que de garder Dresde jusqu'à ce que l'ennemi ait fait un grand mouvement d'armée, et aussi longtemps que possible.

Mais il faut enfin prendre une position qui vous mette à l'abri des volontés de l'ennemi et que vous puissiez occuper, quelque chose qu'il fasse; d'où vous puissiez maîtriser ses mouvements en l'obligeant à venir vous bloquer. Ce ne peut être que le résultat d'une position offensive en campant en avant de Magdeburg.

Quand on étudie les lettres que nous venons de citer, il convient d'observer que chaque fois que Napoléon sort du domaine de la didactique pure pour formuler des prescriptions applicables aux circonstances du moment, intentionnellement ou non, il part d'une situation qui diffère assez sensiblement de la situation réelle. « L'ennemi, dit-il au prince Eugène, est loin d'avoir autant de troupes disponibles que vous. » Cette affirmation est inexacte. Les Coalisés poussent au delà de l'Oder 110 000 hommes de troupes excellentes; or, abstraction faite des garnisons des places, et des divisions Durutte et Rechberg, réduites l'une et l'autre à des cadres très fatigués et qu'il faut par conséquent envoyer se réorganiser en arrière, abstraction faite aussi des Saxons qui se renferment dans Torgau et refusent d'en sortir, le prince Eugène met en ligne moins de 80 000 hommes, dont 12 000 des 1ʳᵉ et 4ᵉ divisions n'ont pas encore de consistance. Cependant les instructions de l'Empereur restent applicables dans leurs grandes lignes, car elles sont fondées sur des principes immuables, indépendants des circonstances. Le rôle de l'armée de l'Elbe consistant à tenir l'ennemi à dis-

tance de la vallée du Mein, garder la majeure partie de ses
forces actives groupées en avant de Magdeburg, prêtes à
manœuvrer sur cette place par les deux rives de l'Elbe, apparaît comme le meilleur moyen d'atteindre le but cherché,
quelles que soient les forces de l'adversaire et quels que
soient ses desseins.

Ce qui rend la situation très difficile, c'est que l'ennemi
au cours de cette retraite qui s'est poursuivie pendant plus
de 5oo lieues sans que nous ayons fait tête une seule fois, a
perdu tout respect de nos armes. L'Empereur pense que, si
l'ennemi tente de franchir l'Elbe en négligeant notre corps
principal, il suffira pour le ramener sur la rive droite d'un
mouvement offensif dirigé avec 65 ooo hommes contre Bran-
debourg et Berlin : il se trompe. Ainsi que nous le verrons
tout à l'heure, les Coalisés ont prévu cette manœuvre et
décidé de ne pas s'en préoccuper ; ils persisteront à nous
tenir pour quantité négligeable tant que nous ne les aurons
pas rappelés à la prudence par quelque action de vigueur.
L'éloignement de l'armée de Blücher, dont les têtes de colonnes sont encore à cinquantes lieues de Berlin, nous offre
une occasion favorable, car nous pouvons nous jeter avec
65 ooo hommes sur les corps de Wittgenstein qui n'en comptent pas ensemble plus de 4o ooo (abstraction faite de ce
qui a été laissé devant Küstrin, Stettin et Spandau) et qui
marchent à de grandes distances les uns des autres. Dans
ces conditions, il semble que l'offensive s'impose ; il n'en
est rien pourtant, car ce mode d'action n'est possible qu'avec
un véritable chef, or le prince Eugène n'en est pas un. Hon-
nête, brave et assez intelligent, il n'a ni pénétration d'esprit,
ni décision, ni volonté. S'exagérant les forces de ses adversaires, et incapable de discerner même approximativement
leurs dispositions, doutant de ses troupes dont il n'a pas su
gagner la confiance, le prince se rend très bien compte qu'il

est impuissant; c'est pourquoi il est résolu à éviter toute action sérieuse où pourraient être compromises des troupes qu'il juge prudent de conserver intactes pour le moment où l'Empereur reprendra l'offensive avec la nouvelle armée qui s'organise sur le Mein.

Il finit par se rallier à l'idée de rassembler son armée sur Magdeburg, parce qu'il comprend que dans cette position il sera moins abordable que dans toute autre, et *qu'il pourra par suite rester plus longtemps sur l'Elbe sans être obligé de combattre*. Par contre, s'il ne prenait conseil que de lui-même, il demeurerait avec ses troupes sur la rive gauche du fleuve, prêt à rétrograder sur Brunsvick dès que l'ennemi s'approcherait avec des forces suffisantes pour l'inquiéter; mais l'Empereur lui ayant ordonné d'une façon formelle de prendre une position offensive sur la rive droite, il se résigne à contre-cœur à exécuter une manœuvre dont il n'attend aucun résultat et qu'il estime très périlleuse. Étant donné cet état d'esprit, il était évident que la manœuvre en question se réduirait à une timide démonstration sur le sens de laquelle l'ennemi ne se tromperait pas un instant.

Chose à peine croyable, la lettre du 9 mars ne suffit pas pour déterminer le prince Eugène à mettre ses troupes en mouvement; il voulut au préalable attendre la réponse à différentes observations de ses rapports précédents. Ce fut seulement le 18, au reçu d'une nouvelle lettre, datée du 13 et dans laquelle l'Empereur confirmait ses instructions antérieures, que le prince donna ses ordres. Un événement malheureux, l'évacuation de Hamburg, dont il fut informé à ce moment, lui montra combien les circonstances étaient pressantes. Grâce à l'inaction des Coalisés, inaction dont nous expliquerons plus loin les causes, sa fausse manœuvre put être en partie réparée.

2° Les opérations de l'armée de l'Elbe sur Magdeburg du 20 mars au 15 avril.

CONCENTRATION DE L'ARMÉE DE L'ELBE AUPRÈS DE MAGDEBURG

Concentrer sur Magdeburg une armée dispersée le long de l'Elbe, de cette ville à Dresde (voir le croquis n° 27) était une opération délicate. Napoléon avait écrit à ce sujet :

Puisque votre mouvement sur Wittenberg y a attiré l'ennemi, exécutez votre mouvement sur Magdeburg avec l'art nécessaire pour que l'ennemi vous y suive.

Puis venait l'indication des mesures à prendre pour obtenir ce résultat.

Il est nécessaire que l'ennemi puisse craindre qu'on veuille (que vous ne vouliez) prendre l'offensive par Magdeburg avant qu'il sache que vous vous êtes dégarni sur Wittenberg.

En effet, si l'adversaire franchissait l'Elbe près de Wittenberg pendant que nos troupes seraient en marche sur Magdeburg, le mouvement offensif par la rive droite ne serait plus possible : nous serions contraints de rester sur la rive gauche pour faire face à l'ennemi.

Il faut donc que le général Lauriston choisisse d'abord le camp, y fasse entrer ses quatre divisions, construise les redoutes et y place son artillerie, et qu'ensuite les trois divisions du 11ᵉ corps y arrivent successivement, étant relevées dans leurs positions par les troupes du duc de Bellune.

Tout ceci dans l'hypothèse que l'ennemi est en grandes forces devant vous.

Le prince Eugène ne mit pas tant d'art dans ses dispositions.

Le maréchal Davout, invité à quitter Dresde le 17 avec la 31ᵉ division et la 1ʳᵉ brigade de la 1ʳᵉ division, partit au jour fixé après avoir fait sauter une pile du pont de pierre malgré

les protestations des habitants; il laissait à peine 7 000 hommes (¹) au général Durutte, qui avait pris le commandement
en l'absence du général Reynier tombé malade. Le 21, comme
le maréchal n'était plus qu'à une marche de Leipzig, le quartier général, la division Roguet et les 35° et 36° divisions
quittèrent simultanément Leipzig et Wittenberg, et, filant
derrière l'Elbe que bordaient les bataillons de la 4° division,
marchèrent sur Magdeburg pour se joindre au 5° corps.

Le 23, une division du 5° corps franchit l'Elbe et se porta
à Möckern, à une petite marche en avant de Magdeburg,
dans le but d'attirer l'attention de l'ennemi et de le détourner
de se porter vers Wittenberg; le gros du corps d'armée
resta sur la rive gauche.

Avant de poursuivre le récit des opérations de l'armée de
l'Elbe, il est nécessaire de donner un coup d'œil rapide sur
les événements qui se sont passés d'une part du côté de
Hamburg, et d'autre part du côté de Dresde pendant que
l'armée effectuait sa concentration sur Magdeburg.

Le général Carra-Saint-Cyr, qui commandait à Hamburg
où il disposait tout juste de 2 000 soldats (2 bataillons du
152° du 5° corps), douaniers et gendarmes, n'avait pas cru
pouvoir rester au milieu d'une population de plus de
100 000 habitants dont l'hostilité se traduisait à chaque instant par de véritables actes de rébellion. Le 12 mars, à la
nouvelle de l'approche des Cosaques, il avait quitté la ville
après avoir détruit une grande quantité de matériel de guerre,
et s'était replié derrière l'Elbe. Le 17, il avait été rejoint par
le général Morand qui était parvenu, non sans peine, à se
frayer un passage à travers le Mecklenburg.

A ce moment, il semblait que toute la 32° division militaire
fût sur le point de s'insurger. Des frégates anglaises ayant

---

1. Non compris les garnisons de Torgau et de Kœnigstein.

débarqué à l'embouchure du Weser quelques centaines de soldats, les habitants du Oldenburg s'étaient soulevés et avaient aidé les Anglais à détruire les batteries de côte de Blexen et de Bremerlehe.

Carra-Saint-Cyr, rallié par quelques renforts (2 bataillons du 152ᵉ de ligne entre autres), se trouva à la tête de près de 5 000 hommes; il se porta sur Brême, força les Anglais à se rembarquer et rétablit l'ordre.

Le 18 mars, le partisan russe Tettenborn était entré à Hamburg aux acclamations enthousiastes de la population. Hamburg et Lübeck avaient immédiatement proclamé leur indépendance et décidé la levée d'une légion hanséatique de 4 000 hommes destinée à combattre les Français. Comme l'organisation de ce corps était très lente, Tettenborn demanda du renfort à Wittgenstein, et, en attendant, se contenta de jeter sur la rive gauche de l'Elbe de petits détachements de 50 à 60 cavaliers, qui allèrent jusqu'au Weser porter des proclamations appelant les populations aux armes. Quelques localités, Lüneburg entre autres, répondirent à cet appel et chassèrent les fonctionnaires français; cependant il y eut plus d'agitation que d'action réelle.

La région de Brême pacifiée, Carra-Saint-Cyr prescrivit au général Morand de se reporter vers l'Elbe pour mettre un terme aux incursions des cosaques et châtier les localités rebelles. Morand partit le 28 mars emmenant trois bataillons, un français et deux saxons, une centaine de cavaliers et une batterie, en tout 2 000 hommes. Carra-Saint-Cyr, qui avait gardé avec lui environ 3 000 hommes, venait de se mettre en route à son tour, quand il reçut un rapport de police disant qu'il y avait à craindre un soulèvement des habitants de Brême; il retrograda sur cette ville, laissant Morand continuer seul vers Lüneburg; résolution fâcheuse, car la prudence la plus élémentaire commandait de tenir réunies le peu de troupes dont on disposait. C'était avec tout son monde qu'il fallait soit revenir à Brême, soit continuer sur Lüneburg. La faute de se diviser, l'une de celles que l'on commet le plus fréquemment à la guerre, fut dans ce cas chèrement payée : le 2 avril, la colonne du général Morand(¹) fut prise tout entière à Lüneburg, ainsi que nous le verrons plus tard.

A Dresde, le général Durutte avait été abandonné par les divisions saxonnes qui s'étaient retirées à Torgau conformément à l'ordre de leur souverain ; ne disposant plus que de 3 000 hommes, français et bavarois, le général fut contraint de quitter Dresde le 27 mars, lorsque les partisans de Blücher franchirent l'Elbe. Il fit sa retraite par Wilsdruff et Altenburg, et ne s'arrêta que derrière la Saale, le 2 avril.

PLAN DE CAMPAGNE DES COALISÉS

A la date du 20 mars, l'armée de Wittgenstein était établie en cantonnements autour de Berlin et de Potsdam, occupant par des avant-gardes Rathenow, Brandenburg et Treuenbriezen ; sa cavalerie légère se tenait le long de l'Elbe, de Wittenberg à Havelberg, surveillant principalement les débouchés de Magdeburg et de Wittenberg, et jetant de temps à autre des partis sur la rive gauche. Ainsi que nous l'avons vu précédemment, le détachement franc de Tettenborn envoyé sur Hamburg avait occupé cette ville dès le 18 mars.

A la même date, l'armée de Blücher s'avançait lentement vers Dresde : la tête du gros n'était encore qu'à Liegnitz ; l'avant-garde formée du corps russe de Winzingerode venait d'atteindre Bautzen ; les partisans et la cavalerie légère étaient déjà sur l'Elbe.

---

1. Ne pas confondre ce général Morand avec son homonyme le célèbre divisionnaire de Davout.

Quant à l'armée de réserve, elle n'avait pas encore bougé : le corps de Miloradowitch se tenait devant Glogau, la Garde et le quartier général étaient toujours à Kalisch.

Du 20 au 27, il y eut une sorte de temps d'arrêt général dû aux divergences qui se produisirent entre Kutusow et le général Scharnhorst au sujet de la conduite des opérations. Kutusow, influencé par les souvenirs de 1806, ne faisait pas grand cas des troupes prussiennes ; aussi était-il bien décidé à n'entreprendre aucune action sérieuse avant d'avoir réorganisé l'armée russe au moyen des renforts qu'il attendait. Ses procédés de temporisation ne pouvaient convenir à l'impatience des Allemands qui réclamaient à grands cris « la marche jusqu'au Rhin » (¹), prétendant que les Français étaient hors d'état d'opposer la moindre résistance, et qu'à l'approche des armées alliées, tous les peuples de la Confédération du Rhin se lèveraient en masse pour secouer le joug de Napoléon. Malgré le tsar Alexandre, qui prêtait volontiers l'oreille aux discours des patriotes allemands, Kutusow persista dans son système. Il prescrivit à Wittgenstein de laisser quelques milliers d'hommes devant Magdeburg et de remonter l'Elbe par la rive droite avec la majeure partie de ses forces pour se joindre à Blücher. Quand les deux armées auraient effectué leur jonction, elles franchiraient l'Elbe simultanément

---

1 Le 24 mars, Kutusow écrivait de Kalisch au général Winzingerode la lettre suivante :

« Permettez-moi de répéter mon opinion sur la rapidité de vos marches en avant. Je sais que, dans toute l'Allemagne, chaque petit individu se permet de crier contre nos lenteurs. On croit que chaque marche en avant équivaut à une victoire, et que chaque journée perdue est une défaite. Moi, qui par le devoir de ma charge suis assujetti à des calculs, je dois bien peser les distances de l'Elbe à nos réserves, et les forces de l'ennemi dans tout son rassemblement que nous pouvons rencontrer à telle ou telle hauteur.....

« Soyez persuadé qu'un échec porté par l'ennemi à l'un de vos corps détruirait le prestige de l'opinion que nous avons en notre faveur en Allemagne.

« *Je ne peux pas parler avec toute cette confiance à M. Blücher, mais c'est à Votre Excellence de l'influencer dans ce sens, sans lui faire une parfaite confidence de nos moyens.* »

Cette lettre en dit long sur les rapports qui existaient à cette époque entre Prussiens et Russes.

pour marcher sur Leipzig et Altenburg ; « on verrait ensuite à agir selon les circonstances ».

Wittgenstein jugeait très mauvais de découvrir prématurément Berlin, qui était un centre de ressources considérables, et dont la perte aurait porté une grave atteinte à la confiance des Allemands ; il présenta donc des observations au sujet des ordres indiqués ci-dessus et finit par faire adopter les dispositions suivantes :

Avec son armée, il prendrait position au sud-est de Magdeburg entre Loburg et Zerbst, de manière à se rapprocher de Blücher sans cesser de couvrir Berlin ; en même temps, il ferait jeter un pont à Rosslau afin de pouvoir franchir l'Elbe dès que l'armée de Blücher, qui aurait passé le fleuve à Dresde, serait arrivée à sa hauteur, c'est-à-dire dès que les têtes de colonnes de cette armée atteindraient la Pleisse. Il pousserait alors rapidement ses avant-gardes vers la basse Saale, ce qui suffirait, pensait-il, pour faire renoncer le prince Eugène à toute idée d'offensive sur la rive droite de l'Elbe.

De cette manière, Berlin ne cesserait pas d'être couvert soit directement, soit indirectement. D'ailleurs, le général russe, convaincu qu'avec ses seules forces, il aurait facilement raison du prince Eugène, ne désirait rien tant que de le voir prendre l'offensive en avant de Magdeburg.

Il fut décidé, en outre, que les détachements de Tschernitchew et de Benkendorf, auxquels se joindraient 2 000 fantassins, passeraient l'Elbe à Havelberg, ou plus en aval si c'était nécessaire, et tenteraient de pénétrer jusqu'à Brunswick pour essayer de soulever le Hanovre et la Westphalie.

Ce fut le 27 mars que les troupes de Wittgenstein quittèrent les environs de Berlin pour se porter sur Zerbst.

MOUVEMENT DE L'ARMÉE DE L'ELBE EN AVANT DE MAGDEBURG

Au quartier général français, on était à peu près renseigné sur les positions occupées par les armées coalisées, mais malheureusement on s'exagérait beaucoup leur force, ce qui paralysait le commandement. En outre, l'attention de l'État-major était attirée plus que de raison sur l'Elbe inférieur. Le bruit courait que 10 000 à 15 000 Anglais étaient attendus à Hamburg, où ils devaient former avec 10 000 Danois, 5 000 à 6 000 Russes et quelques milliers de Suédois, un corps destiné à envahir la 32ᵉ division militaire et à couper les communications de l'armée de l'Elbe avec le Rhin. Le général Lauriston avait prêté l'oreille à ce racontar et en avait fait mention dans plusieurs rapports qui avaient frappé l'imagination des officiers de l'entourage du prince Eugène. Napoléon, très mécontent de la facilité avec laquelle ses généraux ajoutaient foi à toute mauvaise nouvelle, leur donna une leçon sur le dos du général Lauriston.

LETTRE DU 27 MARS

Vous allez trop vite et vous vous alarmez trop promptement. Vous ajoutez trop de confiance à tous les bruits. Il faut plus de calme dans la direction des affaires militaires, et avant d'ajouter croyance aux rapports, il faut les discuter. Tout ce que les espions et agents disent, sans qu'ils l'aient vu de leurs yeux, n'est rien, et souvent quand ils ont vu, ce n'est pas grand'chose.

Pourquoi croyez-vous que les Anglais vont débarquer à Hamburg? Où sont leurs moyens? Tous leurs efforts sont en Portugal. Est-ce parce que beaucoup de bâtiments sont en vue; mais on en voit des milliers tous les jours (sur les côtes de France). Ce que je vous dis là est inutile, car ce n'est que l'expérience qui réduit à leur juste valeur tous ces rapports qui étonnent dans le commencement.

Il est incontestable que la partie la plus difficile de la tâche d'un commandant en chef consiste à définir la situation de l'ennemi au moyen de renseignements incomplets et le plus souvent contradictoires, et cela, non pas d'une façon précise, car c'est presque toujours impossible, mais au moins assez approximativement pour limiter le nombre des éventualités à prendre en considération dans les combinaisons stratégiques. Un commandant en chef, sans perspicacité,

inhabile dans l'art des calculs stratégiques, entrevoit tant et
tant d'éventualités dangereuses, qu'il ne sait comment com-
biner ses dispositions pour être en mesure de parer à toutes.
Si c'est un audacieux, tel un Blücher, voulant agir quand
même, il écarte arbitrairement de son esprit une partie de
ces éventualités, s'en rapportant à la fortune du soin d'éloigner de sa route certaines chances mauvaises ; au contraire,
si c'est un circonspect, un timide, tel le prince Eugène, il se
confine dans l'inaction ([1]).

Le 26 mars, un fort détachement de cavalerie russe ayant
surpris le passage de l'Elbe dans le voisinage de Werben,
le général Montbrun, avec un millier de cavaliers et trois
bataillons, se jeta sur ce détachement, le bouscula et l'obligea à repasser le fleuve. Comme on avait reçu avis que des
troupes de toutes armes se rassemblaient aux environs d'Havelberg (c'étaient les détachements de Benkendorf et de
Tschernitchew), le prince Eugène s'imagina que les Coalisés
allaient tenter une action sérieuse de ce côté ; en conséquence, il maintint ses troupes en arrière de Magdeburg
et rappela même la division du 5ᵉ corps, qui avait été en-
voyée à Möckern.

Le 31, on apprit que les troupes de Wittgenstein avaient
quitté Berlin le 27 et qu'elles s'avançaient sur Rosslau dans
l'intention, disait-on, d'y franchir l'Elbe. Le prince Eugène
se décida enfin à porter son armée sur la rive droite du
fleuve. Le maréchal Victor avec la 4ᵉ division (10 bataillons),
garderait les passages de la basse Saale de Bernburg à Barby,
et le général Poinsot, avec la 1ʳᵉ division (12 bataillons), le
cours de l'Elbe en aval de Magdeburg, entre Tangermünde et
Werben. En outre, le maréchal Davout se porterait à Stendal

---

1. Si l'on était suffisamment renseigné pour définir exactement la situation de l'ennemi, ce serait un jeu d'enfant que de trouver la meilleure solution que comportent les
circonstances.

avec la 17ᵉ division du 5ᵉ corps (général Puthod) et le 2ᵉ corps
de cavalerie (général Sébastiani) — 8 000 fantassins, 2 500 cavaliers et 22 canons, — et se tiendrait prêt à courir sus à
tout parti ennemi qui passerait l'Elbe en aval de Magdeburg. Devaient prendre part au mouvement en avant de
cette place : le 11ᵉ corps, trois divisions du 5ᵉ, la division
Roguet, le 1ᵉʳ corps de cavalerie (général Latour-Maubourg),
au total : 45 000 fantassins, 4 000 cavaliers et 180 pièces.

Bien qu'il fût résolu à se borner à une simple démonstration, le prince Eugène commettait une faute en laissant sur
la rive gauche, sans nécessité absolue, les troupes confiées
(11 000 hommes) au maréchal Davout ; en effet, la prudence
eût exigé qu'il franchît l'Elbe avec toutes ses forces actives
ainsi que le lui avait prescrit Napoléon, car en dépit de ses
intentions il pouvait arriver qu'il se trouvât entraîné à une
affaire sérieuse.

COMBATS DE MÖCKERN 3, 4 ET 5 AVRIL
ET REPLIEMENT DE L'ARMÉE FRANÇAISE DERRIÈRE L'ELBE

Le 5ᵉ corps et le 1ᵉʳ corps de cavalerie franchirent l'Elbe
le 2 avril, et prirent position vers Nedlitz, à trois lieues à
l'est de Magdburg. Le 3, le 11ᵉ corps et la division Roguet
passèrent à leur tour. Le 4, une division du 11ᵉ corps et la
cavalerie poussèrent en reconnaissance jusqu'à Hohenziatz
(à 30 kilom. environ de Magdeburg, sur la route de Berlin),
puis revinrent sur Nedlitz, laissant une arrière-garde (3 bataillons, 8 escadrons et une batterie) à mi-chemin, à Zehdenick. Les détachements ennemis qui observaient Magdeburg,
à l'approche de nos troupes, s'étaient repliés vers Gleina
sans opposer aucune résistance.

Un rapport officiel adressé à l'Empereur, le 4 avril au soir,
s'exprime ainsi :

Cette reconnaissance militaire a inspiré de la confiance et de l'ardeur au soldat ; il est animé du meilleur esprit et brûle du désir de combattre les Prussiens. On nous a dit à Möckern que Wittgenstein se trouve à Zerbst avec 30 000 hommes, et le général York à Hohenziatz et Brandenburg avec 14 000 hommes.

Le 5, dit un autre rapport, le vice-roi, comprenant qu'il allait être attaqué par toute l'armée ennemie, *déploya son armée.*

On avait en effet signalé la marche de fortes colonnes ennemies venant de Ziesar, Gleina et Zerbst.

Le croquis n° 4 fait connaître la configuration générale de la région à l'est de Magdeburg. L'Ehle est une petite rivière guéable partout, qui coule dans une vallée peu profonde, large de 800 à 1 000 pas, marécageuse sur beaucoup de points : c'est en définitive un obstacle assez sérieux.

Le 5, au matin, nos troupes occupent les emplacements suivants (voir le *croquis n° 4*) :

Le 11ᵉ corps est en position à hauteur de Nedlitz, derrière la branche supérieure de l'Ehle, couvert sur la route de Berlin par l'arrière-garde (8 escadrons, 3 bataillons et une batterie) établie à Zehdenick ; en outre, un bataillon et un escadron occupent Weglitz.

Le 5ᵉ corps, placé à une lieue et demie en arrière du 11ᵉ, a deux de ses divisions spécialement affectées à la garde des débouchés de Neu-Gerwisch et de Kœnigsborn ; la 3ᵉ division, la seule réellement disponible, est à Walitz, d'où elle détache un bataillon pour occuper Gommern et Danigkow sur le flanc droit du 11ᵉ corps.

La division Roguet est chargée de garder la tête de la digue de Péchau.

On le voit, la préoccupation unique du prince Eugène a été d'assurer contre toute éventualité ses communications avec Magdeburg ; ses troupes sont placées pour battre en retraite dès que l'ennemi paraîtra. Le prince s'illusionne au point de croire que sa seule présence sur la rive droite de l'Elbe, aux portes mêmes de Magdeburg, suffira pour intimider Wittgenstein et le déterminer à ramener devant cette place le gros de ses forces. Wittgenstein reviendra effectivement devant Magdeburg, mais la raison de sa détermina-

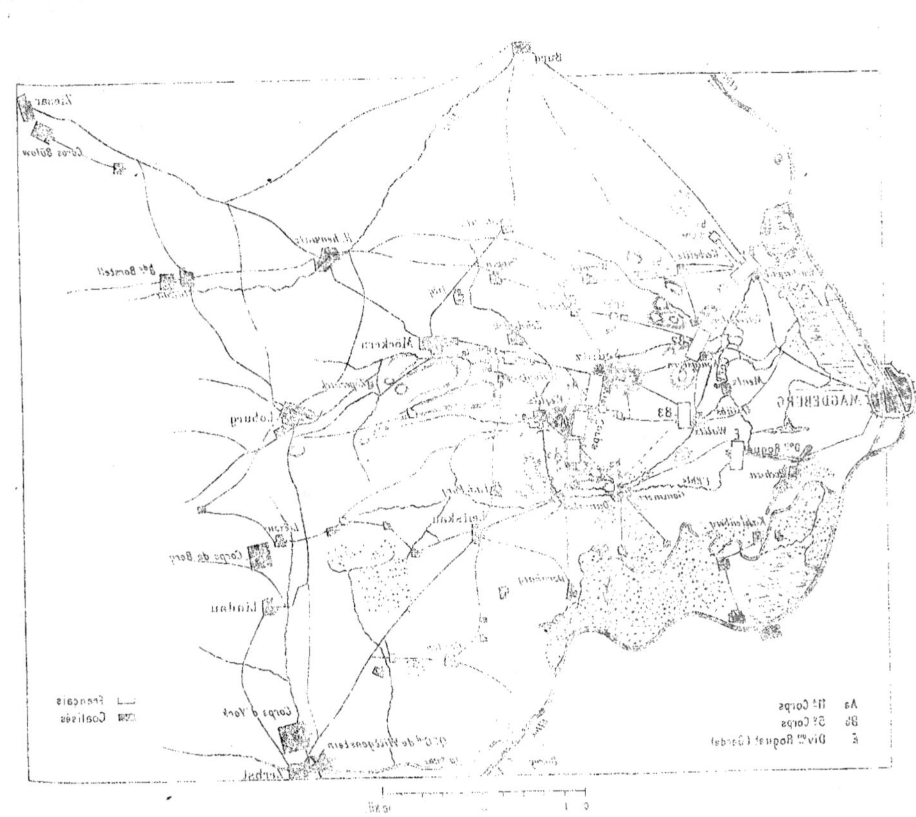

COMBATS DE MAGDEBURG. POSITIONS DU 5 AVRIL AU 12 AVRIL.

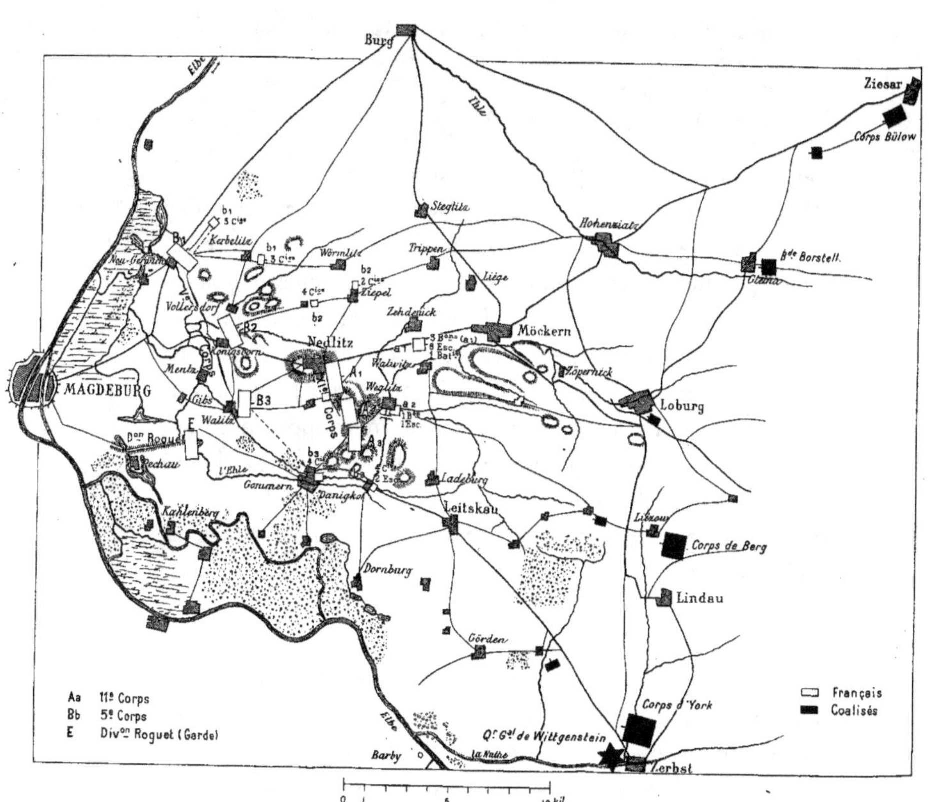

N° 4. — Combats de Möckern. Position du 5 avril au matin.

tion sera non pas la crainte que lui inspirera pour Berlin la timide démonstration de l'armée française, mais bien son vif désir de joindre celle-ci pour la combattre.

A la date du 2 avril, les corps de Wittgenstein occupaient les emplacements suivants :

La brigade Borstell (pruss.) à Walwitz observant Magdeburg ;
Le quartier général et le corps d'York à Zerbst ;
Le corps de Berg (russe) à Liezow ;
Le corps de Bülow (pruss.) à Ziesar.

Le *2 avril*, informé que les Français passaient l'Elbe, le général russe ordonna au général Borstell de lier le combat avec eux tout en évitant de s'engager à fond, et de rétrograder lentement vers Gleina. Wittgenstein espérait que les Français, trompés par cette feinte retraite, suivraient son détachement, ce qui lui permettrait de les attaquer en flanc avec le gros de ses forces et de les couper de Magdeburg.

Dans la nuit du 4 au 5, au reçu d'un rapport qui rendait compte que de grosses fractions adverses s'étaient avancées au delà de Nedlitz, Wittgenstein se figura que sa ruse avait réussi ; il prit aussitôt ses dispositions en vue de la bataille générale qu'il prévoyait pour le lendemain 6. Mais le 5 au matin, informé que les Français battaient en retraite ([1]), et emporté par son désir d'en venir aux mains avec eux, il se décida à aller les chercher, le jour même, jusque dans leur position devant Magdeburg ; des ordres dans ce sens furent immédiatement envoyés.

Les corps alliés, qui ne comptaient pas plus de 30 000 combattants, étaient alors dispersés (voir le *croquis n° 4*) sur un front de 40 kilomètres (c'est la distance à vol d'oiseau de Zerbst à Ziesar), ceux du centre se trouvant à moins de

---

[1]. C'était le va-et-vient de la reconnaissance du 11e corps sur Hohenziatz qui avait donné lieu à ces informations inexactes.

20 kilomètres de la position française. Bülow se porta de
Ziesar sur Möckern, Borstell et Berg respectivement de
Gleina et de Liezow sur Weglitz, York, de Zerbst sur Danigkow; bref, ces corps partant d'emplacements si éloignés les
uns des autres marchèrent concentriquement vers la position adverse en vue de laquelle devait s'effectuer leur jonction. C'était vraiment trop de témérité : si le prince Eugène
eût pris l'offensive dans une direction quelconque avec ses
50 000 combattants, il lui aurait été facile de donner aux
Alliés la leçon que méritait leur sans-gêne. Wittgenstein
n'avait pas cru utile de prendre la moindre précaution contre
un adversaire qu'il jugeait incapable d'agir offensivement.

Pour suivre l'engagement, nous nous placerons dans le
camp français.

A 3 heures, nos avant-postes de Danigkow sont attaqués;
une division du 11ᵉ corps se porte à leurs secours. Une reconnaissance ennemie ayant fait son apparition au sud de
Gommern, le prince Eugène, toujours préoccupé de ses
communications avec Magdebourg, s'imagine que l'ennemi
songe à se glisser dans l'étroit couloir compris entre l'Ehle
et l'Elbe pour le couper de la place ; il ordonne à la division
du 5ᵉ corps qui est à Walitz, la seule qui soit disponible,
d'aller au plus vite prendre position à Kahlenberg, de manière à fermer le passage. Sur ces entrefaites, d'autres colonnes ennemies débouchant sur Weglitz et Zehdenick, les
deux dernières divisions du 11ᵉ corps s'engagent à leur tour.
Les divisions du 5ᵉ corps portées à Neu-Gervisch et Kœnigsborn n'ont devant elles que quelques cavaliers, mais le prince
Eugène juge indispensable de les maintenir sur ces points.

En résumé, toutes nos troupes sont engagées ou immobi-
lisées à la garde de passages plus ou moins importants sur
les flancs et les derrières : il n'y a plus une seule fraction
réellement disponible.

Les commandants des divisions du 11ᵉ corps ont l'ordre de tenir ferme tout en engageant très peu de monde. Au début du combat, cela est assez facile, l'ennemi, qui arrive formé en colonnes de route, ne pouvant mettre ses troupes en ligne que successivement. Les avant-gardes adverses, malgré l'énergie de leurs attaques, sont tenues en respect par nos avant-postes renforcés de quelques bataillons. C'est seulement à la tombée de la nuit, vers 7 heures du soir, que les colonnes de gauche des Alliés emportent Danigkow et Weglitz, et commencent à monter sur le plateau, pendant que la colonne de droite gagne du terrain vers Nedlitz.

Le 11ᵉ corps est alors serré de près sur tout son front, et le tiers de ses bataillons sont déjà engagés ; il est grand temps de le faire rétrograder, si l'on ne veut pas accepter la bataille. Pourtant le prince Eugène ne peut se décider à donner l'ordre de la retraite ; la raison en est facile à comprendre : jusqu'ici l'ennemi n'a pas montré, d'après les évaluations les plus exagérées, plus de 20 000 hommes. Or, le prince Eugène, qui s'est donné pour but d'attirer devant Magdeburg le gros de l'armée adverse, ne veut pas risquer de se retirer devant une simple fraction de celle-ci ; il attend donc, pour ordonner la retraite, que le développement du combat l'ait fixé sur l'importance des forces ennemies en présence. Il est compréhensible qu'à ce jeu-là, il risque de se trouver engagé à fond et contraint d'accepter cette bataille qu'il voulait refuser.

On voit maintenant combien ses dispositions étaient défectueuses. Il devait assurer la garde des passages sur ses derrières avec beaucoup moins de monde, une division au plus, et tenir le reste des troupes rassemblées sur le plateau de Nedlitz, couvertes par de solides avant-gardes et prêtes à manœuvrer selon les circonstances soit pour se défendre, soit pour attaquer, prêtes par conséquent à accepter la bataille, si elles y étaient contraintes par un incident quelconque.

Fort heureusement pour nous l'obscurité mit fin à la lutte avant qu'elle eût pu prendre un caractère sérieux.

Le prince Eugène venait d'être prévenu que les Coalisés avaient construit un pont à Rosslau et commencé à passer l'Elbe. La nouvelle était inexacte, mais elle répondait trop bien au sentiment personnel du prince pour qu'il ne la tînt pas pour vraie. Il en conclut que l'attaque sur Magdeburg n'était qu'une démonstration « destinée à voiler le principal mouvement de l'ennemi, celui du passage de l'Elbe à Rosslau, et que, par suite, il devait s'attendre à voir arriver sur lui par la rive gauche un gros corps d'armée ». (Rapport adressé au maréchal Berthier le 6 avril.) Dans la nuit même, il ramena ses troupes sur Magdeburg, et le lendemain matin (6 avril) leur fit repasser le fleuve.

Nos pertes s'élevaient à moins de 1 200 hommes tués, blessés ou disparus, dont 450 du 1ᵉʳ corps de cavalerie qu'on avait fait prendre ou sabrer par maladresse; les pertes de l'ennemi étaient au moins égales.

Le mouvement en avant de Magdeburg ne produisit aucun résultat utile, car il ne retarda pas d'un jour le passage de l'Elbe par l'armée de Wittgenstein. En effet, ce dernier fit franchir le fleuve à ses troupes le 10 avril, quand l'avant-garde de Blücher atteignit Leipzig, c'est-à-dire au moment précis qu'il s'était fixé à lui-même.

Les Coalisés grossirent l'importance des combats des 3, 4 et 5 avril (combats dits de Möckern). Exploitant les apparences qui nous étaient défavorables, ils répandirent le bruit qu'ils avaient remporté une grande victoire; dans la Prusse entière, on chanta des *Te Deum* à cette occasion.

Il est évident que le prince Eugène eût beaucoup mieux fait de s'abstenir d'une opération pour laquelle il n'avait aucun goût, et que, par conséquent, il était incapable de diriger.

Nous avons exposé la leçon magistrale de l'Empereur à son lieutenant, nous venons de voir la piètre application que celui-ci en a faite. On se demande pourquoi Napoléon, au lieu de prodiguer les conseils à qui n'était pas capable de les mettre en pratique, n'a pas placé à la tête de cette armée de l'Elbe, dont le rôle était si important, un chef qui fût à la hauteur des circonstances. N'avait-il pas à sa disposition, sur les lieux mêmes, Davout, que l'on confina dans la mission secondaire de pourchasser quelques Cosaques, Davout, dont le seul nom eût rendu la confiance à nos soldats, et inspiré à l'ennemi une crainte salutaire !

LES OPÉRATIONS DES DEUX PARTIS DU 6 AU 21 AVRIL

Du 29 au 31 mars, Tschernitchew et Benkendorf (3 000 cavaliers, 1 200 fantassins et 4 canons) avaient réussi à franchir l'Elbe en aval d'Havelberg sur des barques et des radeaux. Poursuivis par Davout, ils s'étaient repliés lentement vers le nord, et se préparaient à repasser le fleuve, quand ils avaient appris que le général Morand avec 2 000 hommes venait d'occuper Lünebourg et qu'il voulait faire fusiller les habitants les plus compromis dans la récente rébellion. Forçant leur marche, les partisans russes étaient apparus devant Lünebourg le 2 au matin, et, grâce à l'appui des habitants, avaient pénétré dans la ville par surprise, tué, blessé ou pris tout le détachement franco-saxon. Le lendemain, à l'approche de l'avant-garde de Davout, ils avaient repassé l'Elbe à Bleckede.

Le prince Eugène résolut de prendre position sur la basse Saale pour défendre le couloir compris entre la rivière et le Harz. Le 8, l'armée s'établit en avant de Stassfurt, où fut installé le quartier général.

La 1re division, qui gardait l'Elbe entre Tangermunde et
Werben, ayant été rapprochée de Magdeburg (la droite de
ses postes à la place, la gauche à l'embouchure du canal de
Plauen), les patrouilles adverses recommencèrent aussitôt
leurs incursions sur la rive gauche. Le prince Eugène, inquiet pour ses derrières, prescrivit à Davout de rétrograder
sur Gifhorn. Le prince abandonnait le bas Elbe comptant
utiliser la ligne de l'Aller et du bas Weser pour arrêter les
troupes légères de l'ennemi : Davout aurait son gros à
Gifhorn et ferait occuper Celle sur sa gauche; le corps de
Vandamme, dont les divisions commençaient à se former
et qui pourraient bientôt (15 avril) mettre 25 bataillons en
ligne, tiendrait Nieuburg, Minden et Brême, les trois seuls
points du Weser où l'on eût laissé subsister des ponts. Dès
que Davout se mit en retraite, les partisans ennemis revinrent aussitôt sur la rive gauche de l'Elbe et s'avancèrent
jusqu'au Weser.

Les cavaleries de Wittgenstein et de Blücher bordaient
déjà toute la Saale, et leurs partisans poussaient des pointes
très au loin à l'ouest de la rivière, sur Nordhausen, Erfurt,
Plauen, Cobourg et Bayreuth. Le prince Eugène, pensant
que les Coalisés ne tarderaient pas à s'avancer en force
contre lui, prit toutes ses dispositions pour faire promptement sa retraite sur Brunswick. Le 10, les reconnaissances
et les rapports des espions ayant appris que l'ennemi, qui
avait peu de monde sur la basse Saale, portait beaucoup
de troupes sur Leipzig et avait une forte avant-garde à
Halle, on crut au quartier général français que son intention était de déboucher en masse par Halle et Merseburg,
afin d'essayer de nous couper la retraite en débordant notre
droite. En conséquence, le 11 avril, le prince Eugène fit
appuyer l'armée à droite sur Aschersleben « pour prévenir
l'ennemi dans le cas où il se dirigerait vers le Harz par

Halberstadt ». (Rapport de Monthion au maréchal Berthier.)

Les divisions Durutte et Rechberg rejoignirent l'armée à
ce moment; la division Durutte (1 500 hommes à peine) fut
placée en détachement de flanc à Stolberg; la division
Rechberg (2 000 hommes) fut dirigée par Langensalza et
Würzburg sur Bayreuth, où elle devait se réorganiser.

L'armée de l'Elbe allait rester dans cette situation jusqu'au moment où l'avant-garde de l'armée du Mein déboucherait sur Erfurt, c'est-à-dire jusqu'au 21 avril.

La position prise couvrait indirectement les routes qui
mènent de la vallée du Mein à la Saale à travers les montagnes du Thüringer-Wald et du Franken-Wald; son choix
donne lieu à diverses observations sur lesquelles nous reviendrons plus tard.

Winzingerode, dont le corps formait l'avant-garde de
l'armée de Blücher, avait occupé Leipzig le 3 avril et poussé
aussitôt sa cavalerie sur la basse Saale, avec ordre de jeter
des partis au delà de la rivière, le plus loin possible. Le
gros de l'armée (corps de Blücher) avait quitté Dresde le 3
et s'était dirigé sur Altenburg, où le quartier général s'installa le 14, pendant que les troupes prenaient leurs cantonnements entre Borna et Zwickau; la cavalerie légère, sur
la haute Saale, poussant des pointes vers Plauen, Coburg
et Bayreuth, Wittgenstein, laissant le corps de Bülow devant Magdeburg, passa l'Elbe à Rosslau le 10 avril et s'établit à Dessau et Köthen avec les corps de Berg et d'York.

Dans l'armée de réserve, le corps de Miloradowitch,
relevé devant Glogau par des troupes de réserve prussiennes ([1]), s'était porté sur Dresde à la suite de l'armée de

---

1. Détachement du général Schuler.

Blücher. Le quartier général et la Garde russe avaient été maintenus à Kalisch par Kutusow malgré, les vives protestations de l'état-major prussien. Ce fut seulement le 7 avril que la Garde entama son mouvement vers Dresde ; comme la distance de Kalisch à Dresde est de 300 kilomètres, et celle de Dresde à Leipzig de 130, la Garde ne pouvait pas atteindre la dernière de ces villes avant le 27 ou le 28 avril. Jusqu'à cette date les Coalisés étaient hors d'état d'entreprendre rien de sérieux, car sur cette partie du théâtre de la guerre, ils ne disposaient pas plus de 70 000 hommes pour les opérations actives.

Réduits pour quelque temps à l'inaction, les Alliés mirent à profit la fin du mois d'avril pour organiser la Saxe et se ménager des points de passage sur l'Elbe. A Dresde, ils réparèrent le pont de pierre et construisirent deux autres ponts : un de bateaux en amont et un de radeaux en aval ; ils établirent en outre un pont de bateaux à Meissen et un autre à Mühlberg, et les couvrirent par des ouvrages de fortification passagère.

Ils ne réussirent pas à décider le roi de Saxe à adhérer à la Coalition ; sur les conseils de l'Autriche, ce souverain voulut, sans rompre ouvertement avec la France, garder une stricte neutralité. Pour soustraire Torgau aux convoitises des Alliés, il prescrivit de la façon la plus formelle au général Thielmann, qui commandait la place, de n'ouvrir les portes ni aux Français, ni aux Coalisés, et cela quoi qu'il advînt.

Thielmann était de cœur avec la Coalition, mais le loyalisme de la grande majorité de ses officiers ne lui permettait pas d'enfreindre les ordres de son roi ; il refusa donc de livrer Torgau et se borna à faire parvenir à Wittgenstein un plan détaillé de Wittenberg avec une note exposant le mauvais état des remparts, l'insuffisance du matériel d'artillerie et la faiblesse de la garnison.

Wittgenstein résolut d'enlever Wittenberg; il chargea le général Kleist d'exécuter l'opération avec 7 000 à 8 000 Prussiens et Russes. La place avait heureusement pour commandant le brave général Lapoype, dont l'énergique défense démontra une fois de plus que la force essentielle d'une forteresse ne réside pas dans ses remparts, mais bien dans la bravoure de sa garnison et la fermeté de son gouverneur; toutes les attaques échouèrent.

Le 19 avril arriva tout à coup la nouvelle, inexacte d'ailleurs, que Napoléon s'avançait avec son armée du Mein pour faire sa jonction avec le prince Eugène; une émotion profonde se manifesta chez les Alliés. « On comprit qu'il était temps de mettre fin aux entreprises particulières. » Wittgenstein fit appuyer ses troupes sur Düben pour mieux se lier à Blücher; par son ordre, Kleist, laissant deux petits détachements devant Wittenberg et à Dessau, vint s'établir à Halle. L'arrivée devant Magdeburg du détachement russe du général Woronzow employé jusque-là au blocus de Küstrin et qui avait été relevé par des troupes de réserve prussiennes, permit de rappeler sur la rive gauche de l'Elbe le corps de Bülow, moins une brigade laissée devant Spandau.

Thorn ouvrit ses portes le 18 avril; le corps de Barclay de Tolly (14 000 hommes environ de l'ancienne armée du Danube), qui avait été chargé du siège, fut immédiatement dirigé sur Dresde; mais, en raison de la distance, il ne pouvait y arriver avant le 15 mai. Spandau capitula à son tour le 21 avril.

TROISIÈME PARTIE

OFFENSIVE DE L'ARMÉE FRANÇAISE DU MEIN A L'ELBE [1]

———

CHAPITRE Ier

LE RASSEMBLEMENT DE L'ARMÉE FRANÇAISE SUR LA SAALE

———

1° Plan de campagne de Napoléon.

Les désastres de la campagne de Russie n'avaient nullement abattu Napoléon. A aucune époque, il ne montra plus de fermeté d'âme, plus de profondeur de vues.

Les Russes franchissent la Vistule ; abandonnés des Autrichiens, trahis par les Prussiens, nous n'avons à opposer à nos ennemis qu'une poignée de soldats ; l'Empereur ne s'émeut pas. On le voit qui médite pour le printemps un plan d'offensive grandiose. D'un bond il reviendra sur la Vistule avec une armée nouvelle et rejettera les Russes au delà du Niémen. (Lettre écrite le 27 janvier au prince Eugène.) La situation devient de plus en plus sombre : les Prussiens nous déclarent la guerre, les armées alliées passent l'Oder et marchent vers l'Elbe ; Napoléon ne se départit pas de son calme et persiste dans ses desseins.

———

1. Dans ce qui va suivre, à l'exemple de Napoléon, nous engloberons sous la dénomination d'*Armée du Mein* les corps qui se sont organisés dans la vallée du Mein.

Dans une note rédigée le 11 mars pour le prince Eugène, il expose en détails ce qu'il a l'intention de faire.

L'on conçoit, dit-il, que *comme le principal but de l'armée française doit être d'arriver promptement au secours de Danzig,* en supposant l'armée de l'Elbe réunie à Magdeburg, à Havelberg et à Wittenberg, et l'armée du Mein réunie sous Würzburg, Erfurt et Leipzig, un *mouvement naturel* qui serait facilement dérobé à l'ennemi serait de faire passer toute l'armée de l'Elbe, suivie de l'armée du Mein, par Havelberg sur Stettin : de sorte qu'on serait arrivé dans cette ville, on se trouverait avoir passé l'Oder et gagné dix jours de marche, sans que l'ennemi qui est à Dresde, Glogau et Varsovie, pût être en mesure de se pelotonner pour couvrir Danzig.

Après avoir fait des tentatives pour faire supposer que je veux me porter sur Dresde et dans la Silésie, mon intention sera probablement à couvert des montagnes de la Thuringe et de l'Elbe de me porter par Havelberg, d'arriver à marches forcées sur Stettin avec 300 000 hommes et de continuer la marche de l'armée sur Danzig, où on peut arriver en quinze jours, et le vingtième jour du mouvement après qu'on aurait passé l'Elbe, on aurait débloqué cette ville et on serait maître de Marienburg, de l'île de la Nogat et de tous les ponts de la basse Vistule. Voilà pour l'ordre offensif.....

Il est évident qu'un tel plan suppose des forces très supérieures à celles de l'adversaire; c'est à proprement parler de la stratégie de trois contre un. Napoléon ne croit pas à l'intervention de l'Autriche, il pense donc n'avoir affaire qu'aux Russes appuyés par les Prussiens dont il ne soupçonne pas les ressources militaires. Néanmoins, on est surpris de le voir prendre Danzig comme premier objectif.

A coup sûr, si sa manœuvre réussissait (et elle réussirait certainement si la situation était telle qu'il l'imagine), il en retirerait les plus grands avantages. Les places de la Vistule et de l'Oder, dont les garnisons forment une véritable armée (plus de 60 000 hommes), et qui contiennent d'immenses approvisionnements, se trouveraient toutes débloquées. Pendant que l'armée ennemie s'affaiblirait de tous les détachements dispersés ou détruits en chemin par l'armée française, celle-ci se renforcerait de 40 000 vieux soldats au moins qui sortiraient des places, où ils seraient relevés par un même nombre de conscrits. Les Coalisés surpris n'auraient d'autre parti raisonnable à prendre *que de rétrograder prestement au delà de la Vistule,* nous abandonnant ainsi toute l'Allemagne. Les avantages perdus à la suite de la désastreuse retraite de 1812 seraient reconquis d'emblée; en montrant sa puissance par un tel coup de théâtre, l'Empereur retrouverait son prestige sur l'Europe; l'Autriche et les États de la Confédération redeviendraient des alliés sinon sincères, du moins résignés; la Prusse, dont nous occuperions tout le territoire, serait réduite à l'impuissance.

Cela est vrai, mais à ce moment la question se trouverait ramenée au même point qu'au début de la campagne précédente; or, nos désastres ont eu pour cause principale l'obligation de suivre les Russes jusqu'au cœur même de leur vaste pays : les armées adverses, insaisissables alors, sont venues se placer à portée de nos coups, entre l'Elbe et l'Oder, pourquoi Napoléon n'emploierait-il pas son génie à essayer de les atteindre et de les anéantir ? Ces armées détruites, ne serait-il pas maître absolu de la situation, même si, entre temps, quelques-unes des forteresses de l'Oder et de la Vistule étaient tombées entre les mains de l'ennemi ? Ne serait-ce pas le cas plus que jamais d'appliquer le principe fondamental de sa propre doctrine, qui veut que l'on prenne pour objectif la principale armée adverse ? L'Empereur en juge autrement. Peut-être se dit-il que, s'il marchait droit aux Coalisés par Magdeburg ou par Dresde, ceux-ci, imitant l'exemple des Russes l'année précédente, reculeraient lentement devant lui, guettant l'occasion d'une surprise que faciliterait leur immense supériorité en cavalerie, et en tout cas évitant la bataille générale jusqu'à ce que l'armée française se fût suffisamment affaiblie du fait même de l'allongement de sa ligne d'opération; ceci étant, les opérations jusqu'à la Vistule au moins se réduiraient pour nous à une poursuite directe que le manque de cavalerie rendrait forcément très lente, et le seul résultat obtenu serait l'abandon par l'ennemi de tout le pays à l'ouest du fleuve. Or, la manœuvre projetée par Napoléon est une sorte de *poursuite indirecte*, susceptible d'être menée rapidement et qui, par suite, procurera plus vite le résultat en question; non seulement on ne risquera pas d'arriver trop tard au secours des places, mais encore l'effet moral produit sera plus grand par cela même que le résultat sera plus promptement obtenu.

Un point essentiel à observer est que le plan de l'Empereur n'est praticable que parce que le théâtre d'opérations est pour ainsi dire machiné en vue de son exécution. Les forteresses qui dominent le cours de l'Elbe, de l'Oder et de la Vistule nous assurent des points de passage, et, en outre, elles créent une situation générale qui subsistera tant que nous en serons maîtres, situation générale qui sert de base au projet de manœuvre de l'Empereur. En effet, comme ces forteresses commandent les seuls ponts permanents qu'on ait laissés subsister, les opérations dans le nord de l'Allemagne sont très dangereuses pour les Alliés; assurément ceux-ci peuvent jeter des ponts de circonstance et les couvrir au moyen d'ouvrages de fortification de campagne, mais c'est là un expédient d'une valeur relative. Quand il s'agit de fleuves aussi considérables, une armée n'a vraiment passage assuré que si elle dispose de ponts assez solides pour ne pas être emportés à la moindre crue et qui soient couverts par des ouvrages de fortification permanente les mettant à l'abri des coups de main de l'ennemi. Or, les Alliés, faute d'équipages d'artillerie de siège, sont pour quelques temps hors d'état de s'emparer d'aucune des forteresses que nous occupons. D'où les conclusions qu'ils seront contraints de prendre leur ligne d'opération dans le sud de l'Allemagne, et que par suite leur masse principale sera groupée de ce côté. C'est précisément la certitude que le centre de gravité des forces adverses sera orienté sur Dresde, qui permet à Napoléon d'imaginer si longtemps à l'avance son plan de manœuvre.

Pendant qu'un corps d'observation amusera l'ennemi sur Dresde, l'armée française, filant derrière les montagnes de la Thuringe, gagnera à la dérobée Havelberg, où des ponts auront été jetés ; elle y franchira l'Elbe et marchera sans désemparer sur Küstrin et Stettin. Comme il y a plus de 200 kilomètres de Dresde à Havelberg, elle est assurée d'atteindre l'Oder avant que les Coalisés aient eu le temps de faire quoi que ce soit pour gêner son mouvement. S'ils ne se mettent pas en retraite au plus vite, il va sans dire que Napoléon ne continuera pas sa marche sur Danzig : il se rabattra vers le sud pour se jeter sur leurs communications.

La réussite de l'entreprise repose sur une extrême rapidité de mouvement ; il faut que l'armée française soit leste ; or, elle ne le serait pas si elle devait traîner à sa suite les immenses parcs et convois que nécessitent d'ordinaire des manœuvres d'une telle amplitude (on se propose d'aller d'un seul bond jusqu'à Danzig qui est à 400 kilomètres de l'Elbe). Mais la possession des places fortes du théâtre d'opérations permet de réduire parcs et convois, car on trouve dans ces places des approvisionnements en munitions et matériel qui serviront à ravitailler l'armée quand les circonstances l'amèneront à proximité de l'une de ces places. Napoléon excelle à faire jouer aux forteresses un rôle actif ; pour lui, elles sont avant tout des pivots de manœuvre, des têtes de pont, des centres de ravitaillement, des points d'appui pour ses lignes de communication. Dans le cas présent, elles seules rendent possible la manœuvre qu'il médite.

Mais à mesure que le temps s'écoule l'horizon s'assombrit : l'entrée des Cosaques à Hamburg provoque une vive efferverscence dans tout le pays entre le Rhin et l'Elbe ; l'attitude de l'Autriche est de plus en plus louche ; le roi de Saxe prétend se confiner dans la neutralité, et les rois de Bavière et de Wurtemberg manifestent une tendance à suivre son exemple ; Dresde, que garde une poignée d'hommes, va d'un jour à l'autre tomber entre les mains des Coalisés, qui envahiront en forces la rive gauche de l'Elbe. D'autre part, nous éprouvons de grands mécomptes dans l'organisation de nos nouvelles troupes, en ce qui concerne la cavalerie surtout ; nombre d'unités ne seront pas prêtes pour l'ouverture des opérations ; nous disposerons donc de forces inférieures notablement aux prévisions primitives de l'Empereur, contretemps d'autant plus fâcheux que les Coalisés au contraire mettent en ligne plus de monde qu'on n'y comptait. Dans ces conditions, Napoléon ne peut songer à aller courir la fortune à l'autre extrémité de l'Europe ; *il doit avant tout refouler l'ennemi au delà de l'Elbe et remettre la main sur la Saxe, afin de contraindre le roi à se conduire comme un allié fidèle, et de prévenir ainsi la défection des autres États de la Confédération du Rhin ;* ses premières opérations seront donc orientées sur Dresde.

A la fin de mars, l'armée du Mein comprend :

Le 3ᵉ corps (Maréchal Ney), quatre divisions françaises.	40 000 hommes.
Le 6ᵉ corps (Maréchal Marmont), trois divisions françaises.	25 000 —
La Garde. Une division d'infanterie (Maréchal Mortier).	12 000 —
Une division de cavalerie (Maréchal Bessières)	4 000 —
Le corps d'observation d'Italie (Général Bertrand), trois divisions françaises et une division italienne. .	40 000 —

Les contingents alliés, savoir :

Une division bavaroise (Général Raglowitch) . . .   8 000 hommes.
Une   —   badoise-hessoise (Général Marchand) .   8 000   —
Une   —   wurtembergeoise (Général Franquemont) ·· . . . .   7 000   —

      AU TOTAL. . . . .   140 000 à 150 000 hommes.

Le 3ᵉ corps s'est réuni à Mayence ; dès que son infanterie
a été prête, il a appuyé vers l'est pour faire de la place au
6ᵉ corps, et occupé Schweinfurt, Würzburg, où est le quartier général, et Aschaffenburg ; il ne lui manque plus que
son artillerie qu'il recevra du 1ᵉʳ au 10 avril. Le 6ᵉ corps est
établi autour de Hanau ; son organisation ne sera pas terminée avant le 15 avril. La garde est à Mayence. La division
bavaroise est à Bayreuth ; la division badoise se rassemble
à Würzburg ; la division wurtembergeoise, à Mergentheim.

Le corps d'Italie, échelonné par brigades sur une profondeur de dix marches, débouche du Tyrol sur Augsburg ;
d'Augsburg, il doit continuer par Donauwerth, Anspach et
Nuremberg sur Bamberg, que sa tête atteindra vers le
15 avril.

La place d'Erfurt, où commande le général Doucet, a une
garnison de 4 000 hommes, Kronach, Forchheim, Kœnigshofen et la citadelle de Würzburg ont été mis en état et
armés.

On a vu précédemment qu'à la même date (30 mars)
l'armée de l'Elbe achève de se rassembler à l'ouest de Magdeburg.

Du 30 mars au 11 avril inclus, les corps de l'armée du
Mein restent à peu près sur les mêmes emplacements, la
tête du corps d'Italie parvient à une marche au sud d'Anspach. Dans ce même laps de temps, l'armée de l'Elbe franchit le fleuve à Magdeburg les 2 et 3 avril ; attaquée par
Wittgenstein le 5 (combat de Möckern), elle revient sur la

rive gauche le 6, et finalement le 11 va prendre position

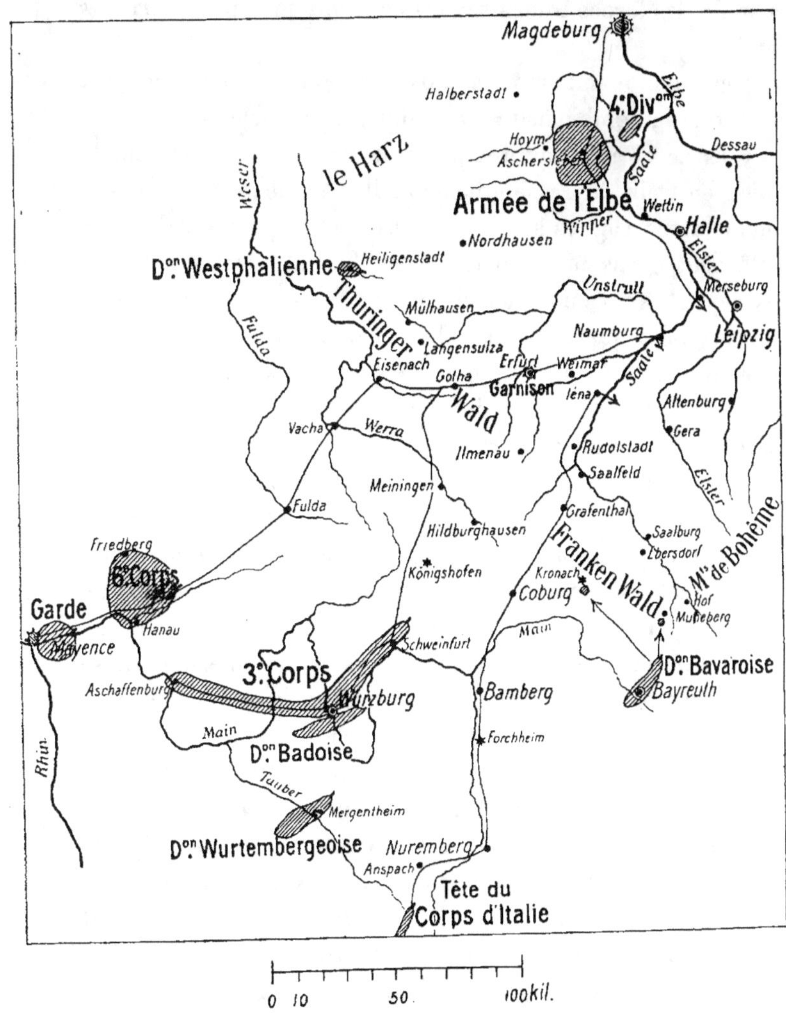

Nᵒ 5. — Positions des Français le 11 avril au soir.

autour d'Aschersleben, derrière la Wipper, prête à marcher
au premier ordre sur Merseburg par la rive gauche de la

Saale. Bref, le 11 avril au soir, la situation générale de l'ensemble des forces françaises est celle indiquée par le *croquis n° 5*.

Revenons maintenant sur nos pas pour étudier comment se forme la combinaison stratégique de Napoléon.

C'est le 29 mars qu'il expédie de Paris ses ordres pour la mise en train du rassemblement. Il n'a que des renseignements assez vagues sur les Coalisés, et la position de leurs différents corps ne lui permet pas du reste de discerner où ils veulent en venir, mais il sait de source certaine que le 22, le grand quartier général des Alliés et la Garde russe étaient encore à Kalisch, où ils devaient rester au moins jusqu'au 1er avril. De ce fait, il conclut que les Coalisés ne seront pas en état d'opérer au delà de la Saale, toutes forces réunies, avant le 1er mai. Nos corps d'armée devant se mettre en mouvement vers le 15 avril (dès qu'ils seront prêts), l'Empereur est à peu près certain de pouvoir les rassembler sur la Saale sans que l'opération soit troublée autrement que par des partis de cavalerie légère. Néanmoins, il se garde bien de régler ses premiers mouvements sur une hypothèse aussi favorable; il prévoit le cas où Blücher, Wittgenstein et Miloradowitch continueraient leur marche en avant sans attendre la Garde russe, ce qui leur permettrait de franchir la Saale vers le 20 avril. En conséquence, il prend sa ligne d'opération par Erfurt, Weimar, Naumburg et Leipzig, de manière à se lier de bonne heure avec son armée de couverture (armée de l'Elbe), qui manœuvre sur Magdeburg et qu'il compte attirer à lui au moment voulu pour déboucher sur la rive droite de la Saale avec toutes ses forces.

L'ennemi, pour les raisons développées précédemment, doit baser ses opérations au delà de l'Elbe sur la partie du fleuve comprise entre la Bohême et Torgau ; il est donc à supposer que le centre de gravité de l'armée adverse se trouvera au sud de Leipzig. L'armée française débouchant en masse par cette ville, deux cas peuvent se présenter :

1° Les Coalisés, ayant discerné la véritable direction de nos mouvements et décidés quand même à accepter la lutte, se sont concentrés en temps utile sur leur droite ; il se produira une grande bataille que l'Empereur se croit certain de gagner, car il disposera de forces à peu près doubles de celles de ses adversaires : même dans ce cas, qui est le moins favorable, la défaite peut être désastreuse pour ces derniers en raison de la proximité de l'Elbe.

2° Les Coalisés se sont laissés attirer vers la Saale supérieure et le Frankenwald par les souvenirs de 1806 et les démonstrations que l'Empereur a fait exécuter de ce côté : l'armée française ne rencontrera devant elle que des détachements dont elle aura facilement raison, ce qui lui permettra d'avancer rapidement sur Dresde, de couper les communications du gros de l'armée adverse et de l'acculer aux montagnes de la Bohême.

En somme, la manœuvre combinée par l'Empereur est la manœuvre inverse de celle qu'il a exécutée en 1806 sur le même théâtre d'opérations.

La ligne d'opérations choisie répond également bien au cas où, contre toutes prévisions, les Coalisés, résignés à se passer momentanément du concours de la Garde russe, franchiraient la Saale du 20 au 30 avril, avant que l'armée du Mein ait entièrement débouché sur Erfurt. Cette éventualité se réalisant, l'armée de l'Elbe, revenue sur la rive droite du fleuve, prendrait position derrière la Wipper, la gauche appuyée à la Saale et la droite aux derniers contreforts du Harz, couvrant sa ligne de retraite par Halberstadt et menaçant de se porter sur le flanc des Coalisés s'ils tentaient de marcher vers Erfurt ; en même temps, l'on presserait le mouvement du 3ᵉ corps et de la division badoise, dont la préparation est plus avancée que celle des autres corps de l'armée du Mein, et qui auraient le temps de se réunir à Erfurt avant que les Coalisés eussent achevé de franchir la Saale. L'ennemi, qui ne disposerait pas de plus de 80 000 hommes, ayant en face de lui, appuyés à la place d'Erfurt, les 50 000 hommes du maréchal Ney, derrière lesquels accouraient le 6ᵉ corps et la Garde, et sur son flanc droit, les 70 000 hommes du prince Eugène, ne pourrait *rien faire de raisonnable : il serait bridé.*

Remarquons que le mode d'emploi de l'armée de l'Elbe est une application de la *couverture indirecte* ou de *manœuvre* qui, souvent, est plus efficace que la *couverture directe,* tout en exposant moins les troupes qui y sont employées. Dans le cas considéré, l'armée de l'Elbe protège plus efficacement les débouchés de l'armée du Mein et court des risques moindres que si elle était établie derrière la Saale, immédiatement en avant de ces débouchés. Au cas où les Alliés marcheraient contre le prince Eugène, celui-ci rétrograderait lentement devant eux de manière à rester à leur contact immédiat sans courir le risque d'un engagement général. L'ennemi, entraîné à sa suite, se trouverait dans une situation des plus critiques quand l'armée du Mein déboucherait d'Erfurt sur Aschersleben : pris entre des forces françaises d'un effectif double et la partie de l'Elbe que commande Magdeburg, il serait voué à une destruction certaine.

On s'explique donc que les Coalisés se soient abstenus d'attaquer le prince Eugène quand (à partir du 10 avril) il eut pris la position que nous venons d'indiquer. S'il avait établi ses troupes derrière la Saale, vers Naumburg, de manière à barrer directement les routes qui conduisent sur Erfurt, les Coalisés n'eussent pas hésité à l'y attaquer pour le battre avant l'arrivée de l'armée du Mein, ou tout au moins rejeter ses troupes en désordre sur les têtes de colonnes de cette armée : à défaut d'un grand effet matériel, ils eussent obtenu un important effet moral. Clausewitz, dans sa relation de la campagne de 1813, voulant expliquer pourquoi

Blücher et Wittgenstein restèrent inactifs durant toute la seconde quinzaine d'avril, dit en substance :

Prendre l'offensive pour opérer au delà de la Saale contre le prince Eugène sans attendre la Garde russe, c'eût été se placer dans une situation plus mauvaise encore que celle où l'on se trouvait, et cela uniquement pour satisfaire à un besoin d'action. Il est évident que nous n'aurions pu atteindre le prince, qui se serait mis en retraite à l'approche de nos corps d'armée ; en le poursuivant, nous eussions été exposés à nous trouver pris entre Magdeburg et des forces françaises d'un effectif très supérieur.

2° Mouvements préparatoires au rassemblement général. — L'armée du Mein porte sa tête à Weimar.

Les ordres donnés les 28 et 29 mars prescrivent qu'à partir du 18 avril, les 3ᵉ et 6ᵉ corps et la Garde seront échelonnés sur leurs routes de marche vers Erfurt :

Le 3ᵉ corps marchant par Schweinfurt et portant sa tête à Meiningen, et, si les circonstances le permettent, à Erfurt et même à Weimar ;
Le 6ᵉ corps marchant par Fulde et avançant sa tête jusqu'à Eisenach, ou jusqu'à Gotha si le 3ᵉ corps occupe Erfurt ;
La Garde suivant le 6ᵉ corps.
Les divisions bavaroises et badoises assureront la garde des passages du Frankenwald : les Bavarois à Bayreuth, avec une avant-garde à Münchberg pour observer les directions de Hof et de Schleiz, et un détachement s'appuyant à Kronach pour tenir la route de Schleiz à Bamberg ; les Badois, à Coburg, avec une avant-garde à Grafenthal pour observer le débouché de Saalfeld.
Le corps d'Italie, à la date indiquée ci-dessus, 18, devra avoir ses deux divisions de tête réunies à Bamberg, prêtes à marcher ensemble sur Saalfeld dès le lendemain.

Le 9 avril, l'Empereur reçoit la nouvelle que les Coalisés se sont emparés de Dresde et qu'ils portent leurs avant-gardes vers la Saale. Le lendemain ou le surlendemain, il apprend que le prince Eugène, dont la démonstration sur la rive droite de l'Elbe n'a eu qu'un succès relatif, va ramener ses troupes sur la rive gauche et prendre position derrière la basse Saale et la Wipper. Il écrit alors à ses lieutenants pour leur prescrire d'accélérer la marche de leurs colonnes. La lettre que nous reproduisons ci-après et qu'il adresse le 12 avril au général Bertrand donne toute l'économie de son mouvement.

LETTRE DU 12 AVRIL AU GÉNÉRAL BERTRAND

Vous aurez reçu le *12* les ordres que je vous ai expédiés le *8* pour porter votre quartier général à Bamberg. Je suppose que, le 14 ou le 15, vous y aurez été(¹) de votre personne avec vos 1ʳᵉ et 4ᵉ divisions(²).....

Le prince de la Moskowa vous aura fait connaître que mon intention est de refuser ma droite..... faisant un mouvement inverse de celui que j'ai fait dans la campagne d'Iéna, de sorte que, si l'ennemi pénètre sur Bayreuth, je puisse arriver avant lui sur Dresde et le couper de la Prusse.

Le duc d'Istrie, ayant sous ses ordres le duc de Raguse, 40 000 hommes d'infanterie et 10 000 de cavalerie, se porte sur Eisenach, où il sera arrivé du 18 au 20. Le prince de la Moskowa se porte sur Erfurt, où il sera également arrivé le 20 ; il a sous ses ordres 60 000 hommes, y compris les alliés, et quelques milliers de chevaux..... Je serai à Mayence le 20.

Le prince de la Moskowa dirigera votre mouvement ; mais comme je suppose que votre cavalerie et vos deux divisions seront à Bamberg le 16, vous appuierez le mouvement du prince de la Moskowa en vous portant avec ces deux divisions et votre cavalerie sur Coburg. *Ce mouvement est le plus naturel parce qu'il est le plus court,* et que de Coburg vous ne vous trouverez éloigné que de deux grandes journées de Meiningen, que de trois d'Erfurt, et de trois d'Iéna, et qu'ainsi vous pourrez toujours manœuvrer sur la Saale. Ainsi donc, si les choses sont telles que le prince de la Moskowa se porte sur Erfurt, votre position sur Coburg vous placera sur sa droite, et de là vous pourrez vous porter suivant les circonstances sur Iéna, sur Erfurt ou sur Meiningen. Ce qu'il est convenable de vous recommander, c'est de marcher serré,

---

1. Cette lettre parviendra le 16 seulement au destinataire.
2. Les 1ʳᵉ et 4ᵉ divisions tiennent la tête du corps d'armée.

vos deux divisions réunies, votre artillerie placée convenablement,
n'ayant pas de queue, bivouaquant tous les soirs dès que vous serez
sorti de Bamberg..... L'ennemi est loin de se douter des forces considérables qui vont se porter sur la Saale. Si nous étions assez heureux
pour que l'ennemi fît réellement un gros mouvement sur Bayreuth, il
serait bientôt rappelé sur Dresde.

Vous pourrez, comme je vous l'ai mandé, diriger la ligne de vos 2ᵉ et
3ᵉ divisions sur Würzburg. Au reste, je serai moi-même à Mayence et
je pourrai diriger leur marche selon les circonstances.

Une autre raison de faire passer le corps d'Italie par Cobourg et Saalfeld, c'est que la route Gotha-Erfurt-Weimar
est déjà très encombrée et que les ressources de cette région
en moyens de subsistances seront en grande partie épuisées
par les corps de l'armée du Mein. On ne doit pas oublier
que, pendant les marches de rassemblement, nos troupes vi-
vent entièrement sur le pays.

On peut considérer les forces françaises, pendant leur
mouvement vers la Saale, comme divisées en trois groupes
stratégiques ou « armées » :

1º L'*armée de l'Elbe*, 60 000 à 65 000 hommes (non compris les
18 000 à 20 000 hommes laissés avec le maréchal Davout sur le bas
Elbe); c'est une armée de couverture, qui a pris position derrière la
Wipper, afin de protéger indirectement les débouchés est du Thüringer-Wald ;

2º L'*armée du Mein* proprement dite, formée des corps qui se sont
organisés dans la vallée du Mein, les 3ᵉ et 6ᵉ corps, la Garde et les
divisions badoises et wurtembergeoises, 105 000 à 110 000 hommes ;
c'est l'armée principale, avec laquelle marchera Napoléon ; elle va d'a-
bord se rassembler dans la région d'Erfurt ;

3º Le *corps d'Italie*, auquel il faut rattacher la division bavaroise :
environ 40 000 hommes ; à la date du 12 avril, il est formé en une
longue colonne qui se dirige sur Coburg par Bamberg.

Dès que l'armée du Mein aura terminé son rassemblement préparatoire près d'Erfurt, elle se portera droit sur
Naumburg; l'armée de l'Elbe et le corps d'Italie appuieront
sur elle en manœuvrant derrière la Saale.

Au début du mouvement, l'armée du Mein se trouvera séparée de l'armée de l'Elbe par une très grande distance (80 kilomètres). Nous avons exposé précédemment comment les deux armées manœuvreraient au cas où, contrairement aux prévisions, Blücher et Wittgenstein entreprendraient d'opérer au delà de la Saale sans attendre la Garde russe, avec moins de 80 000 hommes par conséquent. Il est bien évident que, si l'effectif total de nos deux armées n'était pas double ou presque double de celui des forces adverses immédiatement disponibles, il serait imprudent de leur faire opérer leur jonction vers Naumburg, au contact même de l'ennemi.

Quant au corps d'Italie, nous avons vu les raisons qui ont déterminé Napoléon à le diriger de Bamberg par Coburg sur Saalfeld, et de là sur Naumburg : il a à jouer un rôle de démonstration. Sa marche vers la haute Saale a pour but d'attirer l'ennemi de ce côté, si possible, afin de faciliter la manœuvre débordante que projette l'Empereur. Il y a de grandes précautions à prendre pour que ce corps ne soit pas compromis, si l'adversaire, donnant dans le piège qui lui est tendu, se porte en masse vers le Frankenwald. Le corps d'Italie suivra donc la direction Saalfeld-Naumburg, tant qu'il pourra le faire sans danger, mais au premier indice de péril, il appuiera vers le nord-ouest pour rallier l'armée du Mein, laissant l'ennemi donner dans le vide s'il persiste dans son offensive. Depuis deux mois Napoléon fait étudier avec un soin extrême la viabilité de toute la région comprise entre Mayence et la Saale, portant particulièrement son attention sur les chemins transversaux qui font communiquer entre elles les routes que suivront ses corps d'armée. Il s'est ainsi rendu compte que le corps d'Italie pourra effectuer son changement de direction, quel que soit le point où sera arrivée sa tête, lorsque ce mouvement deviendra nécessaire.

D'ailleurs, au cas où, pour une raison quelconque, le changement de direction ne pourrait s'effectuer en temps utile, le général Bertrand aurait toujours la ressource de faire rétrograder sa tête de colonne pour concentrer ses troupes soit à Coburg, soit même plus en arrière s'il le fallait pour échapper à l'étreinte de l'ennemi. On le voit, ce qui fait la sécurité du corps d'Italie, comme ce qui faisait la sécurité de l'armée de l'Elbe dans le cas précédent, c'est la possibilité de se soustraire aux attaques d'un ennemi supérieur en nombre par un mouvement rétrograde, prévu et par conséquent préparé.

Beaucoup d'officiers ne veulent pas entendre parler des mouvements rétrogrades sous prétexte qu'ils démoralisent les troupes, qui ne font, disent-ils, aucune différence entre un mouvement de ce genre et une retraite pure et simple. Pourtant les corps de démonstration, les corps d'avant-garde, etc., à moins d'agir avec une timidité presque toujours incompatible avec la nature de leur mission, seront souvent entraînés à se placer dans une situation périlleuse, dont ils ne pourront sortir que par un mouvement rétrograde. Il importe donc, d'une part, de propager cette idée qu'un tel mouvement est une manœuvre qui n'implique nullement un aveu de faiblesse, et, d'autre part, d'étudier les procédés tactiques spéciaux que comporte ce genre d'opération.

Quand l'armée du Mein et le corps d'Italie auront atteint la Saale, cette rivière se trouvera bordée par nos troupes sur tout son développement, de Saalfeld à son confluent dans l'Elbe : Napoléon donnera les ordres les plus formels pour que tous les passages soient gardés d'une façon permanente. Cette rivière sera alors, selon l'expression même de l'Empereur, « comme un rideau tendu entre l'armée française et l'ennemi ». A défaut d'une cavalerie assez nombreuse pour tenir à distance celle des Alliés, il utilisera un obstacle naturel continu pour se ménager une zone où il puisse faire mouvoir ses corps d'armée relativement en secret, et préparer sa manœuvre débordante par Leipzig en s'assurant le bénéfice de la surprise.

Le mérite des dispositions combinées par Napoléon résulte de ce qu'elles réalisent le rassemblement de toutes nos forces sur la Saale *à portée du point sensible de l'ennemi,* dans des conditions de sécurité complètes et aussi dans le minimum de temps, ce qui est essentiel, car les circonstances sont pressantes ; dès le début des opérations, nous serons en mesure d'infliger aux Alliés une défaite désastreuse, pour peu qu'ils commettent la moindre imprudence.

Le commandement, jusqu'à l'arrivée de l'Empereur, avait été réglé de la manière suivante :

LETTRE DU 10 AVRIL AU MARÉCHAL NEY

Le duc d'Istrie commandera au duc de Raguse comme plus ancien, et lui-même sera sous vos ordres pour la même raison. Le duc d'Istrie n'a ordre que de prendre position à Eisenach ; si je ne suis pas arrivé, c'est de vous qu'il recevra l'initiative de se porter sur Gotha si vous vous portez sur Erfurt..... Dans les cas imprévus, vous commanderez aussi au général Bertrand.....

En définitive, Napoléon ne veut pas se dessaisir du commandement ; les pouvoirs qu'il accorde au maréchal Ney sont illusoires ; jusqu'à son arrivée l'armée sera privée de toute direction supérieure, ce qui est d'autant plus grave que, fidèle à son système ordinaire, il ne rejoindra ses troupes que très tard. Il n'est donc pas étonnant que nos premières opérations aient présenté dans le détail un certain décousu, bien que l'ennemi n'ait rien fait pour les troubler.

A l'armée du Mein, du 12 au 14 avril inclus, on prend ses dispositions en vue de se porter sur Erfurt : le 6e corps, tout en achevant de s'organiser, s'échelonne en avant de Hanau le

long de la route de Fulde ; le 3ᵉ corps fait avancer sa tête
au nord de Schweinfurt, etc. La marche proprement dite
vers Erfurt commence seulement le 15 avril, et s'effectue
par échelons de brigade, c'est-à-dire les brigades se suivant
dans chaque colonne à la distance d'une étape.

Le 3ᵉ corps se porte par Gotha et Erfurt sur Weimar.
Le 18, la brigade de tête (la 1ʳᵉ de la division Souham : 6 000
fantassins, 1 000 chevaux et 16 canons) atteint Weimar
alors que la brigade de queue dépasse à peine Schweinfurt.
Le corps d'armée emploie six jours pleins, du 19 au 24,
pour se rassembler sur sa tête et prendre position à hauteur
de Weimar, sa droite bordant l'Ilm. Il semble qu'il eût été
prudent de reformer au moins les divisions avant de leur
faire dépasser Erfurt.

Le 6ᵉ corps et la Garde, se suivant dans cet ordre, marchent par Fulde et Eisenach sur Gotha. Le 16, la tête de la
colonne (1ʳᵉ brigade de la division Compans) atteint les environs de Gotha, mais elle est contrainte de s'arrêter pour
laisser défiler le 3ᵉ corps (¹). Du 17 au 21, la colonne serre
lentement sur sa tête : la Garde, prenant les devants, gagne
Gotha, tandis que le 6ᵉ corps s'établit entre cette localité et
Eisenach avec un détachement à Langensalza (il sera reparlé
plus loin de ce détachement).

La division badoise, rejointe à Coburg le 17 par l'avant-
garde du corps d'Italie, en part le même jour et gagne The-
mar, qu'elle quitte le 21 pour aller s'établir à Ilmenau en vue
d'assurer la liaison entre le 3ᵉ corps et le corps d'Italie.

La division wurtembergeoise rompt de Mergentheim le 19
et marche par Würzburg et Schweinfurt sur Hildburghausen.

Le corps d'Italie a marché par Anspach et Nuremberg

---

1. L'Empereur avait pensé que le 3ᵉ corps irait directement de Meiningen sur
Erfurt ; mais, faute d'instructions précises, le maréchal Ney a jugé bon de prendre la
route de Gotha, qui est bien meilleure que la précédente.

sur Bamberg. Sa tête (?), arrivée à Bamberg le 16, s'y arrête poussant sur Coburg une avant-garde (?) destinée à y relever la division badoise. Les deux divisions de tête (division Morand et division italienne Peyri) se rassemblent à Bamberg du 17 au 19, et en partent le 20 pour Coburg qu'elles atteignent le 21. Là, le général Bertrand les arrête parce qu'il ne juge pas prudent de continuer sur Saalfeld tant que le 3e corps n'aura pas dépassé Weimar; il se contente d'envoyer une avant-garde à Grafenthal pour tenir la sortie du défilé qui conduit à Saalfeld.

L'attitude louche du commandant de la division bavaroise, le général Raglowitch, a déterminé le général Bertrand à agir avec une grande circonspection. Raglowitch, contrairement à l'ordre formel que lui avait donné l'Empereur de concentrer sa division sur les hauteurs d'Ebersdorf pour surveiller de près les débouchés de Hof et de Schleiz, avait retiré les détachements établis antérieurement le long de la Saale et commencé à réunir ses troupes à Bayreuth. Le 16, sur une demande d'explications du général Bertrand, il a répondu qu'il se conformait à un ordre de son souverain, le roi de Bavière, lui interdisant de dépasser la frontière saxonne. Cependant, sur les instances du général, il a consenti à laisser un poste à Münchberg.

L'incident ne manquait pas de gravité, car il révélait l'hésitation du roi de Bavière à rester fidèle à la cause française. C'est seulement le 22 que le roi se décide à prescrire à Raglowitch de se mettre avec ses troupes à la disposition du général Bertrand.

L'*armée de l'Elbe* n'a pas bougé de sa position d'Aschersleben. La division westphalienne (général Hammerstein), chargée d'assurer la liaison entre cette armée et le 3e corps, se réunit tant bien que mal à Heiligenstadt sous la protection de détachements postés à Mülhausen et Nordhausen.

Depuis le 10 avril, la cavalerie légère ennemie borde la Saale sur tout son développement, poussant de nombreux partis à l'ouest de la rivière. Un fort détachement (2 000 hommes environ), dont le gros est posté à Eisleben, tient le contact de l'armée de l'Elbe; d'autres détachements de force variable battent l'estrade vers Nordhausen, Mülhausen, Gotha, Coburg et Bayreuth, semant partout l'alarme. Le 12, le major Blücher (le fils du général), avec 200 cavaliers prussiens, s'est présenté devant Weimar; un bataillon formé des contingents des maisons ducales de Saxe, qui se trouvait dans cette ville, a immédiatement fait défection. Le 17, un autre officier prussien, le major Helwig, avec un escadron de 150 hommes, fond à l'improviste, près de Langensalza, sur l'arrière-garde de la division bavaroise Rechberg (2 000 hommes, dont 1 500 fantassins et 300 cavaliers) qui se dirigeait sur Erfurt, et lui enlève une centaine d'hommes et deux canons. Le lendemain, 18, le même escadron disperse près de Wanfried (sur la route de Cassel) un régiment de cavalerie westphalienne de la division du général Hammerstein. Ce dernier, qui a pourtant 4 000 à 5 000 hommes à Heiligenstadt, prend peur et envoie au roi Jérôme des rapports où il est question « d'un corps ennemi de toutes armes comprenant plusieurs milliers d'hommes en marche sur Cassel ». Le 21, la division Compans du 6ᵉ corps et 500 chevaux de la Garde commandés par le général Lefevbre-Desnoëttes se portent d'Eisenach et de Gotha sur Langensalza, menaçant de couper la retraite aux détachements adverses qui s'aventureraient sur Cassel. Ce même jour, l'armée de l'Elbe fait un léger mouvement en appuyant un peu sur sa droite afin d'occuper Leimbach et d'être à portée d'observer Eisleben; le quartier général à Hoym. Les partisans ennemis se replient alors vers l'est, tout en continuant à surveiller de près la marche des colonnes françaises.

Ces divers incidents, sans importance au fond mais grossis par la rumeur publique, ont causé une certaine émotion au quartier général du maréchal Ney, à Erfurt, où l'on était assez mal informé. Le 19 au soir, sur de faux renseignements, le maréchal s'est figuré que les Coalisés marchaient en forces sur Naumburg et Iéna; dans la nuit même, il a envoyé des ordres pour accélérer la marche des troupes en arrière; mieux renseigné le lendemain matin, il a donné aussitôt contre-ordre. Une lettre écrite à ce sujet par le maréchal Bessières au major général Berthier permet d'entrevoir quel désarroi régnait alors dans le haut commandement :

Je dois vous dire franchement que si le mouvement de l'ennemi eût été véritablement prononcé sur Naumburg et Iéna, comme me l'a écrit cette nuit le prince de la Moskowa, *nous n'aurions pas été en mesure, ni lui non plus.*

Fort heureusement, l'ennemi, rendu circonspect par la faiblesse de ses moyens, était demeuré dans l'inaction.

Napoléon, informé le 15 que le quartier général des Alliés et la Garde russe avaient quitté Kalisch le 7 avril pour se rendre à Dresde, est parti de Paris le 16; il est arrivé à Mayence le 17. Ne jugeant pas les circonstances trop pressantes, il reste à Mayence jusqu'au 24, occupé à résoudre les mille difficultés de détails qu'avait soulevées la mise sur pied de sa nouvelle armée.

Quelques modifications sont apportées à l'organisation de celle-ci :

1° Le corps d'Italie est dédoublé : la division Morand et la division italienne Peyri forment avec la division wurtembergeoise Franquemont le 4ᵉ corps d'armée, dont le général Bertrand prend le commandement ; les divisions Pacthod et Laurencez constituent avec la division bavaroise Raglowitch le 12ᵉ corps, qui est placé sous les ordres du maréchal Oudinot ;

2° La division badoise Marchand est attribuée au 3ᵉ corps.

En annonçant ces dispositions au maréchal Ney, l'Empe-

reur a soin de lui faire remarquer que son corps d'armée est
le seul qui compte cinq divisions.

**Situation, à la date du 25 avril,
des forces françaises qui marchent vers la Saale.**

(D'après les états qui existent aux *Archives du ministère de la guerre.*)

Armée du Mein.	BATAIL- LONS.	ESCA- DRONS.	BATTE- RIES.	EFFEC- TIF(1).	OBSERVA- TIONS.
3e corps (Maréchal Ney). 8e division (Général Souham)	16				1. En nombres ronds, l'effectif est celui des combattants présents sous les armes.
9e division (Général Brennier)	15				
1oe division (Général Girard)	14	3	10	45 000	
11e division (Général Ricard)	14				
3ge division badoise-hessoise (Général Marchand).	10 (?)	4	1		
6e corps (Maréchal Marmont). 20e division (Général Compans)	12				2. Lanciers de Berg.
21e division (Général Bonnet).	13	1 (2)	8	25 000	
22e division (Général Friederichs).	14				
23e division (pour mémoire, non formée)	»				
4e corps (Général Bertrand). 12e division (Général Morand)	13				
15e division italienne (Général Peyri)	13	11	7	30 000	
38e division wurtembergeoise (Général Franquemont).	8 (?)	4	2		
12e corps (Maréchal Oudinot). 13e division (Général Pacthod)	12	»			
14e division (Général Laurencez)	13	»	3	25 000	
29e division bavaroise (Général Raglowitch) . . .	10	3	2		
La Garde. Division Dumoustier (3) . .	16	»	7	11 000	3. Partie Vieille Garde, partie Jeune Garde.
Cavalerie	»	(?)		4 000	
TOTAL				140 000	

Armée de l'Elbe.	BATAILLONS.	ESCADRONS.	BATTERIES.	EFFECTIF.	OBSERVATIONS.
11e corps (Maréchal Macdonald). — 31e division (Général Gérard)	7 ou 8				
35e division (Général Fressinet)	12	2	7	22 000	
36e division (Général Charpentier)	11				
5e corps (Général Lauriston). — 16e division (Général Maisons [1])	8	»			1. Non compris le 152e détaché à la division de Hamburg.
17e division (Général Puthod [2])	»	»			2. Pour mémoire détachée sur le bas Elbe.
18e division (Général Lagrange)	10	»	10	22 000	
19e division (Général Rochambeau)	12	»			
Division Roquet (Gardes).	6	2	3	3 500	
32e division (Général Durutte) [3] . . .	7	»	»	4 500	3. Y compris cinq bataillons qui marchent avec la division Bonnet du 6e corps.
4e — (Maréchal Victor).	10	1	»	6 000	
1re — (pour mémoire, sur le bas Elbe et à Magdeburg)	»	»	»	»	
1er corps de cavalerie (Général Latour-Maubourg)	»	?	1	4 000	
2e corps de cavalerie (Général Sébastiani [pour mémoire, sur le bas Elbe]).	»	»	»	»	
Division westphalienne (Général Hammerstein [pour mémoire, n'est pas encore prête]).	»	»	»	»	
TOTAL.				62 000	
Report du tableau précédent. . . .				140 000	
TOTAL général				202 000	

Le 24 avril au soir, les mouvements préparatoires au rassemblement général sont terminés. (Voir le *croquis n° 6*.)

A *l'armée du Mein*, le corps de tête, le 3e, est en position à hauteur de Weimar, la Garde et le 6e corps s'échelonnent derrière lui jusqu'à Eisenach ;

L'*armée de l'Elbe* est toujours dans sa position d'Hoym ;

Au *corps d'Italie*, les deux divisions de tête sont réunies à Coburg, prêtes à se porter sur Saalfeld ; les deux autres divisions serrent sur Nuremberg.

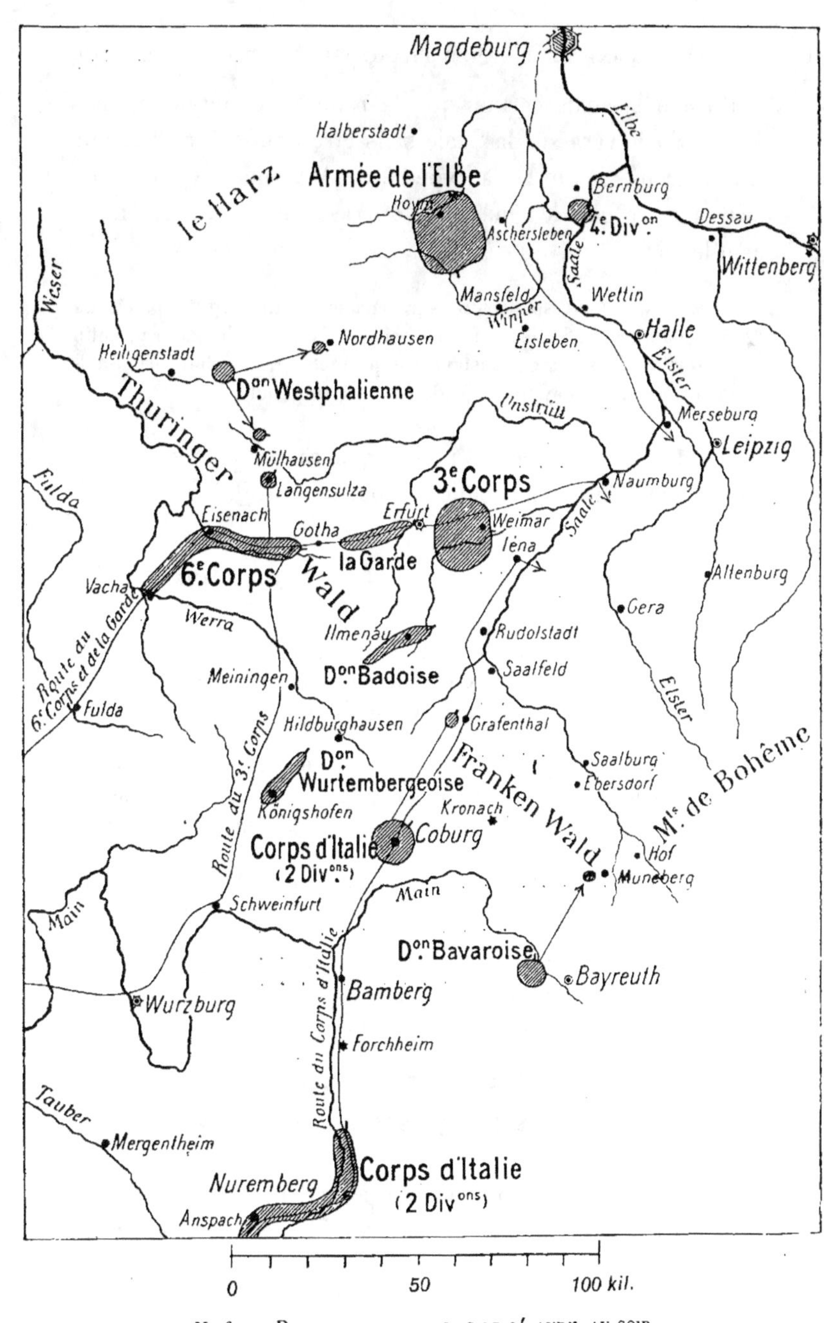

N.o 6. — Positions des français le 24 avril au soir.

Il est désormais certain que la réunion générale de nos forces s'achèvera sur la Saale sans être gênée par l'ennemi. L'Empereur, dès le 22, a expédié de Mayence de nouveaux ordres pour que les marches de rassemblement commencent le 25 :

L'armée du Mein se portera sur Iéna et Naumburg ; *l'armée de l'Elbe* remontera la Saale et viendra occuper Halle et Merseburg ; enfin le *corps d'Italie,* si les circonstances le permettent, marchera par Saalfeld sur Iéna en remontant la Saale par la rive gauche.

L'ordre adressé par le major général au prince Eugène mérite une mention particulière; nous le reproduirons textuellement :

Mayence, le 22 avril.

L'Empereur est encore aujourd'hui à Mayence. Le corps du prince de la Moskowa ne pouvant être entièrement réuni que le 24, il est nécessaire que vous occupiez Querfurt afin que les communications soient directes entre vous et le prince, qui va faire occuper les hauteurs de Naumburg.

Détruisez le pont que l'ennemi avait sur la Saale près de Wettin. Occupez Halle et Merseburg comme têtes de pont et mettez ces places à l'abri des Cosaques en palissadant les portes. Occupez d'abord Halle et après Merseburg.

L'intention de l'Empereur est de garder toute la Saale, afin d'empêcher l'ennemi de détacher aucun parti sur la rive gauche de cette rivière.

Vous devez être très alerte pour marcher sur l'ennemi s'il voulait prendre l'offensive par Iéna et Naumburg.

3° Rassemblement général
des forces françaises sur la Saale.

L'Empereur quitte Mayence le 24 avril au soir et arrive à Erfurt le lendemain dans l'après-midi. Son premier soin est de s'occuper de la question des subsistances qui va probablement soulever de grosses difficultés par suite de la concentration de nos forces sur Naumburg.

Les corps d'armée se sont mis (¹) en route avec 12 à 14 jours de pain, biscuit ou farine (4 jours de pain sur le sac des hommes et 8 à 10 jours de biscuit ou de farine sur les caissons du train); la Garde a même une réserve de 10 jours de farine de plus que transporte un convoi de voitures de réquisition. Jusqu'au 25, les troupes ont vécu partie sur le pays, partie sur leurs convois, mais elles sont maintenant trop concentrées pour pouvoir se ravitailler par l'exploitation directe du pays. L'Empereur, prévoyant le cas, avait donné des instructions en vue de constituer à Erfurt des magasins destinés à assurer les ravitaillements de l'armée du Mein : rien n'est prêt. Dès son arrivée à Erfurt, il écrit au maréchal Duroc :

> Erfurt, le 25 au soir.
>
> Réunissez *cette nuit* l'Intendant et deux ou trois des principaux membres de l'administration du pays ainsi que le commissaire des guerres et avisez aux moyens à prendre pour constituer à Erfurt des approvisionnements. Il faut sous quatre jours 200 000 rations de pain à livrer à raison de 50 000 par jour; il faut se procurer en outre le plus tôt possible 2 millions de rations de farine, autant d'eau-de-vie, autant de viande sur pied, 2 millions de rations d'avoine, etc....; pour obtenir plus vite les denrées, on les payera comptant.

Des ordres antérieurs avaient prescrit d'organiser à Erfurt une manutention de *24 jours,* des hôpitaux pour *4 000 malades,* etc.

La route de l'armée est prise de Mayence par Fulde, Eisenach, Gotha et Erfurt; cette dernière ville gîte principal d'étapes. Dès que les 4ᵉ et 12ᵉ corps auront dépassé Saalfeld, ils abandonneront complètement la route de Nurem-

---

1. Du moins l'Empereur avait donné des ordres dans ce sens, mais il est probable que ces ordres n'avaient pas été complètement exécutés.

berg-Coburg ; leurs communications avec Augsburg se feront dès lors par Würzburg et Fulde. Le maréchal Augereau, dont le quartier général est à Mayence, a le commandement de tout le territoire que traverse la route de l'armée jusqu'à Gotha ; le général Doucet, gouverneur de la place d'Erfurt, commande dans toute la région qui s'étend de Gotha à l'armée.

A partir du 26, l'Empereur est au milieu de ses troupes, il leur donne jour par jour des ordres presque tous reproduits soit dans sa « Correspondance », soit dans le « livre d'ordres de Berthier », dont il existe une copie aux archives du ministère de la guerre.

On trouvera aux appendices un tableau qui fait connaître le détail des mouvements des diverses fractions de l'armée française jusqu'au 30 avril inclus, c'est-à-dire jusqu'au moment où elle débouche sur la rive droite de la Saale pour marcher vers Leipzig. Quand on rapproche les indications de ce tableau des ordres de l'Empereur, on constate que pour tous les corps de l'armée du Mein, il y a concordance complète entre les prescriptions des ordres et les mouvements exécutés, mais que pour l'armée de l'Elbe et le corps d'Italie, l'exécution est en retard de 24 et parfois même de 48 heures. Le prince Eugène, sans qu'on sache pourquoi, a commencé son mouvement le 26 au lieu du 25, et d'autre part, poussant la circonspection bien au delà de ce qu'exige la prudence, il marche très lentement, et met cinq jours pour franchir les cinquante-cinq kilomètres qui séparent Hoym de Merseburg. Pour le corps d'Italie (4ᵉ et 12ᵉ corps), la lenteur de sa marche provient des difficultés de parcours de Coburg à Saalfeld : le chemin de montagne suivi est si mal entretenu que sur plusieurs points, entre Sonnenberg et Grafenthal notamment, l'artillerie ne peut passer qu'en doublant les attelages.

En dépit de ces contretemps, la manœuvre s'effectue dans des conditions de sûreté complète, les emplacements des divers corps étant combinés de telle sorte que l'armée soit toujours prête à faire face à une offensive adverse débouchant à l'ouest de la Saale, à quelque moment et sur quelque point que ce soit. Comme les Coalisés n'ont poussé que de la cavalerie au delà de l'Elster, l'armée atteint la Saale sans coup férir et s'empare des ponts qui sont intacts.

Nous nous bornerons à résumer en quelques mots les faits les plus saillants.

26 AVRIL. — La division Souham, avant-garde du 3e corps, s'empare de Naumburg sans coup férir ; le 4e corps avance sa tête jusqu'à Rudolstadt ; l'armée de l'Elbe se porte d'Hoym à Mansfeld. L'ennemi brûle son pont de Wettin.

27 AVRIL. — L'armée du Mein serre sur Naumburg ; le 4e corps sur Rudolstadt ; l'armée de l'Elbe avance de Mansfeld à Eisleben.

28 AVRIL. — Le quartier général de l'Empereur est transporté d'Erfurt à Eckartsberg, le 3e corps se masse à Naumburg, la Garde et le 6e corps à Auerstædt ; la 1re division du 4e corps occupe Iéna, la tête du 12e corps arrive à Coburg ; le gros de l'armée de l'Elbe marque un temps d'arrêt pendant que la division Maisons du 5e corps essaye en vain de s'emparer de Halle, dont l'ennemi brûle le pont.

29 AVRIL. — La division Souham s'empare de Weissenfels que tenait le détachement de Landskoï, le 3e corps serre sur la division Souham, le quartier général et la Garde se placent à Naumburg, le 6e corps à Kösen ; le 4e corps serre sur Iéna, le 12e porte son avant-garde sur Saalfeld ; l'armée de l'Elbe enlève Merseburg.

30 AVRIL. — Le quartier général de l'Empereur et la Garde rejoignent le 3e corps à Weissenfels, le 6e corps occupe Naumburg ; le 4e corps occupe Dornburg et Iéna, le

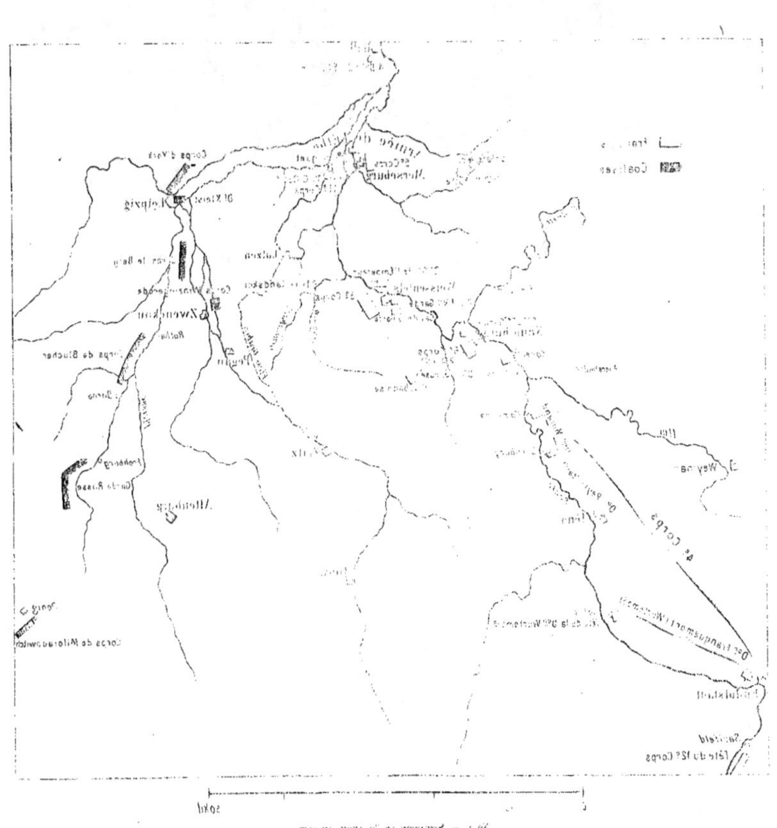

Fig. — SITUATION LE 29 AVRIL AU SOIR.

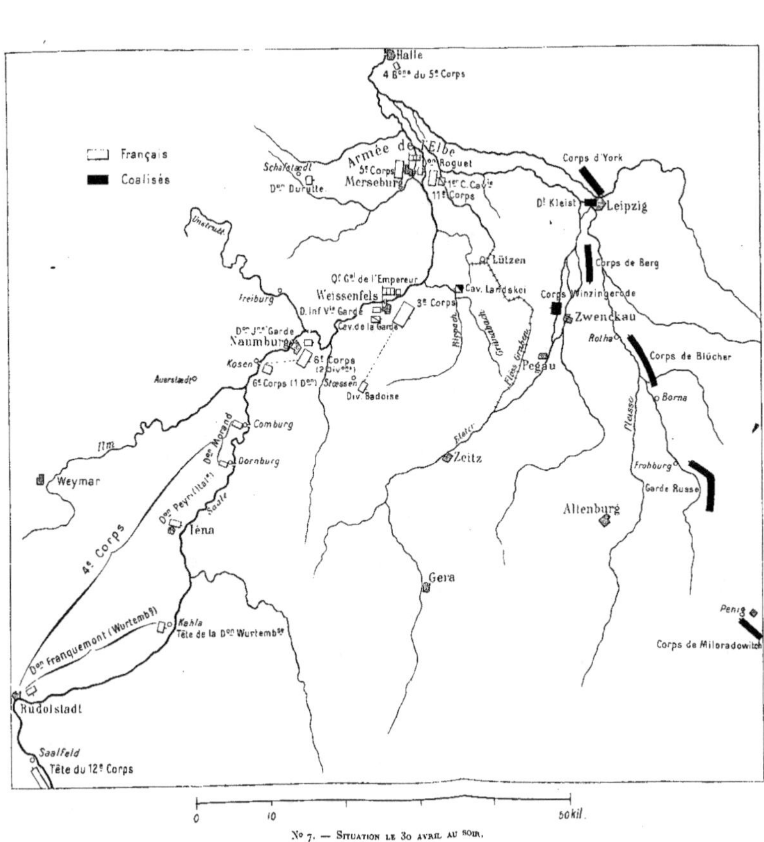

Nº 7. — Situation le 30 avril au soir.

12ᵉ débouche sur Saalfeld ; l'armée de l'Elbe serre sur Merseburg.

En étudiant le détail des mouvements au moyen du tableau, on remarquera qu'à partir du 26, les passages de la Saale entre Saalfeld et Naumburg d'une part, et Bernburg et Wettin de l'autre, ne cessent pas d'être gardés, toute fraction qui occupe l'un de ces passages ne quittant son poste qu'après l'arrivée de la fraction appelée à la relever. Les partisans ennemis, qui ne peuvent plus franchir la rivière que sur les deux ponts de Merseburg et de Halle, n'osent plus s'aventurer au loin. A partir du 29, Merseburg et Halle étant à leur tour occupés par nos troupes, plus un seul détachement ennemi ne pénètre sur la rive gauche de la Saale. « Tous les mouvements des corps français s'exécutent derrière cette rivière comme derrière un rideau. »

Le 30 avril au soir, l'armée française occupe les emplacements suivants (voir le *croquis n° 7*) :

Armée du Mein.

Quartier général de l'empereur à Weissenfels.

La Garde (¹)	Division de cavalerie		
	Division d'infanterie (général Dumoustier).	Vieille Garde (trois bataillons : 3 000 hommes).	à Weissenfels.
		Jeune Garde à Naumburg.	
3ᵉ corps	Quartier général et quatre divisions en position à l'est de Weissenfels ;		
	Division Marchand à Stössen.		
6ᵉ corps (¹)	Quartier général et deux divisions à Naumburg ;		
	Division Friedricks à Kösen.		

---

1. En exécution des ordres donnés dans l'après-midi du 30 avril, la Garde va être réorganisée par la fusion de la division Roguet et de la division Dumoustier, tout ce qui appartient à la Vieille Garde étant versé à la division Roguet et tout ce qui appartient à la Jeune Garde à la division Dumoustier. En outre, cinq bataillons de la division Durutte qui ont marché avec le 6ᵉ corps depuis Mayence, rejoignent leur division dont l'effectif est ainsi porté de 1 000 à 4 500 hommes.

4ᵉ corps . . . .
- Quartier général et division Morand à Dornburg, avec trois bataillons à Camburg ;
- Division italienne Peyri à Iéna ;
- Division wurtembergeoise Franquemont à Burgau, Kola et Rudolstadt.

12ᵉ corps . . . . . .   S'échelonne entre Saalfeld et Coburg.

Armée de l'Elbe.

Quartier général . . .
Division Roguet ([1]) . .   Merseburg.

1ᵉʳ corps de cavalerie.
11ᵉ corps . . . . . .   En position à une lieue à l'est de Merseburg.

5ᵉ corps . . . . . .   (Trois divisions) en arrière de Merseburg, détachant un régiment, quatre bataillons, à Halle.

32ᵉ division . . . . .   Général Durutte ([1]) à Schafstädt.

4ᵉ division . . . . .   (Maréchal Victor, quartier général à Bernburg) les dix bataillons de la division disposés en cordon le long de la Saale, de Barby à Wettin.

Division westphalienne.   En voie de rassemblement à Sondershausen.

Nos avant-postes sont partout en contact avec la cavalerie légère des Coalisés. Le service des renseignements a fait connaître qu'il y avait des corps ennemis nombreux constitués en toutes armes à Dessau, Leipzig, Altenburg et Zwickau.

---

1. Voir la note au bas de la page précédente.

CHAPITRE II

LA MANŒUVRE DE LÜTZEN

1° Débouché de l'armée française à l'est de la Saale.

Journée du 1er mai. — Le 30 avril au soir, le rassemblement de l'armée française n'est pas terminé, car la division wurtembergeoise et le 12ᵉ corps auraient besoin de deux jours pour serrer entièrement sur le gros de l'armée.

Rassembler ses forces hors de la portée de l'ennemi pour déboucher en masse est un des principes fondamentaux de la stratégie napoléonienne. Un temps d'arrêt de 24 heures au moins semble d'autant plus s'imposer que l'effectif de l'armée de l'Elbe est inférieur aux prévisions primitives de l'Empereur : affaiblie des trop nombreux détachements laissés mal à propos sur le bas Elbe avec Davout, cette armée ne compte que 60 000 hommes au lieu de 80 000.

Napoléon n'a que des renseignements assez vagues sur les Coalisés. Évaluant comme à son habitude les forces de ses adversaires plutôt au-dessous de la réalité, il estime qu'ils n'ont pas pour le moment sur la rive gauche de l'Elbe beaucoup plus de 80 000 hommes disponibles. Il voit leurs corps dispersés depuis Dessau jusqu'à Zwickau, la masse principale se tenant entre Leipzig et Altenburg. En définitive, il trouve ses adversaires placés à peu près comme il le désirait. Abstraction faite de la division wurtembergeoise et du 12ᵉ corps trop éloignés, de la division Durutte qui est chargée de garder Merseburg mis en état de défense pour servir de tête de pont sur la Saale, et enfin d'un régiment

(quatre bataillons) du 5ᵉ corps affecté à la garde de Halle,
l'Empereur dispose de 145 000 combattants, présents sous
les armes, 130 000 fantassins, 9 000 à 10 000 cavaliers, 400 canons. Avec Napoléon pour chef, c'est assez pour assurer la
victoire sur une armée inférieure de plus d'un tiers et médio-
crement conduite. On pense bien en effet que l'Empereur
spécule sur la faiblesse du commandement chez ses adversaires, dont le généralissime est un homme d'une valeur plus
ou moins contestée, subissant l'influence de l'entourage des
monarques alliés, et obligé, par suite, de mettre à exécution
un plan qui est une sorte de compromis entre ses idées per-
sonnelles et celles des états-majors du tsar Alexandre et du
roi Frédéric-Guillaume.

Napoléon a besoin de remporter à bref délai une victoire
décisive qui lui rende tout son prestige de général invincible
et lui ramène l'opinion de l'Autriche et des États de la Confédération du Rhin. On conçoit donc qu'il ne redoute rien
tant que de voir ses adversaires se dérober à ses coups en
se retirant derrière l'Elbe avant qu'il ait pu les atteindre.
En admettant que jusqu'ici l'ennemi ne se soit pas rendu
compte de la supériorité numérique de l'armée française et
qu'il n'ait pas discerné les intentions de manœuvre de l'Empereur, il est peu probable qu'il persiste longtemps encore
dans son erreur ; quand les quatre divisions qui se trouvent
sur la haute Saale auront serré sur Naumburg, il ne pourra
plus s'y méprendre : or, le but de Napoléon étant de déborder
la droite du gros de l'armée adverse afin de la contraindre
à une bataille à front renversé, sa manœuvre n'a chance
d'aboutir que si l'ennemi ne s'en aperçoit que trop tard.
Dès l'instant où il dispose de forces suffisantes pour être certain que dans les circonstances les moins avantageuses le
résultat de la bataille ne lui sera pas défavorable, l'Empereur doit agir sans retard, et « exploiter les deux principaux

facteurs du succès, la rapidité et la surprise » ; qu'il se passe donc sans hésiter des quatre divisions qui sont sur la haute Saale, et qui contribuent d'ailleurs dans une large mesure à la réussite de sa manœuvre en attirant de ce côté l'attention de l'ennemi, et probablement aussi une partie de ses forces.

Telles sont, croyons-nous, les raisons qui déterminent Napoléon à déboucher au delà de la Saale le 1er mai pour marcher par Lützen sur Leipzig dès le lendemain. D'ailleurs, l'armée française ne peut rester collée à la rivière ; il faut qu'elle gagne du terrain en avant pour se ménager l'espace dont elle a besoin pour manœuvrer.

Les ordres donnés le 30 avril au soir pour le lendemain se résument ainsi ; il est prescrit :

A l'armée de l'Elbe de se porter en avant de Merseburg jusqu'à hauteur de Schladebach (Merseburg sera mis en état de défense *afin de pouvoir être facilement défendu en cas de retraite;* le parc, le quartier général administratif viendront s'établir dans cette ville où seront organisés des hôpitaux pour 4 000 malades, etc.);

Au 3e corps, renforcé de la cavalerie de la Garde, de déboucher de Weissenfels pour se porter sur Lützen ;

Au 6e corps d'appuyer le mouvement du 3e corps avec deux de ses divisions, la 3e restant à Naumburg ;

Aux deux divisions d'infanterie de la Garde (réorganisée) de se rassembler à Weissenfels ;

Aux 4e et 12e corps de continuer à serrer le plus rapidement possible sur Naumburg.

Dans cette, journée une attaque du gros des forces adverses n'était pas à redouter, mais nous pouvions être assaillis par la nombreuse cavalerie des Alliés, à laquelle la plaine de Lützen offrait un terrain d'action particulièrement favorable. Ne disposant que d'une cavalerie très inférieure à celle de l'adversaire, nous avions à prendre de grandes précautions pour éviter une surprise, très dangereuse surtout avec des troupes de nouvelle formation. Pendant cette journée du 1ᵉʳ, et aussi pendant celles des 2 et 3 mai, nos corps d'armée marchent en masse de guerre à travers champs dans des formations analogues à celles que nous indiquerons plus loin pour le 3ᵉ corps. Dans ces conditions, la marche est très fatigante et de plus très lente, car au moindre obstacle il faut rompre la formation pour la reprendre au delà.

Le 3ᵉ corps d'armée se met en mouvement à 11 heures du matin, couvert par une avant-garde comprenant la brigade de cavalerie, deux bataillons et une demi-batterie légère ; le gros, qui suit à une demi-lieue, est formé en autant de lignes qu'il compte de brigades ; dans chaque brigade, les régiments accolés en colonne à demi-distance par division ([1]), afin de pouvoir former rapidement les carrés par régiment ; l'artillerie entre les régiments des brigades de tête de chaque division.

La cavalerie du corps de Winzingerode, qui était en observation devant Weissenfels, refoulée par le 3ᵉ corps, se replie lestement derrière le Rippach pour essayer de nous en disputer le passage. Après avoir perdu quelque temps pour franchir le ruisseau (plutôt du fait du terrain que de celui de l'ennemi), le 3ᵉ corps débouche au delà et s'avance à travers la plaine. Les divisions Souham et Girard, qui tiennent la tête, ont à repousser plusieurs charges de la cavalerie russe. Celle-ci, voyant l'inutilité de ses efforts, se retire dans la direction de Pegau.

Nos pertes se réduisaient à quelques tués ou blessés ; malheureusement, parmi les morts, se trouvait le maréchal Bessières, tué raide par un boulet au passage du Rippach.

L'attitude de nos soldats avait été très ferme. « Tous ces jeunes gens sont des héros, écrivait le maréchal Ney à l'Em-

---

1. Les subdivisions de cette colonne étaient formées de deux compagnies (ou pelotons) accolées. L'expression de « division » avec cette signification a disparu de notre terminologie militaire en 1875 seulement. Ne pas perdre de vue non plus que de 1791 à 1875 les expressions « peloton » et « compagnie » ont été synonymes dans les évolutions.

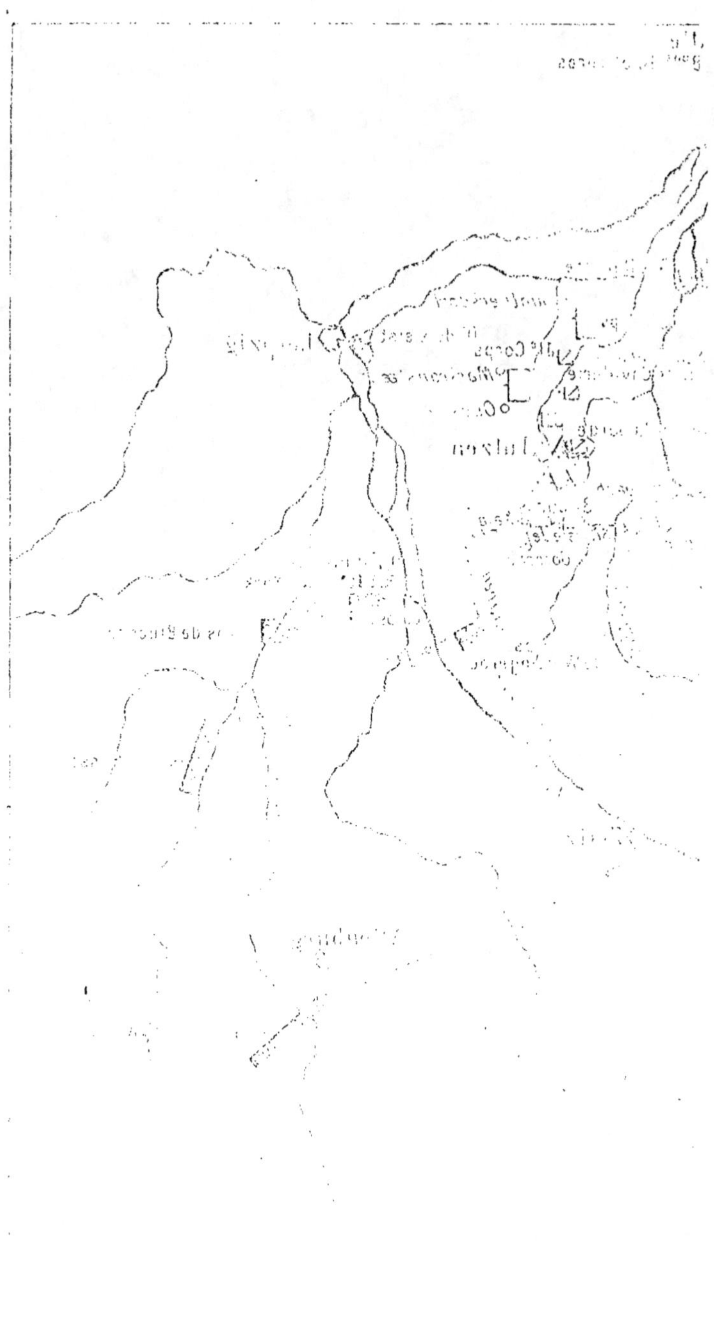

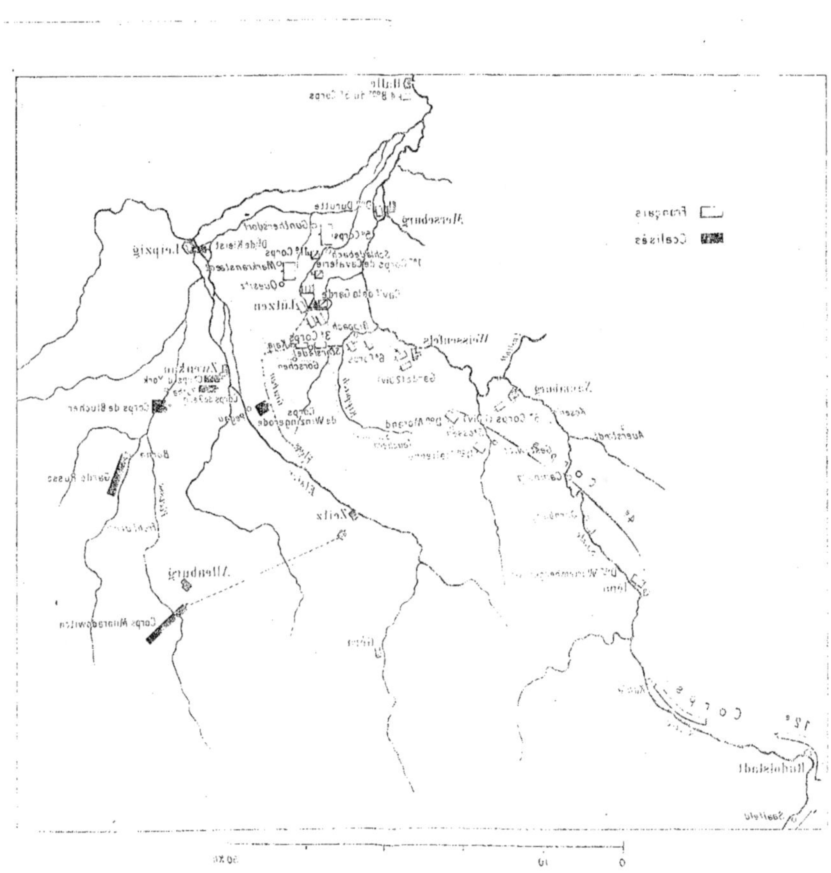

Français
Coalisés
Halle
2e et 8os du 3e Corps
Gen Durutte
Merseburg
Günthersdorf
9e Corps
Gd de Kleist
Schladebach
Kulto Corps
Leipzig
1er Corps de cavalerie
2e Marineinstance
Ouesse
Clava de la Garde
Lützen
Rippach
3 e Corps
Kaja
Starsiedel
Gorschen
Weissenfels
Zwenkau
York
Corps de York
Corps de Blucher
Borna
Garde Russe
Zeitz
Allenburg
Corps Miloradowitch
Zerenburg
Naumburg
Auerstedt
Corps Ney
Gen Morand
Div Gen Compans
12e
Corps Ney
Rudolstadt
Saalfeld
0
10
50 KM

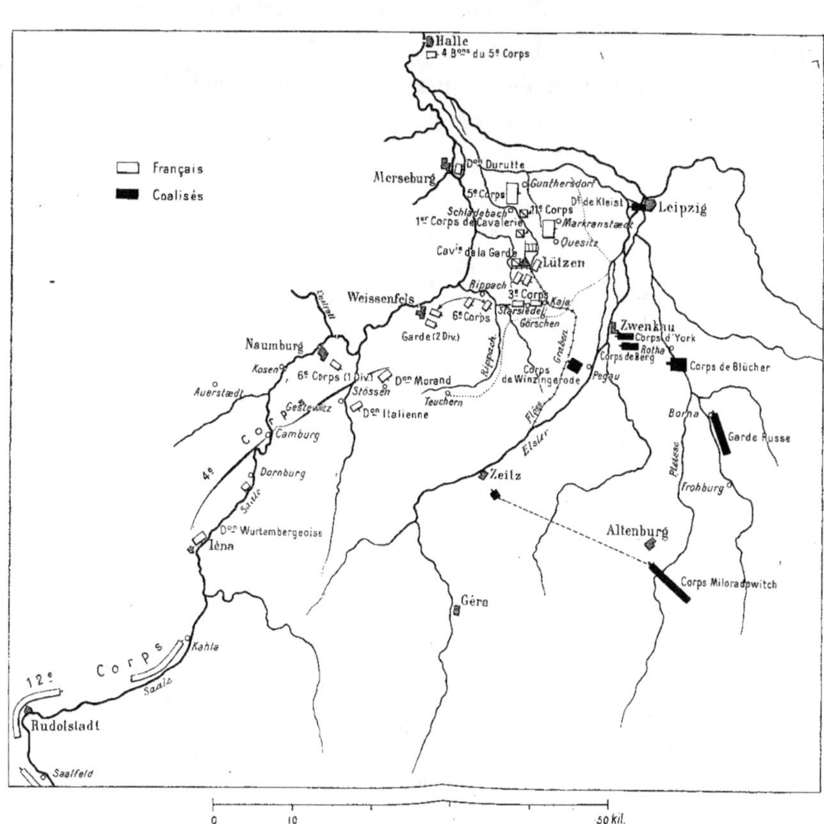

No 8. — Situation le 1er mai au soir.

pereur le soir même, je ferai avec eux tout ce que vous voudrez. » Cet excès d'éloges à propos d'un combat sans importance démontre que nos généraux avaient eu quelque appréhension au sujet de la manière dont leurs nouvelles troupes se comporteraient au feu.

Les autres corps s'étaient conformés strictement aux prescriptions de l'Empereur.

La situation de l'armée française le 1er mai au soir est la suivante (voir le *croquis n° 8*) :

L'Empereur à Lützen.

Armée de l'Elbe.

11e corps. A Quesitz et Markranstædt.
5e corps. En arrière de Gunthersdorf (un régiment détaché à Halle).
1er corps de cavalerie. Entre Schladebach et Oetzsch.
32e division (Durutte). A Merseburg.

Armée du Mein.

Cavalerie de la Garde. A Lützen.
Division Vieille Garde. . . . . . ⎫
Division Jeune Garde . . . . . . ⎬ A Weissenfels.

3e corps.
- Quartier général. A Kaja ;
- Division Souham. . { Occupant les quatre villages de Kaja, Rahna, Klein et Gross-Görschen ;
- Division Girard. A Starsiedel ;
- Divisions Brennier et Ricard. Près de Lützen (?) ;
- Division Marchand. A Lützen.

6e corps.
- Quartier général. Près de Rippach ;
- Division Bonnet . . { Sur les hauteurs à l'est de Rippach ; détachement, deux bataillons à Nellschütz ;
- Division Compans. Près de Lösan (à l'ouest du Rippach) ;
- Division Friederichs. A Naumburg.

4e corps.
- Quartier général. A Stœssen ;
- Division Morand. A Stœssen, avec avant-garde à Pretzsch ;
- Division italienne Peyri. A Gross-Gestewitz ;
- Division wurtembergeoise. A Iéna.

12e corps. La tête à Kahla, la queue en arrière de Saalfeld.

Les renseignements recueillis sur l'ennemi sont les mêmes que la veille.

On peut considérer que le 1ᵉʳ mai au soir l'armée française est divisée en deux groupes :

Le 12ᵉ corps et la division wurtembergeoise, qui sont en train de serrer sur Naumburg, forment un *corps de démonstration*, dont la présence sur la haute Saale déterminera l'ennemi (on l'espère du moins) à maintenir le gros de ses forces au sud de Leipzig ;

Le reste de l'armée, qui constitue la *masse de manœuvres*, est concentré entre Markranstædt et Stœssen dans un rectangle de 30 kilomètres de front et de 15 de profondeur, prêt à fondre sur Leipzig dont son aile gauche n'est plus qu'à une demi-marche, prêt aussi à recevoir l'attaque de l'ennemi de quelque côté que celui-ci débouche, par Leipzig, Pegau ou Zeitz.

La matinée du 2 mai. — Dans la nuit du 1ᵉʳ au 2 mai, l'Empereur reçoit plusieurs rapports qui indiquent que des corps ennemis qui se trouvaient à Leipzig sont descendus sur Zwenkau : il en conclut que l'armée alliée est en train de se concentrer sur ce dernier point, *peut-être dans l'intention de l'attaquer sur la rive droite de l'Elster.* Cette attaque ne semble pas très vraisemblable, car en la tentant les Coalisés se mettraient d'eux-mêmes dans une situation encore plus défavorable que celle où Napoléon s'efforce de les placer. Néanmoins, l'Empereur désire tellement que cette attaque se produise, qu'il en vient à la croire probable ; sa conviction à ce sujet s'appuie sur la connaissance du caractère de Wittgenstein. « Wittgenstein, écrivait-il quelques jours avant au prince Eugène, est d'un tempérament hardi ; en débouchant avec de fortes masses, on pourrait lui infliger de grosses pertes. »

Il va sans dire, et c'est un point sur lequel on ne saurait trop insister, que Napoléon ne tiendra pas ses troupes immobiles dans l'attente d'une attaque qui n'est rien moins que certaine ; il ne perdra pas un instant de vue le plan qu'il a formé de déboucher en masse par Leipzig pour déborder les Coalisés sur leur droite. Tout en jouant très serré afin d'être en mesure de mettre à profit la témérité de l'ennemi si celui-ci prenait l'offensive à l'ouest de l'Elster, il va étendre sa gauche vers Leipzig, dont la possession lui importe à un si haut degré, en même temps qu'il fera serrer les corps de sa droite sur son centre de manière à dérober de plus en plus son aile droite. Le centre restera donc immobile à Kaja et à Lützen, face à Pegau et à Zwenkau, qui sont les débouchés dangereux : *il servira de pivot à toute la manœuvre.*

Dans la seconde partie de la journée, si l'attaque adverse ne s'est pas produite, l'Empereur achèvera de masser sa gauche à Leipzig, et portera une partie des corps de son centre vers l'Elster afin de maîtriser les passages de Pegau et de Zwenkau.

Qu'on observe bien que la manœuvre combinée par Napoléon est décomposée en deux temps, et que les ordres donnés le 1er mai au soir et le 2 avant 5 heures du matin concernent uniquement le premier temps.

Vu l'importance exceptionnelle de ces ordres (1), nous les reproduirons *in extenso*.

Lützen, 1er mai, à   heures du soir.

L'EMPEREUR AU MARÉCHAL MORTIER

Partez demain à 5 heures du matin avec la division du général Roguet, la division Dumoustier, toute l'artillerie et tout ce qui appartient à la Garde, afin d'arriver de bonne heure à Lützen.

Lützen, 1er mai, à   heures du soir.

AU MARÉCHAL MARMONT

Votre quartier général, comme je vous l'ai mandé, sera ce soir au ravin (du Rippach) sur la route entre Weissenfels et Lützen. Réunissez-y tout votre corps d'armée. Faites partir la division qui est à Naumburg

---

1. La *Correspondance de Napoléon* contient, je crois, la série complète de ces ordres; la preuve en est que le livre d'ordres du maréchal Berthier ne renferme pas un seul document édictant des prescriptions nouvelles.

à 5 heures du matin pour vous rejoindre. Placez des troupes à la tête du défilé (¹). Renvoyez les bataillons du général Marchand qui avaient été mis là en position. Faites-vous éclairer sur la route de Pegau. Le quartier général est à Lützen, où s'est faite notre jonction avec le Vice-roi, qui occupe Markranstædt. L'ennemi s'est retiré sur Zwenkau et Pegau.

AU GÉNÉRAL BERTRAND

Partez demain à 6 heures du matin pour vous porter sur Starsiedel. Vous communiquerez avec Marmont qui est au défilé de Weissenfels, sur la route de Weissenfels à Lützen. Si la division italienne est fatiguée et ne peut vous suivre, vous la laisserez un jour à Naumburg. Si elle vous a rejoint (c'est le cas), elle marchera avec vous. Donnez ordre à la division wurtembergeoise de se rendre à Naumburg ; faites-moi connaître quand elle y arrivera.

Faites partir demain à 4 heures du matin un officier qui vienne prévenir l'Empereur, au quartier général, de l'heure où vous arriverez et de la route que vous suivrez.

Prenez langue avec le duc de Raguse au passage, au défilé sur le chemin de Weissenfels à Lützen, parce que c'est là que j'adresserais mes ordres si j'avais à vous en donner.

Donnez ordre que ce qui vous vient d'Iéna et tout ce qui vous arrive passe sur la rive gauche de la Saale d'Iéna à Naumburg ; de Naumburg en repassant la rivière à Weissenfels *de manière à être toujours sur la rive gauche de la Saale : cela est très important.*

AU MARÉCHAL OUDINOT

Portez-vous sur Naumburg. Faites-moi connaître quand vous y serez.

Lützen, le 2 mai, à 4 heures du matin.

AU MAJOR GÉNÉRAL

Donnez ordre au Vice-roi de faire partir aujourd'hui le général Lauriston pour se porter sur Leipzig. Le 11ᵉ corps se portera sur Markranstædt, d'où *il enverra une reconnaissance sur Zwenkau, et une sur Leipzig* pour rester en communication avec le général Lauriston et favoriser ses opérations sur Leipzig. La reconnaissance que le 11ᵉ corps enverra sur Zwenkau se liera avec la reconnaissance que le prince de la Moskowa y enverra. Le quartier général du 11ᵉ corps sera à Markranstædt.

---

1. Sur la rive droite du Rippach.

DONNEZ ORDRE AU PRINCE DE LA MOSKOWA DE RALLIER SES CINQ DIVISIONS[1] ET D'ENYOYER DEUX FORTES RECONNAISSANCES, UNE SUR ZWENCKAU ET L'AUTRE SUR PEGAU. Prévenez-le que le 11ᵉ corps aura son quartier général à Markranstædt et enverra une reconnaissance sur Zwenkau ; que le 5ᵉ corps, que commande le général Lauriston et qui est sur la route de Leipzig, se portera sur Leipzig, que le général Bertrand doit arriver aujourd'hui, à 3 heures après-midi, près de Kaja ; que le duc de Raguse est au débouché.

En exécution de ces ordres, à partir de 5 heures du matin :

Le 5ᵉ corps avec une partie du 1ᵉʳ corps de cavalerie (20 000 hommes) se portera sur Leipzig ;

Le 11ᵉ corps avec le reste du 1ᵉʳ corps de cavalerie (25 000 hommes) se massera à hauteur de Markranstædt, prêt à appuyer soit le 5ᵉ, soit le 3ᵉ corps ;

Le 3ᵉ corps devra se rallier à Kaja pour observer les débouchés de Pegau et de Zwenkau ;

Les deux divisions du 6ᵉ corps qui sont à Rippach y resteront, et seront rejointes entre 9 et 10 heures du matin par la 3ᵉ division venant de Naumburg ;

La Garde à pied ira de Weissenfels à Lützen, qu'elle atteindra vers 9 heures ;

Le 4ᵉ corps (deux divisions) se portera de Stœssen sur Kaja, où l'on pense qu'il arrivera à 3 heures du soir.

En cas d'attaque par Pegau ou Zwenkau, le 3ᵉ corps, rallié à Kaja et orienté sur les directions dangereuses, est destiné à servir d'avant-garde ; c'est à lui qu'incombera la mission d'arrêter l'ennemi et de le fixer pour permettre au reste de l'armée de « le manœuvrer ». Kaja est à 19 kilomètres de Leipzig, 9 de Markranstædt, 7 de Rippach, 15 de Weissenfels et à 20 de Stœssen. A quelque moment que l'attaque se produise, le 3ᵉ corps, qui compte à lui seul 45 000 combattants, sera soutenu en moins de trois heures

---

1. L'Empereur ne précise pas où doit se rallier le 3ᵉ corps, mais c'est évidemment à Kaja, où se trouve le quartier général.

par les 5o ooo hommes du 11ᵉ corps, des deux premières divisions du 6ᵉ, de la Garde à cheval et du 1ᵉʳ corps de cavalerie ; six à sept heures au plus ([1]) après le commencement de l'action, tout le reste de l'armée sera entré en ligne ; nous opposerons alors 15o ooo combattants aux 8o ooo que les Coalisés peuvent, au plus, concentrer de ce côté dans la journée pour livrer bataille.

Dans la matinée du 2 mai, les ordres donnés s'exécutent ponctuellement, sauf que les divisions du 3ᵉ corps, au lieu de se rallier, restent sur les emplacements où elles ont passé la nuit.

A mesure que le temps s'écoule, rien ne bougeant, ni du côté de Pegau, ni du côté de Zwenkau, l'Empereur renonce peu à peu à l'espoir de voir les Coalisés prendre l'offensive sur la rive droite de l'Elster ; il s'occupe sans retard de compléter ses dispositions pour pouvoir le lendemain, 3 mai, déboucher par Leipzig au delà de l'Elster avec le gros de ses forces, mais il n'en continue pas moins à se tenir en garde contre une attaque éventuelle, si improbable qu'elle lui paraisse maintenant. Dans une nouvelle série d'ordres expédiés de Lützen entre 8 et 1o heures du matin, il prescrit :

Au 5ᵉ corps de continuer son attaque sur Leipzig ;

Au 11ᵉ corps de s'avancer au delà de Markranstædt, prêt à se porter soit sur Leipzig, soit sur Zwenkau ;

Au 3ᵉ corps de rester à Kaja (où on le croit rallié) ;

Au 6ᵉ corps de se porter sur Pegau ;

Au 4ᵉ corps d'échelonner ses trois divisions de Taucha à Stœssen, si la fatigue des troupes ne permet pas de les faire serrer sur Taucha ([2]) ;

A la Garde de rester à Lützen, prête à marcher au premier signal.

---

1. Nous calculons le temps très largement pour tenir compte de ce que nos troupes marchent à travers champs en masses de guerre.

2. Le 4ᵉ corps recevra cet ordre trop tard et fera serrer ses deux divisions de tête sur Taucha.

Nous reproduirons textuellement l'ordre adressé au maréchal Ney, qui résume tous les autres :

Lützen, 2 mai, 9ʰ 3o du matin.

J'ai donné ordre au duc de Raguse de se porter sur Pegau. Si, en approchant, il apprend qu'il y ait quelque chose, il prendra position entre Pegau et Zwenkau. Si vous entendez la canonnade de ce côté, tenez-vous prêt à marcher au secours.

Le général Bertrand arrivera ce soir à Taucha avec une division, une autre division au Gleissberg, et une autre à Stœssen, afin d'observer Zeitz et de se porter demain sur Pegau et Zwenkau. *Tous les rapports qu'on a sont que l'ennemi se réunit à Zwenkau et que Wittgenstein a été nommé commandant en chef. Faites-moi connaître la position de vos cinq divisions. Vous pouvez retirer le général Marchand de la route de Leipzig,* toute ma Garde étant là (sur la route de Leipzig) pour l'appuyer (¹) [la division Marchand] dans la direction de Zwenkau. J'attends le rapport de ce que vous pouvez avoir appris ce matin.

Le *croquis n° g* montre quelle serait la situation de l'armée française le 2 mai au soir si les ordres lancés par l'Empereur vers 10 heures du matin recevaient leur exécution intégrale. Pour peu qu'on admette avec Napoléon que le gros de l'armée coalisée est en train de se concentrer aux environs de Zwenkau (²), on voit apparaître nettement l'idée maîtresse de la manœuvre qu'il projette pour le 3 mai : « Toutes les troupes échelonnées entre Leipzig et Lützen débouchant par Leipzig à la suite du 5ᵉ corps déborderaient les Coalisés sur leur droite pendant que le 6ᵉ corps, soutenu par le 4ᵉ, prendrait position sur l'Elster entre Zwenkau et Pegau pour contenir l'ennemi de front ; quant au 12ᵉ corps, il continuerait sa marche à couvert de la Saale et serrerait sur le gros de l'armée. »

Voyons comment se nouent les événements.

---

1. C'est-à-dire : pour la faire appuyer.

2. On verra plus loin que cette hypothèse est conforme à la réalité, sauf que les Coalisés se concentrèrent en avant de Zwenkau et non en arrière, sur la rive gauche de l'Elster et non sur la rive droite.

La division de tête du 5e corps [général Maisons] (¹) s'avance sur Leipzig par Gunthersdorf, refoulant devant elle une ligne de postes de cavalerie ennemie. Quand elle arrive

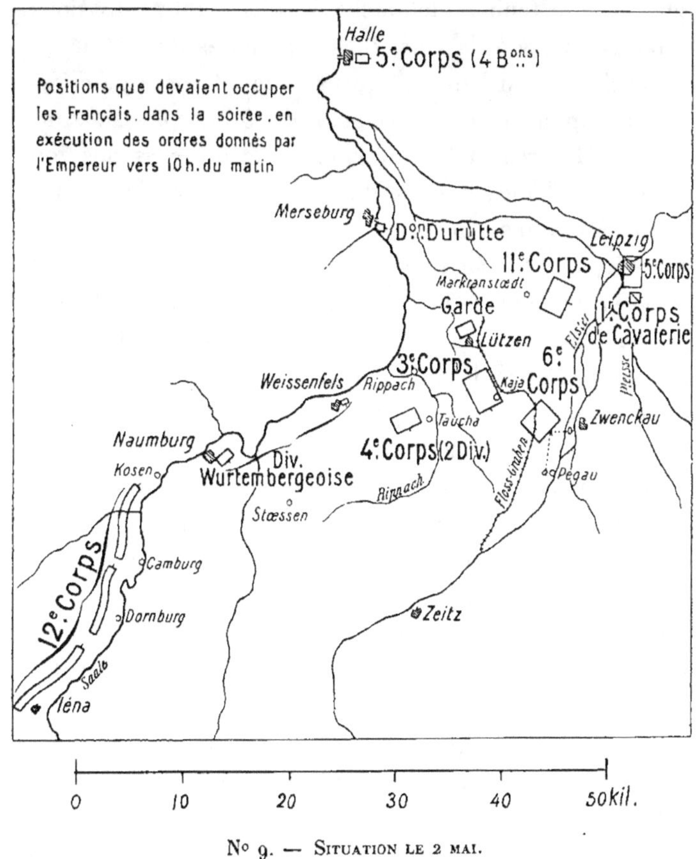

No 9. — Situation le 2 mai.

sur les hauteurs de Rückmarsdorf, elle aperçoit dans la plaine une masse de 3 000 à 4 000 cavaliers, et plus en arrière, près de Lindenau, quelque infanterie avec de l'artillerie. La canonnade s'engage. La division Maisons, qui progresse

---

1. Voir la carte au 1/100 000e de l'État-major allemand.

lestement, oblige l'ennemi à se replier ; elle le suit, pénètre dans Lindenau sur ses talons et s'empare des ponts de l'Elster qui sont intacts. Pendant qu'elle s'établit en avant de Leipzig pour tenir le débouché, les deux autres divisions du 5ᵉ corps occupent la ville. Il est 11 heures du matin.

La division Gérard du 11ᵉ corps et le 1ᵉʳ corps de cavalerie, pour appuyer le mouvement du 5ᵉ corps, se sont avancés de Markranstædt sur Schönau, et ont pris position au sud de ce village ; le reste du 11ᵉ corps s'est placé entre Lausen et Markranstædt.

Le 6ᵉ corps, rallié par sa 3ᵉ division, se met en mouvement entre 10 et 11 heures du matin pour se porter sur Pegau en passant par Starsiedel de façon à rester lié au 3ᵉ corps.

Le général Bertrand, qui n'a pas reçu à temps le deuxième ordre de Napoléon, marche par Aupitz sur Taucha avec ses deux premières divisions. Le général, informé de l'arrivée d'un corps ennemi à Zeitz (c'est simplement l'avant-garde de Miloradowitch), a prévenu l'Empereur en lui faisant savoir qu'il arrêtera son corps d'armée sur la hauteur de Dippelsdorf, afin d'être à même de se porter à volonté soit sur Taucha et Kaja, soit sur Zeitz si l'Empereur le juge plus convenable. Au reçu du dernier ordre visé ci-dessus, entre 11 heures et midi, le général Bertrand continue son mouvement. Disons de suite qu'à 1 heure du soir la division de tête (Morand) sera établie entre Taucha et Aupitz, face à Hölsen-Mölsen ; à ce moment, la canonnade et la fusillade feront rage du côté de Görschen et de Starsiedel, à moins de 6 kilomètres à vol d'oiseau : *le général Bertrand, au lieu d'agir sans retard, attendra des ordres !*

Quant au 3ᵉ corps, il n'a pas bougé depuis le matin ; malgré les prescriptions formelles de l'Empereur, le maréchal Ney n'a pas rallié ses divisions sur Kaja. La division Souham, qui occupe ce village ainsi que Rahna et les deux Görschen,

a des avant-postes à Hohenlohe sur la direction de Zwenkau, mais *elle ne se garde pas du côté de Pegau.* Des pa-

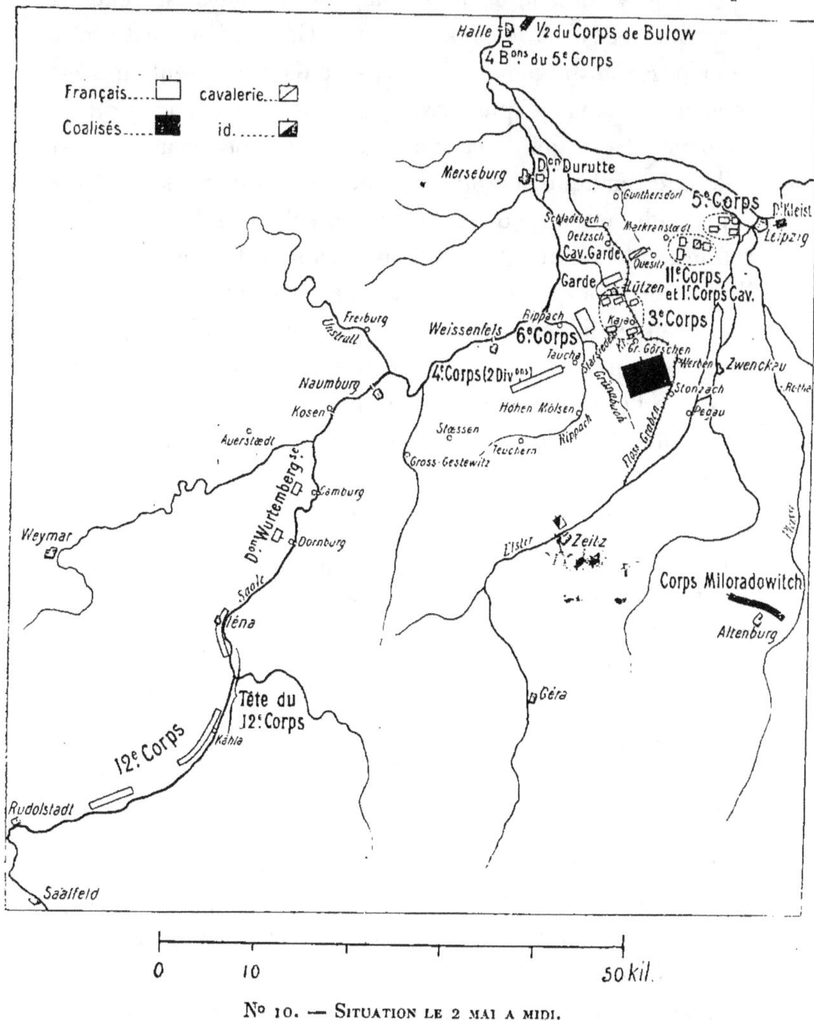

N° 10. — Situation le 2 mai a midi.

trouilles de cavalerie légère ennemie tiennent la plaine de
Bösdorf à Hölsen-Mölsen ; on les aperçoit qui galopent sur

toutes les crêtes ; *mais on n'y prend pas garde, car c'est là un spectacle avec lequel on est déjà blasé.*

Napoléon, accompagné du maréchal Ney, s'est rendu à Markranstædt avec la cavalerie de la Garde ; là il s'est arrêté pour passer en revue le 11ᵉ corps, puis son attention s'est fixée sur le combat que livre le 5ᵉ corps déjà engagé dans Leipzig. Il est midi : la situation de l'armée française est telle que l'indique le *croquis nᵒ 10.* Tout à coup, une violente canonnade retentit du côté de Görschen. L'Empereur se retourne et examine l'horizon avec sa lunette ; en un instant il a compris ce qui se passe et arrêté son plan. Des ordres de quelques lignes écrits au crayon sous sa dictée par les aides de camp vont suffire à mettre en mouvement tous les corps de l'armée française. L'un de ces ordres, celui adressé à la Vieille Garde, ne contient que cette phrase courte et énergique : « La Garde au feu ! »

Les dispositions prises se résument en ceci :

Le 3ᵉ corps se maintiendra sur ses positions, coûte que coûte, afin d'arrêter l'ennemi, de le fixer, et de permettre aux autres corps de manœuvrer sur lui ;

Le 6ᵉ corps prolongera le 3ᵉ sur sa droite ;

Le 4ᵉ corps agira contre l'aile gauche ennemie ;

Le 11ᵉ corps et le 1ᵉʳ corps de cavalerie contre l'aile droite ;

Le 5ᵉ corps fera occuper Leipzig par l'une de ses divisions et tiendra les deux autres échelonnées sur Markranstædt et prêtes à se porter vers Kaja.

Ney, au premier coup de canon, est parti ventre à terre dans la direction de Lützen pour faire avancer les divisions Marchand, Brennier et Ricard au soutien des divisions Souham et Girard.

Avant de poursuivre l'exposé des événements, il est indispensable de jeter un coup d'œil sur la situation des Coalisés.

2° Opérations des Coalisés du 30 avril
au 2 mai à midi.

Dans la dernière quinzaine d'avril, pendant que l'armée française marchait vers la Saale, les Coalisés s'étaient lentement rassemblés sur la rive gauche de l'Elbe. Le corps de Miloradowitch avait passé le fleuve à Dresde du 16 au 19 et rejoint le corps de Blücher, qui depuis le 14 avril était établi en cantonnements autour d'Altenburg. Ce fut seulement le 24 avril qu'arrivèrent à Dresde les souverains alliés et la Garde russe.

Le 28, on apprit la mort de Kutusow, resté malade à Bunzlau. On décida de ne pas publier la nouvelle, dans la crainte de porter atteinte au moral des troupes russes qui avaient une confiance superstitieuse dans leur vieux général. D'un commun accord, les souverains alliés nommèrent commandant en chef le général russe Wittgenstein, qui s'était acquis une grande réputation dans la campagne précédente, à peu de frais d'ailleurs.

Le tableau ci-après indique l'état, au 30 avril, de l'armée de Wittgenstein, le corps de Bülow non compris.

TABLEAU.

		BATAILLONS.	RÉGIMENTS de CAVALERIE.	RÉGIMENTS COSAQUES.	BATTERIES.	EFFECTIF.	OBSERVA- TIONS.
Corps russes	Berg	22	1	1	3	7 500	
	Winzingerode . . .	20	6	9	6	13 500	
	Miloradowitch . . .	22	9	7	10	12 000	
	Garde	22	15(1)	»	15	18 500	1. 55 es- cadrons.
	Troupes russes . . .	»	5	3	2	2 800	
	Total	86	36	20	36	54 800	

		BATAILLONS.	ESCADRONS.	BATTERIES.	EFFECTIF.
Détachement Kleist (constitué avec des fractions empruntées les unes à l'ancien corps russe de Witt- genstein, les autres au corps prussien d'York)	Troupes prussiennes.	4 1/2	4	1	3 200
	Blücher	22	43	11	27 000
Corps prussiens . . .	York	12	12	7	7 500
	Total	38 1/2	59	19	37 700

Les effectifs donnés par ce tableau sont un peu faibles,
parce que les situations prussiennes ne mentionnent pas les
compagnies et les escadrons de chasseurs volontaires qui
étaient rattachés aux troupes de ligne. On peut admettre que
l'effectif total était de :

    65 000 fantassins.
    22 000 cavaliers.
     8 000 artilleurs servant 430 à 450 pièces.

    95 000 hommes.

Les Coalisés s'étaient demandé s'ils accepteraient la bataille sur la rive gauche de l'Elbe, ou s'ils se replieraient
derrière le fleuve pour essayer de le défendre. La ligne de
l'Elbe n'était pas sérieusement défendable dès l'instant où les
Français tenaient en leur possession Wittenberg et même

Torgau. D'autre part, prendre la résolution de refuser systématiquement la bataille jusqu'au moment où les troupes en voie d'organisation seraient en état d'entrer en ligne, c'était se résigner à reculer bien au delà de l'Elbe, jusqu'au fond de la Silésie et peut-être même plus loin encore, attendu qu'on ne pouvait espérer que les troupes de renfort, formations de réserve russe et landwehrs prussiennes, fussent prêtes avant deux grands mois ; or, il était à craindre qu'une retraite aussi prolongée ne ruinât le moral de l'armée et n'amenât un revirement de l'opinion en Allemagne et en Autriche, où jusqu'alors on s'était montré plein d'ardeur pour la Coalition. Les Alliés avaient donc résolu de livrer bataille sur la rive gauche de l'Elbe, en profitant de la première occasion favorable d'attaquer les Français. Ils espéraient bien que la qualité des troupes compenserait leur infériorité numérique, car tous, Prussiens et Russes, étaient d'accord pour n'attribuer qu'une médiocre valeur aux troupes françaises. En outre, ils comptaient qu'avec une cavalerie aussi nombreuse et aussi bonne que la leur, ils parviendraient aisément à masquer leurs mouvements à l'ennemi, tandis qu'ils seraient exactement informés de ses faits et gestes ; pour combattre, ils auraient donc le choix du lieu et du moment, ce qui leur assurait de grandes chances de succès, et puis si le résultat de la bataille leur était défavorable, cette même supériorité en cavalerie leur permettrait de battre en retraite sans trop de difficultés.

A la nouvelle qu'une grande quantité de troupes adverses venaient d'atteindre la Saale entre Naumburg et Merseburg, Wittgenstein, devinant que l'intention de Napoléon était de marcher directement sur Leipzig, avait aussitôt ordonné la concentration de l'armée entre Leipzig et Würzen. C'est en exécution de cet ordre que le corps de Blücher avait quitté la région d'Altenburg pour se porter sur Borna. Mais le tsar Alexandre, arrivé au quartier général sur ces entrefaites, n'approuva pas les dispositions du généralissime, estimant qu'elles exposaient les Coalisés, en cas de défaite, à être acculés à l'Elbe du côté de Torgau : il décida que l'armée se concentrerait plus au sud, entre Leipzig et Borna.

Les conseillers militaires du tsar Alexandre, et parmi eux le général prussien Scharnhorst qui était le plus écouté, ne croyaient pas que l'armée française se risquât à marcher sur Leipzig par Lützen. Il ne leur paraissait pas admissible que Napoléon s'aventurât presque sans cavalerie dans une plaine aussi favorable à l'action des nombreux escadrons des Alliés ; ils pensaient que l'Empereur, après avoir replié sa gauche sur Naumburg, déboucherait vers Zeitz et Altenburg de manière à se maintenir dans une région moyennement accidentée très favorable à l'action de l'infanterie et fort peu à celle de la cavalerie. En outre, la présence de colonnes françaises considérables sur la haute Saale semblait obliger Napoléon, s'il voulait prendre l'offensive immédiatement, à déboucher plutôt par Zeitz que par Naumburg, afin d'être à même d'attirer plus facilement à lui les colonnes en question. Ce raisonnement, sous des apparences de logique, masquait une conclusion fausse, et cela parce qu'il négligeait le trait essentiel du caractère de Napoléon : « Viser toujours au plus haut résultat sans s'arrêter aux difficultés de l'exécution tant qu'on ne court pas le risque d'un échec irrémédiable, en un mot, consentir sans hésiter à payer cher la victoire pour qu'elle soit plus fructueuse. » Le débouché offensif par Lützen, moins favorable au point de vue tactique que celui par Zeitz, étant plus avantageux au point de vue stratégique, il fallait s'attendre à ce que Napoléon lui donnât la préférence, puisque la supériorité de ses moyens le lui permettait. Quoi qu'il en soit, ce furent les raisons exposées ci-dessus qui déterminèrent les Coalisés à placer le gros de leurs forces entre Borna et Leipzig ([1]).

Le 1er mai, quand les Français débouchèrent de Weissenfels et de Merseburg sur Lützen, il devint évident que leur offensive, contrairement aux prévisions, allait se produire par Lützen sur Leipzig. Au reçu des rapports de sa cavalerie, qui avait relevé d'une façon très précise la position des détachements avancés de l'armée française, l'État-major coalisé s'imagina cette armée formée en une longue colonne qui marchait processionnellement vers Leipzig, ne se gardant du côté de Pegau que par de faibles détachements. Wittgenstein jugea qu'il fallait profiter de la dispersion des corps adverses pour les attaquer brusquement sur Lützen en débouchant par Pegau, de manière à jeter dans les marais de l'Elster tout ce qui aurait dépassé Lützen.

A la suite des marches effectuées dans la journée du 1er mai, les corps russes et prussiens occupent les emplacements indiqués ci-après (voir le *croquis n° 8*) :

Le corps de Winzingerode (le gros) au contact des Français entre Pegau et le Flossgraben ;
Le détachement de Kleist à Leipzig ;
Les corps d'York et de Berg autour de Zwenkau ;
Le corps de Blücher à Rotha et en arrière ;
La Garde russe à Borna ;
Le corps de Miloradowitch à Altenburg ;
Le quartier général à Zwenkau.

L'ordre pour la bataille, qui est signé à 11[h]30 du soir, prescrit ce qui suit en substance :

Le détachement de Kleist assurera la garde de Leipzig ;

---

1. Le *croquis n° 7* indique les emplacements occupés par les Coalisés le 30 avril au soir :

En couverture, le détachement de Kleist à Leipzig, et le corps de Winzingerode, la cavalerie près de Lützen, l'infanterie en avant de Zwenkau ; les autres corps en marche sur Zwenkau et ayant leur tête : le corps de Berg à mi-distance de Zwenkau et de Leipzig, le corps d'York à Leipzig, le corps de Blücher à Rotha, la Garde russe, à Frohburg, le corps de Miloradowitch à Penig.

Le corps de Miloradowitch se portera sur Zeitz pour surveiller les directions de Naumburg et d'Iéna ;

Le corps de Winzingerode, moins un détachement de 1 500 hommes environ affecté à la garde du pont de Zwenkau, prendra position à Werben pour couvrir le débouché du gros de l'armée au delà de l'Elster et du Flossgraben ;

Le corps de Blücher marchera en deux colonnes, qui franchiront l'Elster, celle de droite à Storkwitz, et celle de gauche à Pegau ;

Le corps d'York passera l'Elster à Pegau derrière la colonne de gauche de Blücher ; le corps de Berg à Storkwitz, derrière la colonne de droite ;

La garde suivra les corps d'York et de Berg.

L'armée se formera au delà du Flossgraben, la droite appuyée à ce canal près de Werben, et la gauche au Grünabach près de Söhesten.

Le corps de Blücher devra commencer à passer l'Elster à 5 heures du matin, de façon que le mouvement de l'armée soit terminé vers 7 heures.

L'ordre n'est expédié qu'à minuit, mais il est probable qu'un avis préalable a été adressé aux commandants de corps, car les troupes sont toutes en marche entre 1 heure et 2 heures du matin.

Comme aucune prescription n'a été faite en ce qui concerne les mouvements sur la rive droite de l'Elster, les colonnes d'York et celles de Blücher se croisent ; le désordre qui en résulte amène une perte de temps de deux heures, si bien que les troupes de Blücher ne commencent à passer l'Elster qu'à 7 heures.

C'est seulement à 11 heures que l'armée a fini de déboucher au delà du Flossgraben. Elle se trouve alors formée sur trois lignes derrière la crête située à environ 2 000 mètres au sud de Gross-Görschen :

En première ligne, le corps de Blücher, la droite à hauteur de Werben et ayant à sa gauche la réserve de cavalerie du colonel Dolfs qui se tient en face de Starsiedel ;

En deuxième ligne, les corps de Berg, d'York et de Winzingerode, se succédant de la droite à la gauche dans l'ordre où ils sont énumérés ;

En réserve, la Garde russe qui a laissé un détachement de 2 000 hommes à la garde des passages de Stönzsch et de Werben.

Les troupes, dont beaucoup ont marché presque sans repos depuis vingt-quatre heures, sont très fatiguées ; on décide de leur faire prendre une heure de repos avant de donner le signal de l'attaque.

Le mouvement sur Lützen ne commencera donc qu'à midi, soit cinq heures plus tard que ne l'avait prévu Wittgenstein.

3° Bataille de Lützen (2 mai).

La carte au 1/100 000ᵉ de l'État-major prussien donne une idée très nette de la configuration générale du champ de bataille ([1]).

C'est une plaine mollement ondulée, s'étendant entre l'Elster, qui est une rivière non guéable, et le Grünabach, petit ruisseau sans importance. Le terrain est très solide ; partout l'on circule facilement à travers champs. Un canal d'irrigation appelé le Flossgraben serpente à travers la plaine qu'il coupe en deux ; très étroit et peu profond, il coule entre des berges assez raides, couvertes d'arbres et de broussailles ; l'infanterie le traverse aisément, mais c'est un obstacle presque partout infranchissable pour la cavalerie et l'artillerie ; ajoutons que la végétation qui croît sur ses bords forme un rideau qui masque les vues d'une rive sur l'autre. Les nombreux villages de la région sont entourés de vergers clôturés par des haies ou des levées de terre ; les habitations, assez solidement construites, sont couvertes en chaume, si bien que l'artillerie peut facilement les incendier.

Du sommet de la hauteur qui est au sud de Gross-Görschen, les généraux coalisés découvrent toute la plaine de Lützen. A l'est de cette localité, le long de la route de Leipzig, on voit d'épais nuages de poussière qui révèlent que

---

1. Le *croquis n° 11* en est la reproduction pour la partie qui avoisine Kaja.

des colonnes françaises sont en marche vers Markranstædt. A

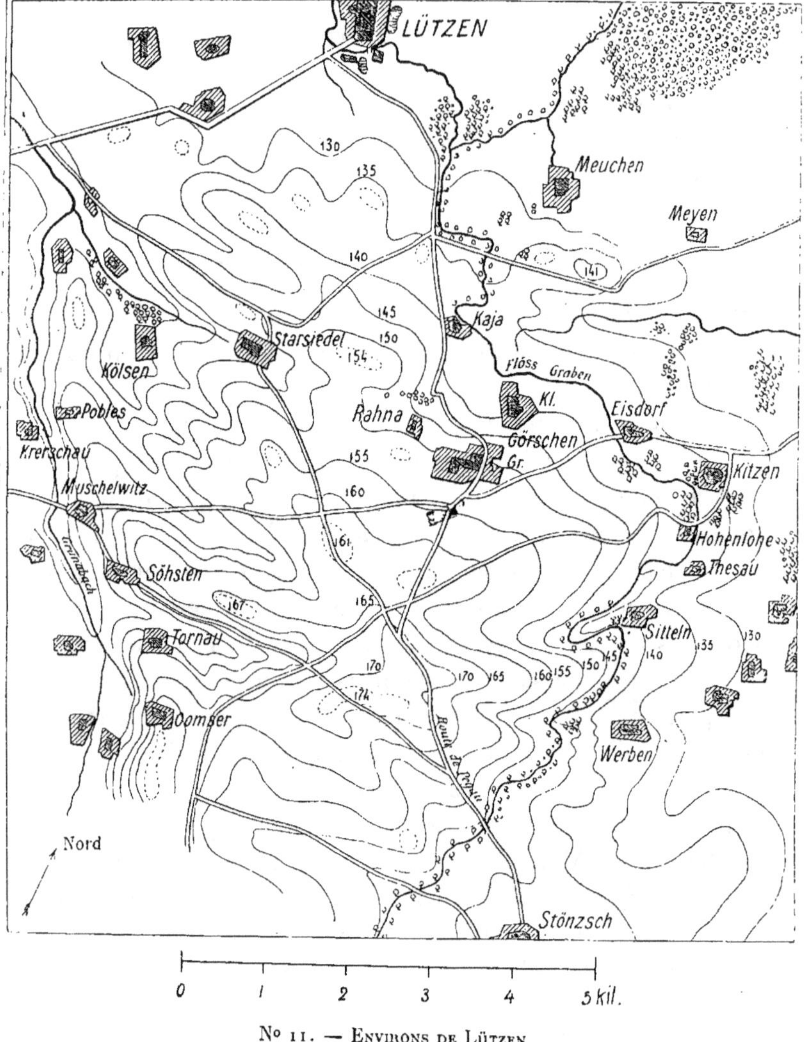

Nº 11. — Environs de Lützen.

Gross-Görschen, on aperçoit des troupes au bivouac ; après
avoir cru que ce n'était qu'un faible détachement, qui se

retirerait au plus vite à la première menace d'une attaque, on finit par constater qu'il y a là plusieurs milliers d'hommes. Cette circonstance jette le trouble dans l'esprit de Wittgenstein qui s'était figuré atteindre Lützen sans coup férir. Au lieu de profiter de ce que ses troupes sont déployées pour rendre toute résistance impossible à l'ennemi au moyen d'une attaque de front combinée avec un double mouvement débordant, Wittgenstein, soudain devenu circonspect, décide qu'une avant-garde, composée de la 1ʳᵉ brigade et de la réserve de cavalerie de Blücher, sera chargée de nettoyer la place et d'ouvrir le chemin de Lützen au gros de l'armée.

A midi, Blücher s'approche de Wittgenstein, le salue du sabre et lui demande l'autorisation de commencer le combat : « *A la grâce de Dieu* », répond le général russe. Quelques minutes plus tard, le premier coup de canon retentit.

Midi. — La brigade du général Klüx (six bataillons, six escadrons, quatre batteries) marche droit à Gross-Görschen pendant que la cavalerie du colonel Dolfs (vingt-trois escadrons et trois batteries à cheval) s'avance à sa gauche vers Rahna ; la cavalerie de Winzingerode suit le mouvement et prend sa direction sur Starsiedel.

L'artillerie de la brigade Klüx, trente-six canons, se met en batterie à huit cents pas de Gross-Görschen, et ouvre le feu sur un bivouac français qui se trouve à l'est du village. Les Français quoique surpris, se forment assez rapidement et mettent douze pièces en batterie ; mais cette artillerie est de suite réduite au silence. L'infanterie prussienne s'avance alors au pas de course et s'empare de Gross-Görschen presque sans coup férir. Mais quand le colonel Dolfs veut jeter sa cavalerie sur les Français en retraite, des batteries établies entre Rahna et Klein-Görschen l'accueillent par un tir à mitraille et l'obligent à se retirer précipitamment. Le général Souham a rallié sa division (12 000 h.) ; il lui fait prendre position, la droite à Rahna, la gauche à Klein-Görschen, et empêche la brigade Klüx d'aller plus avant.

Pendant ce temps, à Starsiedel, la division Girard prend les armes dans un certain désordre, résultat de la surprise : il faut envoyer chercher les attelages de l'artillerie qui sont allés au fourrage dans les villages voisins. Fort heureusement qu'à ce moment même arrive le maréchal Marmont avec tout le 6e corps formé en masses de guerre. Le maréchal jette un détachement dans Starsiedel pour y prendre un point d'appui, et porte ses divisions en échelons, la gauche en avant, vers la crête sur laquelle se montrent les masses de la cavalerie ennemie. Mais le bruit de la canonnade et de la fusillade augmentant d'intensité du côté de Görschen, le maréchal craint de se trouver compromis ; il arrête ses troupes, qui supportent avec le calme le plus admirable le feu de la nombreuse artillerie adverse. La division Girard, qui s'est rassemblée sous la protection du 6e corps, s'engage vers Rahna, à la droite de la division Souham.

En résumé, à 1 heure du soir, 75 000 Coalisés ont devant eux sur la ligne Klein-Görschen, Rahna, Starsiedel, un peu plus de 40 000 Français.

Une heure. — Blücher, voyant que sa première brigade est arrêtée devant Rahna et Klein-Görschen, fait avancer sa deuxième brigade, général Ziethen (sept bataillons, six escadrons, six batteries) à l'est de Gross-Görschen, et lui fait prolonger à droite la ligne de la première. Les deux brigades attaquent simultanément Rahna et Klein-Görschen. Il se livre alors dans les vergers qui entourent les deux villages un combat des plus acharnés ; partout on se fusille à bout portant, on s'attaque à la baïonnette ; de part et d'autre on déploie la plus brillante bravoure. Les Prussiens finissent par s'emparer des deux localités ; ils s'élancent aussitôt sur Kaja.

Mais le maréchal Ney a fait avancer ses trois dernières

divisions ; il a dirigé la division Marchand sur Eisdorf pour contenir le mouvement débordant de la brigade Ziethen, et fait serrer sur Kaja les divisions Brennier et Ricard. Le maréchal se met lui-même à la tête de la division Brennier, la porte en avant, et, entraînant les divisions Souham et Girard, les ramène d'un bond jusqu'à Rahna et Klein-Görschen. Blücher envoie deux bataillons à Eisdorf pour contenir la division Marchand et jette dans la mêlée sa troisième brigade (celle de la Garde, général Roder) dont l'entrée en ligne détermine un retour offensif de toutes les troupes engagées. Les Prussiens s'emparent de nouveau de Klein-Görschen et de Rahna. Au même moment, la cavalerie du colonel Dolfs s'élance à la charge sur les divisions Compans et Bonnet du 6e corps ; malgré la vigueur de l'attaque, nos bataillons tiennent ferme, pas un ne se laisse entamer ; néanmoins, le maréchal Marmont croit devoir reporter ses troupes un peu plus en arrière, à hauteur de Starsiedel.

2 HEURES ET DEMIE. — Napoléon vient d'arriver en arrière de Kaja avec la Garde. Sa présence produit un effet inexprimable sur les troupes françaises qui font retentir l'air du cri de « Vive l'Empereur ! » — « les blessés et les mourants eux-mêmes le saluent de leurs vivats ([1]) ».

La lutte prend un caractère d'acharnement inouï. Les Prussiens gagnent du terrain. Sur l'ordre de Napoléon, le général Mouton, un de ses aides de camp, se lance à la contre-attaque avec la division Ricard, la dernière disponible du 3e corps ; l'ennemi est refoulé, et nous sommes encore une fois maîtres de Rahna et de Klein-Görschen. A l'aile gauche des Coalisés, la cavalerie de Winzingerode reste immobile derrière ses batteries aux prises avec celles du 6e corps ; de ce côté, tout se réduit à un duel d'artillerie.

______

1. Major Odleben.

Le maréchal Marmont(1), se laissant impressionner par la grande quantité de cavalerie et d'artillerie qu'il a en face de lui, bien que son corps d'armée jusqu'ici n'ait pas été sérieusement engagé, envoie demander du renfort. Son officier d'ordonnance reçoit de l'Empereur cette réponse : « Dites à votre Maréchal qu'il se trompe, la bataille est à Kaja et non à Starsiedel. »

4 HEURES. — Wittgenstein, qui est informé de l'approche des 4e et 11e corps, comprend qu'il faut en finir rapidement avec les troupes qui sont devant lui ; il fait donc avancer au soutien de Blücher, d'abord le corps d'York, puis, presque aussitôt après, celui de Berg. Les Coalisés reprennent l'avantage ; ils chassent de nouveau les Français de Rahna et de Klein-Görschen et s'avancent jusqu'à Kaja. Tous les villages du champ de bataille sont en feu.

L'instant est solennel pour Napoléon : le 3e corps, dont les divisions désunies se sont mélangées, ne tient presque plus ; le 6e corps est intact, mais son maintien à Starsiedel semble nécessaire pour empêcher l'ennemi de déborder la droite du 3e corps et assurer la liaison avec le 4e ; les 4e et 11e corps ne sont pas encore assez rapprochés pour faire sentir leur action à l'ennemi ; la Garde, qui forme la réserve générale, est, il est vrai, disponible derrière le 3e corps, mais l'Empereur hésite à l'engager, car il ne trouve pas que « la bataille soit mûre ».

Quelques bataillons du 3e corps se débandent ; Napoléon court au-devant d'eux au milieu des balles et les rallie d'un geste(2). Une brigade de la Jeune Garde (général Lanusse) se jette sur Kaja, baïonnettes basses, en chasse les Prussiens et les Russes, et ramène en avant tout le 3e corps.

---

1. Maréchal MARMONT, *L'Esprit des Institutions militaires*, p. 24.

2. « C'est probablement le jour, a dit Marmont, où, dans toute sa carrière, Napoléon a couru le plus de dangers personnels sur le champ de bataille..... Il s'exposa beaucoup en ralliant et ramenant à la charge les troupes du 3e corps, qui avaient été culbutées. »

5 HEURES. — Enfin vers 5 heures, le 11ᵉ corps débouche vers Eisdorf et Kitzen, précédé de ses soixante bouches à feu, et, en même temps, apparaît du côté de Poblès la division Morand du 4ᵉ corps.

Wittgenstein oppose la cavalerie de la Garde russe (6 000 à 7 000 h.) à la division Morand, et prescrit au prince Eugène de Wurtemberg, qui commande l'infanterie de Winzingerode, d'appuyer directement l'attaque de Blücher sur Kaja avec la moitié de sa division, et de porter l'autre moitié au delà du Flossgraben sur Eisdorf pour contenir le 11ᵉ corps français.

Les Coalisés réussissent encore une fois à s'avancer jusqu'à Kaja ; mais nos ailes gagnent du terrain ; à la gauche, le 11ᵉ corps, maître d'Eisdorf et de Kitzen, commence à progresser au delà du Flossgraben, menaçant de prendre à revers la droite ennemie ; à notre droite, la division Morand, dont le fond se compose de deux vieux régiments, les 13ᵉ et 23ᵉ de ligne (ensemble neuf bataillons), continue sa marche à travers la plaine sans se laisser intimider par la cavalerie russe.

6 HEURES. — Napoléon juge que l'instant décisif est arrivé. Par son ordre, le 3ᵉ corps entraîné par la division de la Jeune Garde reprend l'offensive sur Rahna et Klein-Görschen ; la division Bonnet du 6ᵉ corps appuie le mouvement à droite en marchant sur Rahna ; le général Drouot met en batterie à l'est de Starsiedel les soixante pièces de canon de la Garde qui mitraillent en flanc les bataillons prussiens et russes et tiennent à distance la cavalerie adverse.

Les Coalisés font preuve d'une ténacité incroyable, néanmoins ils doivent céder sur tous les points ; *vers 7 heures du soir*, ce n'est plus qu'à grand'peine qu'ils parviennent à se maintenir dans la partie sud de Gross-Görschen.

La tombée de la nuit vient heureusement pour eux interrompre le combat et leur permettre de se dérober. Ils se replient sur les crêtes entre Werben et Tornau et se rallient sous la protection de l'infanterie de la Garde russe (11 000 h.) qui n'a pas été engagée.

L'armée française s'arrête à hauteur de Gross-Görschen.

Quelques escadrons prussiens qui vont donner par mégarde sur la division Compans du 6ᵉ corps, provoquent une panique dans l'un de ses régiments, le 37ᵉ léger, qui se met à fuir en désordre. Le maréchal Marmont et son état-major, entraînés par les fuyards, passent sous le feu des autres régiments de la division qui les prennent pour l'ennemi. Le maréchal parvient à rallier le 37ᵉ; il reporte alors son corps d'armée un peu plus en arrière, et le dispose en vue d'une nouvelle attaque qu'il prévoit plus sérieuse.

Wittgenstein, qui juge la partie perdue, donne des ordres pour la retraite, mais Blücher quoique blessé veut combattre encore; il finit par arracher à Wittgenstein l'autorisation de lancer une partie de la cavalerie prussienne sur les Français. Onze escadrons du colonel Dolfs, partant de Söhesten, se dirigent, au milieu de l'obscurité la plus complète, vers l'intervalle compris entre Starsiedel et Rahna. Ils s'égarent et se jettent dans un terrain coupé de chemins creux, où ils se désunissent et se séparent en deux groupes, dont l'un va donner sur l'infanterie de Marmont, et l'autre sur les carrés de la Vieille Garde qui protégeaient le bivouac de l'Empereur; sur les deux points les cavaliers prussiens sont repoussés avec de grandes pertes. Leur tentative généreuse n'a pas réussi, elle aura pourtant un résultat avantageux : les Français, dans la crainte de nouvelles attaques, resteront sur pied toute la nuit, si bien que le lendemain leur état de fatigue les empêchera de mener la poursuite avec toute la rapidité nécessaire.

Le corps de Miloradowitch, qui était arrivé à Zeitz à 4 heures et demie du soir seulement (sans qu'on sache pour quelle raison, car il n'y a que 30 kilomètres d'Altenburg à Zeitz), y était resté immobile dans l'attente d'ordres qui ne vinrent pas.

D'autre part, le général Bülow, qui avait appris que Halle était très faiblement occupée, s'était porté sur cette localité avec une partie de son corps d'armée (5 000 à 6 000 hommes), et s'en était emparé. Les quatre bataillons français du 5ᵉ corps chargés de la garde de cette ville, rejetés sur la rive gauche de la Saale, s'étaient repliés sur Merseburg, où ils avaient été recueillis par la division Durutte.

Avant la fin de la nuit, l'armée coalisée se mit en retraite *dans le plus grand ordre*, ne laissant entre nos mains aucun trophée et emmenant la plupart de ses blessés ; elle passa l'Elster en amont de Pegau, aux gués d'Ostrau et de Predel, et, sous la protection du corps de Miloradowitch renforcé de celui de Winzingerode, gagna Frohburg et Borna. Quand le mouvement du gros fut complètement terminé, Miloradowitch se replia sur Lucka.

Les souverains alliés ayant décidé que l'armée se retirerait derrière l'Elbe, la retraite continua en trois colonnes [1] :

Les corps prussiens marchant par Colditz sur Meissen ;
Les corps russes, par Rochlitz sur Dresde ;
Les parcs et les convois, par Freyberg et Chemnitz, également sur Dresde.

Miloradowitch fut chargé de faire l'arrière-garde ; le 4 mai il rétrograda sur Rochlitz.

Le général Kleist, dont les Cosaques étaient rentrés dans Leipzig, abandonné par le 5ᵉ corps français ainsi que nous le dirons plus loin, reçut l'ordre de se retirer sur Mühlberg par Würzen.

Le général Bülow, auquel revenait la mission de couvrir Berlin, fut prévenu du mouvement de retraite de l'armée et invité à se replier derrière l'Elbe à Rosslau.

---

1. Voir le *croquis nº 11*.

4° Observations critiques sur la bataille de Lützen.

OPÉRATIONS DES ALLIÉS

C'est une appréciation fausse de la situation de l'ennemi qui sert de point de départ à Wittgenstein pour l'établissement de son plan de manœuvre. Interprétant à sa manière les renseignements assez complets que lui fournit sa cavalerie, il s'imagine que les corps de l'armée française sont placés les uns derrière les autres, formant une longue colonne, dont la tête est entre Lützen et Leipzig, pendant que la queue est encore à Naumburg et même à Iéna, et qui va marcher processionnellement sur Leipzig sans prendre d'autre mesure de précaution que de laisser « un faible détachement en flanc-garde à Gross-Görschen ». Il n'est pas permis de mettre en mouvement une armée sur des suppositions aussi folles quand on a en face de soi un adversaire tel que Napoléon. Le plan de Wittgenstein pèche donc par la base.

Quoi qu'il en soit, l'opération qu'il projette n'est pas autre chose qu'une embuscade tendue avec une armée entière à une armée adverse qui se garde avec négligence : *en pareil cas, la principale condition du succès est la surprise.* Le général russe s'en rend compte et s'efforce de prendre des dispositions en conséquence.

Mettre la nuit (¹) à profit pour masser ses troupes à portée de Görschen, à moins de deux lieues de Lützen, est parfaitement rationnel ; car, d'une part, on a plus de chances pour que ce rassemblement s'effectue à l'insu de l'ennemi,

---

1. En France, on a toujours été contraire à la pratique des marches de nuit, sous prétexte qu'elles entraînent de grandes fatigues et donnent lieu aux plus graves mécomptes ; pourtant il est des cas (celui que l'on considère ici en est un) où seule une marche de nuit permet de réaliser une opération avantageuse : il ne faut donc pas en proscrire systématiquement l'emploi.

et, d'autre part, c'est le seul moyen d'être prêt à agir de très grand matin, c'est-à-dire avant que la situation sur laquelle on table ait eu le temps de se modifier d'une façon sensible. Une autre raison qui commande d'être en mesure d'attaquer sur Lützen de bonne heure, est la faiblesse du détachement de Kleist (3 000 fantassins et 3 000 cavaliers) qu'on laisse à Leipzig surtout pour y remplir un rôle de démonstration, pour attirer de ce côté l'attention des Français et les inciter à poursuivre leur mouvement dans cette direction : si habilement qu'il opère, Kleist ne réussira pas à tromper longtemps un adversaire aussi actif.

Certes, l'idée de profiter de la nuit pour effectuer sa concentration à portée du point d'attaque est excellente, mais on ne parvient point à la réaliser.

La mise en marche tardive des troupes et de mauvaises dispositions qui amènent des croisements de colonnes, font perdre quatre heures, si bien que le rassemblement, au lieu d'être terminé à 7 heures du matin comme on le désire, ne le sera qu'à 11 heures. Sans entrer dans le détail du problème, ce qui n'est pas possible, attendu que nous n'en possédons pas tous les éléments, il est facile de voir qu'en désignant les troupes d'York et de Berg, qui étaient les plus rapprochées des points de passage, pour franchir l'Elster les premières, on aurait pu commencer l'opération dès 3 heures du matin, de telle sorte qu'elle aurait été terminée vers 7 heures.

D'un autre côté, on ne s'explique pas que Wittgenstein attende, pour mettre son armée en mouvement, que la Garde russe, qui forme sa réserve, ait complètement serré sur le corps de bataille. Puisque la négligence de l'ennemi le permet, il convient de se rassembler afin d'agir du premier coup avec des masses et d'obtenir ainsi une action brusque, quasi instantanée, mais entasser les troupes sur moins d'une lieue carrée est à la fois dangereux et inutile : un tel bloc, même dans un terrain aussi praticable aux masses que la plaine de Lützen, est très difficile à faire mouvoir. Il aurait fallu mettre en mouvement les troupes de la première ligne, dès l'arrivée des têtes de colonnes de la Garde russe à Stönzsch et à Werben : on aurait ainsi gagné environ une heure.

On observera que Wittgenstein a su retenir sa cavalerie dont l'apparition prématurée dans la plaine de Lützen aurait sûrement mis les Français sur leurs gardes ; jusqu'au moment où fut tiré le premier coup de canon contre Görschen, la cavalerie alliée ne montra que « *son service ordinaire* ».

Une chose singulière, c'est que la formation que Wittgenstein a fait prendre à son armée au sud de Görschen n'est pas une simple formation de rassemblement, mais bien une formation de combat. En effet, c'est avec son armée ainsi disposée que le général russe, amateur de batailles rangées à la mode frédéricienne, entendait aborder l'ennemi. La lecture de son ordre pour la bataille ne laisse aucun doute à ce sujet ; l'expérience de quinze ans de guerre ne lui avait pas appris que des troupes ainsi entassées les unes sur les autres perdent toute aptitude à la manœuvre ; elle ne lui avait pas appris non plus qu'on ne règle pas d'avance une bataille comme un ballet.

L'ordre de Wittgenstein ([1]), qui remplit quatre grandes pages et plus, est une « macédoine » de prescriptions de tout genre ; si long qu'il soit, il est pourtant incomplet : les prescriptions concernant les mouvements à exécuter sur la rive droite de l'Elster, mal conçues, ont occasionné les croisements de colonnes que l'on sait. On se figure aisément l'embarras des commandants de corps d'armée recevant un pareil factum entre 1 et 2 heures du matin, alors que les

----

1. Nous le donnons en appendice, à titre de curiosité.

circonstances exigent la mise en marche immédiate des troupes.

Vers midi, le rassemblement de l'armée est terminé, on va pouvoir enfin attaquer. Mais entre temps, on s'est aperçu que Gross-Görschen et les villages en arrière sont occupés non par une faible flanc-garde comme on l'avait cru tout d'abord, mais par plusieurs milliers d'hommes, qui ne manqueront pas de se défendre énergiquement et qu'il faudra déloger de leurs points d'appui à coups de canon, ce qui donnera l'alarme aux corps voisins que l'on comptait surprendre. Ce simple incident suffit pour déconcerter Wittgenstein. Puisqu'il a toutes ses troupes sous la main, il lui serait facile de faire déborder par la droite et par la gauche les points d'appui de l'ennemi, en même temps qu'il les ferait attaquer de front; probablement que sous l'effet combiné de la surprise et d'une attaque enveloppante, les Français n'opposeraient qu'une résistance de courte durée. Une fois maîtres de Kaja, et aussi de Starsiedel, les Coalisés, ayant pris pied solidement en avant de l'Elster, pourraient se lancer en toute tranquillité vers Lützen. Wittgenstein, en dépit de sa réputation de hardiesse, est devenu soudain d'une extrême circonspection; il entend agir avec prudence : la seule pensée de se trouver en face de Napoléon a suffi pour déconcerter son audace. Il envoie à l'attaque de Görschen une brigade prussienne, appuyée par 5 000 à 6 000 cavaliers, et retient le reste de son monde. Mais le premier coup de canon produit un effet magique : des Français se montrent partout en grand nombre, à Gross-Görschen, dans les trois villages au nord, et aussi à Starsiedel : il y a là 40 000 hommes de toutes armes.

La situation est donc différente de celle que l'on avait prévue; la surprise, la surprise tactique, est manquée. On persiste à livrer bataille quand même, dans l'espoir de vaincre grâce à la surprise stratégique sur laquelle on compte encore. Certes, la résolution mérite d'être louée sans réserve, mais étant donnée la grande supériorité numérique des troupes françaises qui peuvent en quelques heures se réunir aux environs de Lützen, il est évident que les Coalisés n'ont de chances de succès qu'à la condition d'agir très vite : il faut à tout prix qu'ils aient complètement écrasé les corps français postés à Kaja et à Starsiedel avant l'arrivée des autres corps, qui vont se hâter d'accourir sur le terrain de la lutte, attirés par le bruit du combat. La négligence de l'adversaire a permis aux Coalisés de se rassembler à portée de canon de ses positions ; c'est là une bonne fortune inouïe, dont il importerait de profiter pour attaquer franchement partout à la fois en mettant sur-le-champ en ligne les troupes nécessaires pour briser promptement la résistance des fractions ennemies que l'on trouve sur sa route. En somme, la situation commanderait un coup de boutoir rapide : en cas de réussite, on irait hardiment de l'avant et l'on attaquerait tête baissée tout ce qu'on rencontrerait devant soi ; en cas d'échec, on se replierait lestement derrière l'Elster sans attendre d'avoir sur les bras toute l'armée française.

Wittgenstein ne le comprend pas. Maître de Gross-Görschen que lui a livré la surprise, il poursuit l'attaque des villages en arrière que ses troupes abordent de front. La première brigade est bientôt serrée de près par des forces supérieures, il en fait avancer une deuxième, puis une troisième, et ainsi de suite, à mesure que les Français se renforcent : peu à peu toute son infanterie vient s'user à l'attaque de Gross-Görschen, de Rahna et de Kaja. En engageant ainsi successivement ses troupes, le général russe fait le jeu de ses adversaires. Vers 5 heures du soir, quand les 4ᵉ et 11ᵉ corps français apparaissent sur les deux flancs de l'armée alliée, celle-ci, presque tout entière engagée à fond, est si bien fixée et usée, que sans la bravoure des soldats et une faveur particulière de la fortune, elle n'échapperait pas à un désastre.

Les Coalisés avaient beaucoup compté sur leur cavalerie, à laquelle la plaine de Lützen offrait un terrain d'action exceptionnellement favorable, et qui avait sur la cavalerie française une supériorité numérique écrasante. Avant la bataille, la cavalerie alliée avait assez exactement renseigné le commandement : pendant la bataille, elle ne rendit pas tous les services qu'elle aurait pu rendre, mais son rôle ne fut pas aussi nul qu'on le dit généralement. Les escadrons des corps de Blücher et de Winzingerode ne réussirent pas, sans doute, à entamer l'infanterie du 6ᵉ corps à laquelle ils étaient opposés, mais ce fut leur action combinée avec celle de leur artillerie et d'une partie de l'artillerie de la Garde russe (cent cinquante pièces en tout) qui arrêta le 6ᵉ corps et l'empêcha de prendre en flanc les bataillons qui attaquaient Kaja. Entre le Grünabach et le Flossgraben, à hauteur de Starsiedel, le terrain n'était praticable à des masses de cavalerie que dans l'intervalle compris entre Starsiedel et Kaja ; cet intervalle n'étant que de 2 000 mètres, la cavalerie ne pouvait espérer forcer la ligne d'infanterie et d'artillerie établie entre les deux villages ; par suite, dès l'instant où elle restait collée à sa propre infanterie, elle était contrainte de demeurer inactive jusqu'à ce que les Français eussent été chassés soit de Kaja, soit de Starsiedel. Le meilleur moyen de l'utiliser eût été de la retirer du milieu de l'infanterie (la plus grande partie du moins), de la grouper et de lui confier la mission d'aller avec son artillerie à cheval au-devant des colonnes de renfort de l'ennemi pour les retarder ; on n'y songea que trop tard, alors que déjà apparaissaient sur le champ de bataille les 4ᵉ et 11ᵉ corps français.

Wittgenstein a commis une faute capitale en envoyant à Zeitz le corps de Miloradowitch. Cette mesure fut motivée par la crainte que les troupes françaises signalées à Naumburg et à Iéna ne vinssent tomber sur les derrières de l'armée alliée pendant qu'elle serait engagée du côté de Lützen. Il était naturel de prendre des mesures en vue de cette éventualité, mais en examinant la carte, on voit que ce n'est pas sur Zeitz, mais bien sur Predel (deux lieues en amont de Pegau) qu'aurait dû être dirigé Miloradowitch. Là il était tout aussi en situation de contenir une attaque venant de Naumburg, et il se trouvait à portée d'appuyer sur le gros de l'armée au cas où les circonstances l'exigeraient. *Si la marche de ce corps avait été bien réglée,* il aurait quitté Altenburg entre 4 et 5 heures du matin et fût arrivé à Predel (30 kilomètres environ) entre midi et 1 heure du soir ; à ce moment, sa cavalerie l'aurait informé que rien n'avait bougé du côté d'Iéna et que les troupes françaises de Naumburg avaient appuyé vers Lützen : l'absence d'ennemi dans les directions indiquées rendant inutile le maintien de son corps à Predel, Miloradowitch *eût pu,* sans attendre d'ordre, continuer sur-le-champ son mouvement vers Pegau, marchant à la bataille dont le bruit parvenait jusqu'à lui. En fait, on sait que Miloradowitch, pour des causes inconnues, n'atteignit Zeitz que vers 4 heures et demie du soir. La distance de cette ville à Pegau étant de 17 kilomètres, le corps russe n'aurait pu arriver à Pegau avant 9 heures du soir. C'est donc à tort qu'on a blâmé Wittgenstein d'avoir laissé Miloradowitch immobile à Zeitz pendant toute la bataille. La faute commise fut tout aussi grave, mais d'une nature différente.

Clausewitz a dit que l'idée stratégique qui fut pour les Alliés le point de départ de la bataille de Lützen, est une des plus belles qu'on ait jamais conçues, mais que, si la conception fut excellente, par contre l'exécution fut déplorable.

Assurément Wittgenstein mérite d'être loué pour avoir compris que c'était seulement par un retour offensif éner-

gique, exécuté rapidement au bon moment et dans la direction convenable, qu'il avait chance de remporter un succès
marqué sur Napoléon; mais le principe une fois posé, quand
il s'agit de passer au fait, il ne montra pas plus d'habileté
que d'énergie. Son plan pour la bataille du 2 mai fut conçu
en partant d'une appréciation complètement fausse de la situation de l'armée française; par conséquent, dans sa manœuvre, la conception ne valut pas mieux que l'exécution[1].

OPÉRATIONS DES FRANÇAIS

La manœuvre de Lützen porte la marque de Napoléon;
on n'y relève pas la moindre faute stratégique. Pourtant
longtemps il fut admis que l'Empereur, le jour de Lützen,
avait été surpris par l'offensive des Coalisés. On a vu que
l'étude attentive des ordres donnés par lui le 1er mai au soir
et le 2 dans la matinée démontrait jusqu'à l'évidence la fausseté de cette opinion. La correspondance établit en effet de
la façon la plus irréfutable que, dans les journées des 1er et
2 mai, l'Empereur manœuvra très serré, afin précisément
d'être prêt à exploiter l'imprudence de ses adversaires s'ils
osaient l'attaquer sur la rive gauche de l'Elster.

Certes, il y eut surprise, mais surprise tactique[2], et non
surprise stratégique, ce qui est tout différent. Sans doute, à
partir de 10 heures du matin, l'Empereur, mal renseigné,

---

1. Il n'est pas sans intérêt d'observer que c'est précisément le retard dû à la mauvaise
organisation de la marche sur la rive droite de l'Elster qui sauva les Coalisés d'une
défaite plus complète. Nous avons vu en effet que les Français furent arrêtés par la
tombée de la nuit, juste au moment où ils n'avaient plus qu'un dernier effort à faire pour
consommer la perte de l'armée alliée, usée et à moitié enveloppée. De là découle l'en-
seignement suivant : un corps obligé pour une cause quelconque d'attaquer l'ennemi,
et que les circonstances contraignent à se préoccuper plus des moyens de limiter les
conséquences d'un échec possible que de l'exploitation intégrale d'un succès éventuel,
devra entamer son mouvement à une heure assez tardive pour que l'ennemi, s'il prend
l'avantage, n'ait pas le temps de donner au combat tout son développement avant la
tombée de la nuit.

2. Et encore surprise partielle et non totale.

cessa de croire à la probabilité d'une attaque des Coalisés par Pegau sur Lützen, mais il n'en persévéra pas moins à prendre toutes ses précautions pour être à même d'y parer si elle se produisait.

Partant de cette idée fausse d'un Napoléon surpris en flagrant délit de manœuvre par une offensive adverse fondant à l'improviste contre son flanc droit, nombre d'écrivains se sont émerveillés de la rapidité avec laquelle il avait compris la situation au premier coup de canon tiré à Kaja et « renversé son ordre de bataille ». Cette rapidité s'explique par ce fait que l'Empereur, ayant mûrement réfléchi à l'éventualité qui se présentait et combiné ses dispositions en conséquence, ne fut pas surpris le moins du monde. M. Thiers, en cette circonstance, a vu très juste : Napoléon, a-t-il dit, put arrêter son plan en un clin d'œil, parce qu'il avait eu la précaution de s'assurer à Kaja avec le 3e corps un solide pivot de manœuvre.

Quoi qu'il en soit, l'attaque qu'il souhaitait si ardemment se produisit : une bataille générale eut lieu ; elle resta indécise, bien que nous eussions mis en action des forces très supérieures à celles de l'ennemi, et bien que ce dernier eût commis des fautes multiples. L'étude des faits démontre que la responsabilité du peu de résultats obtenus incombe au maréchal Ney et au général Souham.

L'un des principaux facteurs sur lesquels reposent les calculs du général en chef est la capacité de résistance des corps d'avant-garde ; si, par l'effet d'une surprise tactique, cette capacité est réduite à néant, les plus belles conceptions sont compromises. L'Empereur avait prescrit dès 4 heures et demie du matin au maréchal Ney « de rallier les cinq divisions de son corps d'armée et d'envoyer de fortes reconnaissances sur Zwenkau et sur Pegau ». Malgré un ordre aussi catégorique, le maréchal maintint les trois divisions

Brennier, Ricard et Marchand près de Lützen, sur les emplacements où elles avaient passé la nuit, et, ce qui est plus grave, n'envoya aucune reconnaissance sur Pegau.

Certains écrivains ont dit que la faiblesse numérique de la cavalerie du maréchal Ney (1 000 chevaux) ne lui permettait pas d'exécuter l'ordre de l'Empereur : cette opinion n'est pas acceptable, car il s'agissait d'aller au plus à une lieue et demie de Görschen, ce que pouvait faire sans peine un détachement mixte. La responsabilité du général Souham est également engagée, car, en admettant même qu'il n'eût pas reçu l'ordre d'envoyer une reconnaissance sur Pegau, il avait le devoir d'organiser son service de sûreté de manière qu'une armée de 80 000 hommes ne pût pas se rassembler à son insu à 2 kilomètres des positions qu'il occupait. Son incurie lui a fait courir le risque d'être enlevé avant même de *s'être mis en défense*. L'Empereur reçut pourtant vers 10 heures du matin *des rapports de reconnaissance* fournis par le 3ᵉ corps, et dont le fond était la formule : « Rien de nouveau; l'ennemi n'a montré que le service ordinaire. » On s'était borné à envoyer à portée de fusil de la lisière de Görschen des patrouilles, qui avaient constaté que les postes de la cavalerie légère ennemie étaient à la même place que la veille. Il n'est pas permis de penser que le maréchal Ney et le général Souham se soient imaginé avoir ainsi rempli les intentions de l'Empereur. Un commandant d'armée n'intervient pas dans ce qui est le service normal des avant-postes; quand il prescrit d'envoyer une reconnaissance sur un point, cela veut dire qu'il faut mettre en mouvement un détachement assez fort pour pouvoir aller, sans se compromettre, jusqu'à ce point.

Quoi qu'il en soit, l'Empereur, qui supposait que les détachements dont il recevait les rapports étaient allés assez loin pour découvrir la sortie de Pegau, resta convaincu qu'aucune colonne ennemie n'avait encore commencé à passer l'Elster à 8 heures du matin : il tira de ce fait la conclusion logique que l'ennemi ne l'attaquerait pas de ce côté. C'est probablement pourquoi il invita le maréchal Ney à le suivre à Markranstædt, afin qu'il pût préparer le mouvement que le 3ᵉ corps exécuterait par Leipzig le lendemain.

. Si, conformément aux ordres formels de l'Empereur, Ney eût réuni tout son corps d'armée autour de Kaja, entre 5 et 6 heures du matin, et s'il se fût éclairé avec soin vers Zwenkau et vers Pegau, il est clair que les choses auraient pris une tournure différente. Le 3ᵉ corps, engagé avec calme et méthode, eût opposé une résistance beaucoup plus grande aux Coalisés, même si ces derniers avaient procédé moins maladroitement. Nous avons vu que ce corps d'armée, qui comptait 45 000 combattants, se trouva complètement usé dès 4 heures du soir, bien que l'ennemi n'eût pas engagé contre lui plus de 30 000 hommes : un pareil résultat ne s'explique que par la surprise du début, qui livra aux Coalisés dès le commencement du combat les deux Görschen et Rahna, de telle sorte que le 3ᵉ corps dut agir offensivement toute la journée pour reprendre ses points d'appui.

Le 4ᵉ corps n'est arrivé sur le champ de bataille qu'à 5 heures du soir ; or, dès 1 heure de l'après-midi, « la division Morand était en position à Grainschütz, et la division italienne serrait sur « Aupitz ». (Rapport du général Bertrand.) A ce moment, la canonnade faisait rage à Starsiedel et à Görschen ; le général Bertrand l'a certainement entendue, car la distance de Grainschütz au champ de bataille n'est que de 6 kilomètres. Il aurait dû marcher immédiatement au canon, cela n'est pas contestable : il n'en fit rien, et c'est seulement vers 3 heures, après avoir reçu l'ordre de Napoléon, qu'il mit ses troupes en mouvement. *En cette circonstance, le général Bertrand a commis la faute la plus grave que puisse commettre un chef à la guerre.* Un commandant de troupes qui a une mission spéciale à remplir et qui tout à coup entend retentir le bruit du canon à quelque distance de lui, peut parfois être très embarrassé : doit-il ou non marcher au canon? Il faut qu'il prenne une décision en s'inspirant de la situation et de l'esprit de ses instructions. Mais un chef qui, n'ayant pas de mission spéciale, attend des ordres quand un combat se livre à quelques kilomètres de lui, c'est une monstruosité : *avec de tels chefs une armée est vouée à la défaite.*

A cet égard, le général Lauriston n'est pas non plus indemne de tout reproche. Il s'était emparé de Leipzig presque sans coup férir et s'était vite aperçu qu'il n'avait que très peu de monde devant lui. En conformité des ordres de l'Empereur, il avait laissé une division à Leipzig et retiré les deux autres en arrière de la ville. Toute l'après-midi il resta immobile attendant des ordres qui ne vinrent pas par suite d'un malentendu, l'Empereur ayant compté sur le prince Eugène pour donner au 5e corps, qui faisait partie de l'armée de l'Elbe, les ordres que comporteraient les circonstances, et le prince Eugène n'ayant pas cru pouvoir modifier les ordres donnés au 5e corps par l'Empereur lui-même. Le devoir du général Lauriston était tout tracé : s'il ne croyait pas pouvoir prendre sur lui de faire marcher une partie de son corps d'armée vers Kaja, il fallait qu'il envoyât un de ses officiers *pour rendre compte de la situation de son côté* ET RÉCLAMER DES ORDRES, *et cela plutôt dix fois qu'une.* Napoléon, qui ne récriminait pas d'ordinaire sur le passé, lui reprocha son inaction en termes très vifs [voir *Mémoires* de Berthezène (¹)], et pourtant le malentendu, cause première

---

1. D'après Berthezène, un aide de camp du général Lauriston, venu le 3 mai au matin au grand quartier général, fut interpellé en ces termes par Napoléon : « Que faisiez-vous hier pendant que nous nous battions ici ? vous vous chauffiez les c..... au soleil ! »

de cette inaction, était dû à la détestable méthode de commandement de l'Empereur [1].

La bataille de Lützen est caractéristique de la tactique de Napoléon : « Laisser faire les corps engagés sans trop s'inquiéter de leurs chances bonnes ou mauvaises, et en ayant soin de ne pas céder trop facilement à leurs demandes de secours, puis; lorsque l'ennemi est usé, lorsque est arrivé le moment critique qui décide du gain ou de la perte de la bataille, arracher la victoire à la fortune par la mise en action subite sur un point décisif d'une forte réserve soigneusement ménagée jusque-là et qu'on fait appuyer par une grande masse d'artillerie. »

« La base des combinaisons, a dit Marmont, est toujours d'être plus fort que l'ennemi sur un point déterminé de la bataille. Le talent est de faire arriver inopinément, sur les positions les plus accessibles et les plus importantes, des moyens qui rompent l'équilibre et donnent la victoire ; d'exécuter enfin avec promptitude des mouvements qui déconcertent l'ennemi et le prennent au dépourvu. A cet effet, il est essentiel d'employer à propos ses réserves ; là est le génie de la guerre. On évitera de les engager trop tôt ou trop tard : trop tôt, c'est user inutilement ses moyens et s'en priver pour le moment où ils seront le plus nécessaires; trop tard, c'est permettre ou que la victoire demeure incomplète, ou que le revers s'accroisse et devienne irréparable. Il faut obliger chacun à dépenser la totalité de l'énergie qu'il possède; mais vient l'épuisement, et c'est à ce moment, si important à reconnaître, qu'il est urgent d'envoyer des secours; du reste, on ne manque pas de les demander longtemps à l'avance.

---

1. Le généralissime ne doit donner des ordres directement aux corps d'armée subordonnés à un commandant d'armée que dans des circonstances très exceptionnelles, sans quoi il se produira fatalement des malentendus du genre de celui dont il est question ci-dessus.

« Napoléon était très habile à cet égard ; il voyait nettement le nœud de la bataille. A Lützen, il m'en a fourni une grande preuve. La bataille fut donnée inopinément… Je me trouvais à Starsiedel, tout formé, précisément au moment où l'ennemi, ayant surpris le 3e corps, allait l'envelopper et le détruire. J'eus le temps de le couvrir en partie et de protéger sa droite pendant qu'il courait aux armes. La bataille s'engagea sur-le-champ ; d'immenses masses de troupes, une énorme cavalerie et une artillerie considérable m'attaquèrent. Pendant que le 3e corps soutenait à Kaja un combat d'infanterie fort opiniâtre, Napoléon accourut sur ce point. Les forces que j'avais devant moi ne cessant de s'accroître, j'envoyai demander des renforts ; il me fit répondre que la bataille était à Kaja et non à Starsiedel ; et il avait raison… C'est au centre que la bataille fut gagnée. » (*De l'Esprit des institutions militaires,* p. 26.)

LES PERTES

La bataille de Lützen coûtait aux Français 18 000 hommes, tués, blessés ou pris, dont 12 000 pour le 3e corps, qui se trouvait avoir perdu plus du quart de son infanterie. Les Coalisés ont accusé une perte de 10 000 hommes environ ; en réalité, les pertes furent sensiblement égales de part et d'autre, mais tandis que du côté des Alliés les hommes légèrement atteints restèrent dans le rang et ne furent pas comptés parmi les blessés, de notre côté une foule de soldats qui n'avaient que des égratignures ou de simples contusions, se précipitèrent dans les ambulances et réussirent par subterfuge à se faire évacuer avec les vrais blessés.

Ajoutons que, durant la marche vers l'Elbe à la poursuite des Alliés, le nombre des traînards et des déserteurs fut considérable. Quand l'armée française franchit le fleuve, elle comptait environ 35 000 hommes de moins qu'au moment du passage de la Saale.

On observera que le fait ne prouve rien contre la qualité de nos troupes, car il n'était pas nouveau pour nous; on se rappelle en effet qu'en 1812, avant même le passage du Niemen, il y avait une foule énorme de soldats qui avaient quitté leur drapeau, et que ce fut en vain que Napoléon usa de mesures de sévérité extrême pour enrayer le mal. Celui-ci tenait à deux causes:

1° La méthode de guerre de Napoléon qui imposait à ses troupes des fatigues extraordinaires, parce qu'il estimait que les succès décisifs ne s'obtiennent qu'à force d'activité;

2° La mauvaise organisation des services administratifs, qui mettait le soldat dans l'obligation de marauder pour ne pas mourir de faim.

En dépit de l'opinion d'écrivains de grande valeur, du maréchal Gouvion-Saint-Cyr notamment, la méthode de guerre de l'Empereur échappe à la critique, attendu qu'elle lui procurait des résultats proportionnels aux pertes subies tant par les maladies que par le feu. D'une façon générale, un chef d'armée doit ménager ses troupes; mais quand l'occasion s'offre à lui d'obtenir de grands avantages par des marches rapides, il ne doit pas hésiter à y recourir malgré les déchets d'effectif qu'elles occasionnent. Dans chaque cas, c'est une question de proportion à établir entre la perte et le gain probables. L'histoire militaire apprend d'ailleurs que c'est au moyen d'opérations menées avec une extrême rapidité que s'obtiennent les succès les plus décisifs.

Par contre, il est inexplicable que l'expérience de vingt ans de guerre n'eût pas démontré la nécessité d'organiser le service des subsistances sur de meilleures bases. On en était arrivé à croire que, dans les cas très fréquents où les administrateurs n'intervenaient pas en temps utile, il n'y avait qu'à laisser le soldat se pourvoir lui-même : « Le maréchal Duroc, dit le major Odeleben déjà cité, arrivé à Naumburg, se rendit à la maison de ville pour hâter les préparatifs de la fourniture des vivres. Mais le désordre résultant de l'encombrement des troupes était si grand et les besoins si urgents, qu'il n'était pas possible d'organiser une distribution régulière. Les officiers haussaient les épaules en disant : « Ils pilleront » ; et cela arriva *régulièrement* partout où on ne put satisfaire aux besoins de ces oiseaux de proie affamés. » Le maraudage était donc érigé en système ; quelques officiers s'efforçaient bien de réagir, mais la plupart trouvaient tout naturel de laisser faire. Or, le maraudage, qui détruit une énorme quantité de subsistances sans profit pour personne, un maraudeur n'hésitant jamais à tuer un bœuf pour se procurer quelques livres de viande, est en outre le dissolvant le plus actif de la discipline. Par un enchaînement fatal, les maraudeurs ne se contentent bientôt plus d'enlever des vivres : ils volent tout ce qui leur tombe sous la main. Organisés en bandes armées, ils mettent le pays en coupe réglée, comme cela est arrivé en 1812 et en 1813, traînant après eux la rapine, le viol et le meurtre. La haine que nous portaient les peuples auxquels nous avions fait la guerre provenait bien plus des excès commis par nos soldats au détriment des habitants que de la dureté avec laquelle Napoléon traitait ses ennemis vaincus, dureté qui s'exerçait surtout contre les gouvernements et dont les peuples ne souffraient que d'une façon très indirecte. Hâtons-nous d'ajouter qu'une grande partie de ces excès étaient imputables à nos alliés, Bavarois, Saxons, Italiens, etc. Le 16 mai 1813, par exemple, on voit le grand prévôt de l'armée rendre compte « que les colonnes mobiles organisées pour ramasser les traînards en ont trouvé entre Pegau et Dresde (entre l'Elster et l'Elbe) 5 200, dont les trois quarts italiens ».

« Ce que, les vrais blessés partis, l'armée perdait en force matérielle et numérique, l'évasion des déserteurs et des faux blessés le lui rendait en force morale, les mauvais n'étant plus là pour infecter la masse généralement bonne, mais facile aux impressions les plus opposées, prompte à l'enthousiasme, mais prompte aussi au découragement et surtout à l'indiscipline. » (Camille ROUSSET, *La Grande Armée de 1813.*)

CHAPITRE III

LA POURSUITE APRÈS LÜTZEN

Dès la fin de la bataille, à 11 heures du soir, Napoléon avait prescrit au prince Eugène de retirer le 5ᵉ corps de Leipzig et d'être prêt le lendemain, dès 4 heures du matin, à poursuivre l'ennemi avec le 1ᵉʳ corps de cavalerie et les 5ᵉ et 11ᵉ corps, qui avaient été très peu engagés.

Le 3, à la pointe du jour, quand on constata que l'ennemi s'était retiré, il ordonna d'entamer immédiatement la poursuite ; *il eut à déployer une grande somme d'énergie et de volonté pour mettre en branle ses troupes fatiguées.*

La poursuite directe, immédiate et acharnée, permet seule de tirer de la victoire toutes les conséquences fructueuses qu'elle comporte ; la bataille terminée, le dernier coup de canon tiré, le vainqueur doit entamer la poursuite et la mener rapide et sans arrêt, tant qu'il n'a pas achevé, dans la mesure du possible, la destruction du vaincu. Tel est le principe auquel Napoléon conforma toujours sa conduite. Mais, si la victoire rehausse le moral des troupes du vainqueur, elle leur communique en même temps un désir de repos extrême, qui trouve des interprètes dans les chefs du plus haut rang ; le général en chef a besoin de beaucoup de caractère pour aller à l'encontre de l'opinion et obliger son armée à reprendre sa marche sur-le-champ.

L'armée, exécutant une grande conversion à gauche, franchit l'Elster à Zwenkau, Pegau, Predel et Ostrau. Le 11ᵉ corps et le 1ᵉʳ corps de cavalerie s'avancèrent jusqu'à Podelwitz, à deux lieues de Pegau ; le 5ᵉ corps prit position à Pérès, à la gauche du 11ᵉ; le 6ᵉ corps à Löbnitz; le 4ᵉ à Ostrau; la Garde et le quartier général à Pegau; le 3ᵉ corps resta à Lützen pour se rallier et se reposer. Le 12ᵉ corps, que n'avait pas touché en temps utile l'ordre de changer de direction pour se porter sur Zeitz, continua sur Naumburg; le 3, la tête du corps d'armée atteignit cette localité et la queue Iéna. Les troupes ne firent pas plus de quatre lieues pendant la journée du 3; leur état de fatigue ne permettait pas de leur demander davantage, et d'ailleurs Napoléon ne savait pas encore exactement dans quelles directions les Coalisés s'étaient retirés (¹).

Dans la nuit du 3 au 4, il reçut les renseignements les plus précis à ce sujet : les Coalisés effectuaient leur retraite sur Dresde en deux colonnes par Colditz et Rochlitz; ils marchaient en très bon ordre; cependant, leur défaite les avait impressionnés plus qu'il ne le disaient; la mésintelligence régnait entre eux, Russes et Prussiens s'accusant réciproquement d'avoir causé la perte de la bataille.

L'Empereur décida de se porter droit sur Dresde avec le gros de ses forces en pressant sa marche le plus possible, dans l'espoir de couper quelques colonnes, ou tout ou moins d'enlever les traînards et les convois. En même temps, il ordonna de constituer, sous les ordres du maréchal Ney, *une armée auxiliaire* destinée à manœuvrer sur la gauche de l'armée principale (nous désignons ainsi l'ensemble des corps placés sous les ordres immédiats de Napoléon) et qui comprendrait :

1º Le 3ᵉ corps;

2º Le 7ᵉ, qui se composerait de la division Durutte et des troupes saxonnes qu'on allait faire sortir de Torgau;

---

1. Notre cavalerie, contrainte par son infériorité numérique de rester à proximité de l'infanterie, n'avait pas pu voir ce qui se passait derrière le rideau formé par les nombreux escadrons adverses, qui se maintenaient au contact de nos avant-gardes.

3° Le 2e corps provisoire, que commanderait le maréchal Victor et qui serait formé des 1re et 4e divisions ;

4° Le corps provisoire du général Sébastiani, 2e corps de cavalerie (2 500 hommes) et division Puthod du 5e corps, dont la présence sur le bas Elbe n'était plus nécessaire, attendu que le corps de Vandamme à peu près organisé suffisait pour garder le fleuve en aval de Magdeburg, et même reprendre Hamburg.

Le maréchal Ney devrait tout d'abord débloquer Torgau et Wittenberg, et reconstituer le 7e corps; pendant ce temps, le 2e corps et le corps provisoire de Sébastiani se réuniraient à Bernburg et rejoindraient ensuite le maréchal. Celui-ci passerait alors sur la rive droite de l'Elbe et prendrait position avec toutes ses forces, 75 000 combattants, en avant de Torgau.

L'Empereur, *qui n'avait pas d'équipages de pont,* prévoyait le cas où les Coalisés chercheraient à défendre le passage de l'Elbe à Dresde : en faisant déboucher l'armée de Ney par Torgau, il les prenait à revers et faisait ainsi tomber la défense du fleuve.

Le 4 au matin, l'armée principale se mit en mouvement en trois colonnes :

Colonne du centre. — Le premier corps de cavalerie et le 11e corps, formant avant-garde sous les ordres du prince Eugène, s'engagèrent sur la route de Borna qu'avaient prise les Prussiens et s'avancèrent jusqu'à Laussigk ; le 6e corps, la Garde et le quartier général suivirent, et à la fin de la journée s'établirent à Flossberg et Borna.

Colonne de droite. — Le 4e corps, marchant sur les traces des Russes, se porta d'Ostrau sur Frohburg, suivi par le 12e corps, qui de Naumburg alla directement sur Zeitz.

Colonne de gauche. — Le 5e corps, marchant parallèlement au 11e et à la même hauteur, se porta de Pérès à Stockheim.

L'armée était tenue très rassemblée dans la crainte d'un retour offensif de l'ennemi, dont les partis de cavalerie légère se montraient de tous côtés à proximité de nos colonnes.

Des renseignements erronés ayant fait croire qu'un corps prussien d'un effectif élevé se rassemblait aux environs de Mühlberg (en réalité il n'y avait dans cette direction que le détachement de Kleist), Napoléon prescrivit au 5ᵉ corps de marcher le 5 sur Wurzen, afin d'être à même d'appuyer, en cas de besoin, le maréchal Ney, qui déjà commençait à pousser sur Torgau une partie du 3ᵉ corps et la division Durutte.

Le 5 mai, pendant que le 5ᵉ corps effectuait le mouvement indiqué ci-dessus, le reste de l'armée continua sur Dresde.

La brigade Steinmetz, arrière-garde de la colonne prussienne, avait pris position derrière la Mulde à Colditz; l'arrière-garde russe, formée sous les ordres de Miloradowitch du corps de ce général et de celui de Winzingerode, était encore en grande partie sur la rive gauche de la rivière en avant de Rochlitz. Le prince Eugène força le passage de la Mulde à Colditz et refoula la brigade Steinmetz jusqu'à Harta, menaçant ainsi de couper la retraite à Miloradowitch. Ce dernier, qui était en train de franchir la Mulde sans se presser, car l'avant-garde du 4ᵉ corps français n'avait pas encore dépassé Frohburg, envoya en toute hâte au soutien de Steinmetz toutes les troupes qu'il avait sous la main; ayant réussi non sans peine à se dégager, il prit position derrière la Tschoppau à Waldheim. Le prince Eugène s'arrêta à Harta, poussant ses avant-postes jusqu'à la Tschoppau; le 6ᵉ corps se plaça immédiatement derrière lui; la Garde et le quartier général s'établirent à Colditz.

Dans notre colonne de droite, le 4ᵉ corps, dont la lenteur avait permis à Miloradowitch de s'échapper, atteignit Rochlitz dans la soirée, le 12ᵉ corps porta sa tête de Zeitz à Altenburg.

Les nouvelles recueillies dans la journée du 5 démontrèrent que toute l'armée coalisée se retirait sur Meissen et Dresde et qu'il n'y avait qu'un faible détachement du côté de Mühlberg. Napoléon prescrivit en conséquence au 5ᵉ corps de se rabattre de Wurzen sur Dresde en marchant le plus vite possible.

L'EMPEREUR AU MAJOR GÉNÉRAL

Colditz, 5 mai (heures).

Écrivez au général Lauriston par un homme du pays, à qui vous promettrez vingt napoléons de récompense s'il apporte la réponse avant six heures du matin. Faites connaître au général qu'il se porte à grandes marches, et par la grande route, sur Dresde, de manière à faire sept à huit lieues par jour ; que mon quartier général est arrivé ici aujourd'hui ; que tous les corps sont passés par ici, et qu'il ne doit rien y avoir de considérable du côté du prince de la Moskqwa.

L'EMPEREUR AU MAJOR GÉNÉRAL

Colditz, 6 mai.

Écrivez au duc de Raguse que le Vice-roi a défait hier le corps de Miloradowitch, au village de Gersdorf ; que son avant-garde était sur les hauteurs de Harta ; qu'il est nécessaire que sa 1ʳᵉ division commence à entrer dans la ville à 4 heures du matin et se porte en toute diligence sur Waldheim ; qu'une division du général Kleist, qui venait du côté de Wittenberg, est retournée sur Wurzen par Leisnig, où il est bon que l'on entre pour savoir ce qui est passé ; que cela ne doit pas arrêter la marche de son corps d'armée dans la direction du Vice-roi.

Écrivez au Vice-roi que j'ai vu avec plaisir sa relation d'hier, *mais qu'il y a bien peu de prisonniers ;* que, dans un pays où la cavalerie ne peut rien, on aurait dû prendre 2 000 à 3 000 hommes ; qu'il parte à la pointe du jour pour arriver à Nossen dans la journée ; que le duc de Raguse le soutient à trois heures de marche ; que toute la Garde est en avant de Colditz ; qu'il peut donc marcher droit et rapidement ; que comme toutes les colonnes de l'ennemi convergent sur Dresde, il est important d'arriver rapidement devant cette ville, puisque tout ce qui n'aurait pas passé serait rejeté sur la Bohême ; que le général Lauriston a reçu l'ordre de se diriger à grandes marches de Wurzen, par le grand chemin, sur Dresde. Donnez l'ordre au général Bertrand, qui est

à Rochlitz, de marcher sur deux colonnes, l'une pour passer la rivière
entre Waldheim et Mittweida, l'autre sur Mittweida; faites-lui connaître que le Vice-roi est à Waldheim; qu'il a défait le corps de Miloradowitch; que le Vice-roi a ordre d'aller aujourd'hui à Nossen; qu'il
faut donc qu'il s'approche; que le général Lauriston part aujourd'hui
pour faire huit lieues par jour sur la grande route de Dresde; qu'il est
donc nécessaire d'arriver tous à la fois sur Dresde; qu'il envoie un officier au duc de Reggio pour avoir de ses nouvelles, car il est à prévoir
que, s'il y a une colonne ennemie qui ne soit pas encore arrivée à
Dresde, l'ennemi voudra tenir pour gagner vingt-quatre heures.

L'EMPEREUR AU MARÉCHAL NEY

Colditz, 6 mai, 3ʰ30 du matin.

(Après diverses indications sur la situation.)
*J'ai bien de l'impatience de vous savoir sur Torgau et de voir déblo-
quer Wittenberg, car les choses prennent une tournure telle qu'il
serait très possible que je prisse le parti de me porter de suite sur
Berlin.*

Au moment où l'Empereur écrit les lignes qui précèdent,
il vient d'apprendre de source sûre que les Prussiens et les
Russes se sont formés pour la retraite en deux colonnes
distinctes. Il déduit de ce fait et de divers bruits recueillis
par ses agents secrets, que les Alliés ont l'intention de se
séparer aussitôt après avoir franchi l'Elbe, les Prussiens
remontant vers le nord pour couvrir Berlin, les Russes continuant vers l'est à travers la Silésie pour se rapprocher de
leurs centres de renforts et de ravitaillements. Si cette éventualité se réalisait, ce serait pour lui un coup de fortune.
Laissant un corps d'observation devant les Russes, il marcherait sur Berlin avec le gros de ses forces sans perdre un
instant; disposant alors de 170 000 à 180 000 hommes, il
aurait bientôt fait de mettre à la raison les 60 000 à 80 000
soldats que pourraient lui opposer les Prussiens. Il n'est
donc pas étonnant qu'il soit impatient de voir l'armée du
maréchal Ney groupée en avant de Torgau, à vingt lieues

de Berlin seulement, car sa présence sur ce point inspirera aux Prussiens des craintes pour leur capitale et achèvera peut-être de les décider à se séparer des Russes.

Les 6, 7 et 8 mai, l'armée principale poursuivit son mouvement sur Dresde. Le prince Eugène et Macdonald s'efforcèrent en vain d'obliger Miloradowitch à hâter sa retraite. Le général russe, grâce à sa nombreuse cavalerie, qui le renseignait très exactement, opérait en toute sécurité; il s'arrêtait derrière chaque coupure de terrain, obligeant les Français à manœuvrer pour déborder sa position, qu'il abandonnait pour en prendre une autre à quelque distance en arrière dès que ses flancs étaient menacés de trop près. Pour déjouer ce système, il aurait fallu que notre colonne de droite dont l'effectif dépassait 50 000 hommes, et qui n'avait devant elle que des partis de cavalerie, avançât rapidement afin de dépasser la colonne du centre et d'être à même de couper l'arrière-garde ennemie si elle s'arrêtait. Malheureusement, le 4ᵉ corps, qui tenait la tête de la colonne de gauche, marcha si lentement, qu'il ne parvint même pas à se tenir à hauteur de la colonne du centre.

Le tableau ci-après indique le détail des mouvements des deux partis du 6 au 8 inclus.

TABLEAU.

ARMÉE FRANÇAISE PRINCIPALE.	6 MAI.	7 MAI.	8 MAI.
Colonne du centre.			
Avant-garde. { 1er corps de cavalerie	Ersdorf.		
11e corps	En arière de Nossen.	Lembach.	Dresde.
6e corps	Rosswein.	Deustch-Bohren.	En arrière de Dresde.
Quartier général de l'Empereur et la Garde	Waldheim.	Nossen.	Dresde.
Colonne de droite.			
4e corps	Mittweida et en arrière.	Conrarsdorf à Freyberg.	Pottzchapel à Tharandt.
12e corps	Penig et en arrière.	Hartmannsdorf à Penig.	Oederau et en arrière.
Colonne de gauche.			
5e corps	Dahlen.	Lommatzch.	Meissen.
ARMÉE COALISÉE.			
Arrière-garde de Miloradowitch.	Nossen.	Vilsdruf.	Passe l'Elbe à Dresde.
Gros de l'armée russe	Vilsdruf.	Passent l'Elbe : les Russes à Dresde ; les Prussiens à Meissen.	En arrière de l'Elbe.
Gros de l'armée prussienne . . .	Meissen.		
Détachement de Kleist	Mühlberg.		

De Gross-Görschen à Dresde par la route qu'a suivie le
11e corps, il y a environ 120 kilomètres ; l'armée française
mit six jours pour franchir cette distance.

Dès son arrivée à Dresde, l'Empereur exécuta la reconnaissance de l'Elbe. Les Coalisés en se retirant avaient
incendié leurs ponts de bateaux et de radeaux et détruit
l'arche en bois qu'ils avaient édifiée pour rétablir le passage
sur le pont de pierre. Comme *cela arrive très fréquemment
en pareil cas,* les mesures de destruction avaient été prises

avec négligence : les Français arrivèrent à temps pour sauver un grand nombre de bateaux et de radeaux.

Les Russes occupant Neustadt, il n'était pas possible de réparer le pont de pierre ; l'Empereur prescrivit de rétablir le pont de radeaux de Briesnitz. Il y avait sur ce point un emplacement favorable pour un passage de la rive gauche à la rive droite : le fleuve y faisait un coude très prononcé dont la convexité était tournée du côté de la rive gauche, et les hauteurs de cette rive dominaient celles de la rive droite.

L'opération fut commencée le 9, à 7 heures du matin. On établit des batteries à droite et à gauche de Briesnitz pour balayer sous des feux croisés la plaine comprise dans le rentrant du fleuve. Sous la protection de cette artillerie, deux bataillons passèrent sur quelques radeaux et prirent position dans des tranchées en avant de l'emplacement du pont pour protéger les travailleurs. L'ennemi tenta de s'opposer à l'opération. Il mit soixante pièces en batterie ; l'Empereur en fit avancer quatre-vingts : l'avantage nous resta. Au même moment, les Russes postés dans Neustadt dirigeaient contre Dresde un feu violent d'artillerie et de mousqueterie. Vingt pièces de la Garde, qu'on établit sur la terrasse de Brühl, obligèrent les Russes à s'éloigner des bords du fleuve, et permirent de faire passer sur des barques 300 voltigeurs, qui se logèrent dans un grand bâtiment situé au débouché du pont de pierre sur la rive droite. La réparation de ce pont fut immédiatement entreprise.

Pendant ce temps, l'armée avait serré sur Dresde. Des ordres furent donnés pour que les 11e, 6e et 4e corps passassent l'Elbe le lendemain matin sur le pont de radeaux de Briesnitz ; mais dans la nuit (9 au 10), une crue fit lâcher les ancres de ce pont ; il fallut réparer le dommage, ce qui occupa toute la journée du 10. Dans l'après-midi du 10, la division Charpentier du 11e corps passa sur la brèche du pont de pierre au moyen de longues échelles à incendie et occupa Neustadt.

Avant d'aller plus loin, il faut revenir en arrière pour examiner les opérations exécutées par les troupes de Ney.

Le 4 mai, le maréchal avait réuni à Leipzig le 3ᵉ corps et la division Durutte. Bülow, qui avait évacué Halle dès le 3 au soir, s'était replié sur son pont de Rosslau; ses partisans parcouraient tout le pays entre la Mulda et la Saäle. Sans s'inquiéter de cette cavalerie, qui allait être contrainte de repasser l'Elbe dès que le maréchal Victor déboucherait de Bernburg, Ney commença le 5 mai son mouvement pour s'approcher de Torgau par Eulenburg, pendant que deux divisions du 3ᵉ corps descendaient la Mulda pour communiquer avec Wittenberg.

Le 7, le général Reynier arriva devant Torgau avec la division Durutte; Thielmann, s'abritant derrière les ordres formels du roi de Saxe, refusa d'ouvrir les portes de la place aux Français. L'Empereur, le 8, quand il apprit le refus de Thielmann, fit envoyer sur-le-champ au roi de Saxe à Prague une note comminatoire dans laquelle il le sommait :

1º De rentrer immédiatement à Dresde avec sa cavalerie ;

2º D'ordonner à Thielmann de se mettre entièrement à la disposition du maréchal Ney ;

3º De déclarer par écrit d'une façon explicite qu'il était prêt à remplir tous les engagements auxquels il était tenu en qualité de membre de la Confédération du Rhin.

Le roi était avisé que, s'il ne donnait pas satisfaction sur ces trois points dans un délai de six heures, il serait déclaré félon et aurait cessé de régner.

Ce contretemps se compliquait d'un autre d'un genre différent : le corps provisoire de Sébastiani ne pouvait atteindre Bernburg que le 12 mai, c'est-à-dire sept à huit jours plus tard que ne l'avait prévu Napoléon. Ce dernier, qui tenait essentiellement (nous savons pourquoi) à faire déboucher le plus tôt possible un gros corps de troupes sur la rive droite de l'Elbe, prescrivit :

Au maréchal Ney de faire serrer le 3ᵉ corps et la division Durutte au sud de Torgau, et de rassembler tous les matériaux nécessaires pour jeter un pont à Belgern, à une demi-marche en amont de la place ;

Au général Lauriston, de laisser un détachement à Meissen, et de se porter avec son corps d'armée (5ᵉ) entre ce point et Torgau, afin de pouvoir se joindre au maréchal Ney si les circonstances l'exigeaient.

Ces ordres furent promptement exécutés et dès le 11 mai, Ney aurait pu franchir l'Elbe à Belgern, avec 60 000 hommes. Mais les événements prirent une tournure plus favorable, qui rendit ce mouvement inutile. Les Coalisés ne défendirent pas sérieusement le passage de l'Elbe, si bien que, le 11 mai au matin, l'armée principale put sans peine prendre pied sur la rive droite. En outre, le roi de Saxe ayant fait soumission complète, le 11, les portes de Torgau s'ouvrirent devant le maréchal Ney, qui passa aussitôt le fleuve avec les 3ᵉ, 5ᵉ et 7ᵉ corps ; ce dernier composé de la division Durutte et de la division saxonne du général Sahr et comprenant au total 9 000 fantassins, 250 cavaliers, 3 batteries.

OFFENSIVE DE L'ARMÉE FRANÇAISE DE L'ELBE A L'ODER

CHAPITRE Ier

LA MANŒUVRE DE BAUTZEN

1° Mouvements des Coalisés après leur retraite derrière l'Elbe.

Quand les Alliés eurent repassé l'Elbe, ils ne purent s'entendre sur la direction à donner aux opérations. Tandis que les Prussiens voulaient remonter vers le nord pour couvrir Berlin, les Russes exigeaient qu'on se repliât vers Breslau afin de rester lié avec l'Autriche dont l'adhésion à la Coalition semblait devoir se produire d'un jour à l'autre. L'entente n'ayant pu s'établir, les Coalisés résolurent de se séparer. Le 9 mai, le gros de l'armée russe se replia sur Radeberg, couvert par le corps de Miloradowitch, qui resta à Neustadt; l'armée prussienne se porta de Meissen sur Grossenhayn. Mais le roi Frédéric-Guillaume comprit que cette séparation des deux armées était une lourde faute. En conséquence, le 10 mai, se résignant à abandonner la défense de sa capitale au corps de Bülow, il décida que Blüchér et York rejoindraient les Russes. Dans les journées des 10, 11 et 12 mai, les Prussiens et les Russes firent leur retraite concentriquement sur Bautzen sous la protection de Miloradowitch, qui rétrogradait lentement devant les Français.

Les souverains alliés étaient tombés d'accord sur la nécessité de ne pas rentrer en Silésie avant d'avoir livré une nouvelle bataille. Ils résolurent de prendre position sur les hauteurs en arrière de Bautzen et de s'y fortifier pour attendre de pied ferme l'attaque des Français.

Miloradowitch, après avoir disputé pied à pied tout le terrain entre l'Elbe et la Sprée, se replia derrière cette rivière le 14 mai au soir. Il prit alors position sur la rive droite, occupant Bautzen qui avait été mis en état de défense, couvert, sur son front par des avant-postes établis sur la rive gauche, et sur ses flancs par des détachements de cavalerie légère placés à Wittichenau (détachement Landskoi) et à Boblitz (détachement Emmanuel) et qui de là poussaient des partis jusqu'à l'Elbe, au milieu même des colonnes françaises.

Le 16 mai, Barclay de Tolly, qui venait de Thorn, rejoignit l'armée alliée avec 13 500 hommes environ.

2° Dispositions préparatoires de Napoléon pour les opérations au delà de l'Elbe.

Le quartier général de Napoléon fut maintenu à Dresde du 8 mai au 17. Il y eut alors pour l'armée française une période de calme relatif, qui fut mise à profit pour faire rejoindre les unités qui s'étaient formées depuis le commencement des opérations (une division de Jeune Garde, quatre bataillons de Vieille Garde, deux divisions de marche de cavalerie, etc.), pour mobiliser les troupes saxonnes (une division d'infanterie destinée au 7° corps, et une division de cavalerie dont les quatre régiments furent versés au 1ᵉʳ corps de cavalerie), et enfin pour attirer sur Wittenberg et Torgau le 2ᵉ corps provisoire, la division Puthod et le 2ᵉ corps de cavalerie, qui, jusqu'alors, étaient restés immobiles près de Magdeburg.

Le tableau ci-dessous donne la composition détaillée de l'armée (troupes d'opération) à la date du 15 mai :

15 MAI. *Armée du Maréchal Ney.*		BATAIL-LONS.	ESCA-DRONS.	BATTE-RIES.	EFFEC-TIF.	OBSERVA-TIONS.
3ᵉ corps (Maréchal Ney).	Quatre divisions françaises (Généraux Souham, Delmas, Albert et Ricard) . . Une division badoise et hessoise (Général Marchand).	66	8(1)	12	30 000	1. Trois à quatre escadrons du 10ᵉ hussards français et quatre escadrons badois.
5ᵉ corps (Général Lauriston).	Les trois divisions françaises (Généraux Maisons, Lagrange et Rochambeau).	30	»	10	19 000	
	Division Puthod	14	»	2	8 000	
7ᵉ corps (Général Reynier).	Division française (Général Durutte). . . . . Division saxonne (Général Sahr).	16	1(2)	»	9 500	2. Saxons.
2ᵉ corps (Maréchal Victor).	1ʳᵉ et 4ᵉ divisions françaises.	22	»	2	13 000	
Division de cavalerie légère (Général Châtel), détachée du 1ᵉʳ corps de cavalerie pour marcher avec le 5ᵉ corps.		»	8 à 9	»	1 800	
2ᵉ corps de cavalerie (Général Sébastiani).		»	15 à 20	»	3 000	
TOTAL		. .	. . .	. . .	84 000 (3)	3. L'effectif réel de combattants est compris entre 80 000 et 58 000 hommes.
Armée principale.						
4ᵉ corps. .	Une division française (Général Morand) . . . . . Une division italienne (Général Peyri) . . . . . . Une division wurtembergeoise (Général Franquemont).	34	4(4)	7	25 000	4. Brigade wurtembergeoise.
A reporter		. .	. . .	. . .	25 000	

	BATAIL-LONS.	ESCA-DRONS.	BATTE-RIES.	EFFEC-TIF.	OBSERVA-TIONS-
Report	. .	. .	. . .		
6ᵉ corps. . { Trois divisions françaises (Généraux Bonnet, Compans et Friederich). . .	39	4(¹)	10	22 000	1. Brigade westphalienne.
11ᵉ corps. . { Trois divisions françaises et italiennes (Généraux Gérard, Fressinet et Charpentier).	31	2(²)	8	17 000	2. Du 4ᵉ chasseurs italiens et des chasseurs de Würzburg.
12ᵉ corps. . { Deux divisions françaises (Généraux Lorencey et Pacthod. . . . . . . Une division bavaroise (Général Raglowitch) . . .	33	»	7	24 000	
Garde-Infanterie. { Division Vieille Garde. . .	6 à 7	»		4 000	
Deux divisions Jeune Garde (Généraux Dumoustier et Barrois).	25 à 30	»	14	15 000	19 000
Garde-Cavalerie.	»	20	3	4 000	
1ᵉʳ corps Cavalerie (Général Latour-Maubourg). { Division Bruyère : 8 rég. français . . 1 200; 1 rég. chasseurs italiens . . . . 2 400; 2 rég. saxons . . ; Division Chastel : 1 800 Français (pour mémoire détachée au 5ᵉ corps). . . . . . . ; Division grosse cavalerie Bourdessoulle : 6 rég. français . . 1 200; 2 rég. saxons . . 1 200; Division de cavalerie Doumerc : 6 rég. français. . 1 200; 1 rég. napolitain. 1 000	»	45 à 50	4	8 000 (³)	3. Dont une brigade italienne et une division saxonne.
Total	. .	. .	. . .	119 000	115 à 120 000 combattants présents sous les armes.
Total général . . .	. .	. .	. . .	203 000	

Défalcation faite des pertes subies par le feu et par la maladie — 3o ooo hommes environ, — l'effectif des troupes appelées à prendre part aux opérations sous les ordres de Napoléon s'élevait encore à 2o5 ooo hommes. L'armée coalisée, renforcée du corps de Barclay et de quelques troupes de réserve russes et prussiennes, ne comptait pas plus de 11o ooo hommes (le corps de Bülow compris). La supériorité numérique des Français s'était donc accentuée depuis Lützen.

L'armée de l'Elbe, qui n'existait plus que de nom, fut dissoute; le prince Eugène partit pour l'Italie, où il devait former un nouveau corps d'observation destiné à contenir l'Autriche, si elle se déclarait contre nous.

L'organisation de Dresde, qui allait servir de base d'opérations à l'armée française, fut l'objet de la sollicitude de l'Empereur. Le commandement militaire de cette place et de tout le territoire de la Saxe fut confié au général de division Durosnel. L'enceinte de Neustadt fut remise en état et palissadée. Un pont de bateaux fut construit à côté du pont de radeaux de Briesnitz, de telle sorte qu'on disposât, avec le pont de pierre de Dresde, de trois points de passage sur l'Elbe. Les chemins conduisant aux ponts de Briesnitz furent soigneusement aménagés. Des hôpitaux, des magasins, des manutentions furent organisés.

Des dépôts généraux, à raison de un par corps d'armée, furent établis à Dresde pour les 4ᵉ, 6ᵉ, 7ᵉ, 11ᵉ, 12ᵉ corps et la Garde, et à Torgau pour les 2ᵉ, 3ᵉ et 5ᵉ corps. Il fut créé en outre deux dépôts généraux de cavalerie, un à Dresde et l'autre à Leipzig ([1]).

Les troupes indiquées ci-après furent affectées à la garnison de Dresde :

1º Quatre bataillons westphaliens (division Hammerstein);

---

1. Antérieurement on en avait créé un à Iéna.

2° Un régiment de flanqueurs de la Jeune Garde qui avait besoin de quelque temps pour s'organiser et compléter l'instruction de ses hommes — 1 200 hommes ;

3° Les dépôts énumérés ci-dessus — 2 000 fantassins et 600 cavaliers ;

4° 500 à 600 hommes de troupes saxonnes.

Au total 6 000 à 6 500 hommes et 12 canons.

Par décision du 11 mai, les routes de l'armée furent organisées comme il suit :

1° Route principale de Mayence à Dresde par Francfort, Fulde, Erfurt, Weimar ; à partir de Weimar, deux embranchements, l'un par Iéna et Altenburg, l'autre par Naumburg et Leipzig ;

2° Un embranchement de Leipzig à Wittenberg ;

3° Un autre d'Augsburg à Altenburg par Nuremberg, Bamberg, Schleiz et Géra.

La route d'Augsburg par Würzburg était supprimée. Les étapes étaient d'environ six lieues, avec un jour de repos pour six à sept jours de marche.

Il n'était pas très prudent (la suite ne le prouva que trop) de ne pas continuer à faire passer par Würzburg les détachements venant d'Augsburg, et d'organiser entre Erfurt et Dresde, pour gagner trois marches, la ligne d'étapes d'Altenburg au lieu de se contenter de celle de Leipzig. On supposait évidemment que tout le pays à l'ouest de l'Elbe était à l'abri des entreprises de l'ennemi. Il avait d'ailleurs été prescrit de la façon la plus formelle de ne mettre en route que des détachements comprenant au moins 500 combattants, qui se garderaient militairement de manière à n'avoir rien à craindre des partisans ennemis, si par hasard quelques-uns se glissaient sur les derrières de l'armée, comme cela était déjà arrivé plusieurs fois.

Au delà de l'Elbe, il n'y avait qu'une seule route de l'armée, celle partant de Dresde. Quand nos troupes s'avancèrent jusqu'à Bautzen, un gîte secondaire d'étapes fut organisé à Schmiedefeld.

3° Opérations des Français du 10 au 18 mai.

Au moment où commence la seconde phase des opérations, les forces françaises sont divisées en trois groupes stratégiques :

1° L'armée principale sous les ordres immédiats de Napoléon : 4e, 6e, 11e et 12e corps, la Garde et le 1er corps de cavalerie — 120 000 hommes après l'arrivée des renforts dont nous avons parlé ;

2° L'armée du maréchal Ney : 2e, 3e, 5e, 7e corps et 2e corps de cavalerie — 85 000 hommes ;

3° Les troupes mises à la disposition du maréchal Davout pour opérer sur l'Elbe inférieur et qui forment un corps provisoire à trois divisions sous les ordres du général Vandamme — 30 000 hommes ; nous ne nous occuperons pas de ce groupe qui a un théâtre d'action distinct.

L'armée principale est tout entière réunie à Dresde le 11 mai. Du 11 au 16, elle va s'étendre sur la rive droite de l'Elbe vers Kœnigsbrück et Bautzen, pour prendre possession des débouchés et se procurer des renseignements sur l'ennemi.

Dans l'armée de Ney, le 11 mai, les 3e, 5e (moins la division Puthod) et 7e corps sont en avant de Torgau ; à cette même date, le maréchal Victor rassemble la division Puthod, le 2e corps provisoire et le 2e corps de cavalerie à Bernburg, d'où il partira le 13 pour rejoindre le maréchal Ney en passant par Wittenberg. Le 16 mai, quand les ordres donnés par Napoléon auront été exécutés en entier, les divers corps occuperont les emplacements suivants en avant de Torgau, entre l'Elbe et la Sprée :

Quartier général et 3e corps à Luckau, avec une avant-garde à Lübben ;

5e corps à Dobrilugk ;

7e corps à Dahme ;

Le 2e corps et le 2e corps de cavalerie à Schönwald.

L'armée de Ney se trouvera alors à 23 lieues de l'armée principale et à 21 de Berlin, à peu près disposée en carré, prête à marcher dans n'importe quelle direction.

Ce fractionnement des forces disponibles sur le principal théâtre d'opérations en deux armées placées à trois marches l'une de l'autre est un dispositif préparatoire destiné à faciliter les manœuvres que nécessiteront les circonstances ultérieures. L'Empereur n'a pas encore arrêté son plan d'opérations; il attend pour cela que les premiers mouvements des Coalisés lui aient révélé ce que ceux-ci comptent faire.

Le major général écrit au maréchal Ney, le 13 :

L'Empereur, d'ici le 15, prendra sa détermination définitive, selon ce qu'aura fait l'ennemi, pour faire occuper Berlin, ou pour ordonner tout autre mouvement.

Le même jour, l'Empereur lui-même au maréchal Ney, de Dresde :

Je ne vois pas bien ce qu'ont fait les Prussiens ; il est certain que les Russes se retirent sur Breslau ; mais les Prussiens se retirent-ils sur cette ville, comme on le prétend, *ou se sont-ils jetés sur Berlin, comme cela paraît naturel, pour défendre leur capitale ?* C'est ce que les renseignements que j'attends cette nuit m'apprendront parfaitement. Vous sentez qu'avec des forces aussi considérables que celles que vous avez ([1]), ce n'est pas le cas de rester au repos. *Dégager Glogau, occuper Berlin,* pour mettre le prince d'Eckmühl à même de réoccuper Hamburg et de s'avancer avec ses cinq divisions ([2]) en Poméranie, *m'emparer de Breslau,* voilà les trois buts importants que je me propose et que je voudrais remplir dans le mois. *Par la position que je vous fais prendre, nous nous trouverons toujours réunis, pouvant nous porter sur la droite ou sur la gauche, et avec le plus de masses possible, selon les renseignements.*

---

1. Napoléon évaluait à 100 000 hommes l'effectif des corps du maréchal Ney, qui ne dépassait pas 85 000 hommes.

2. Nous avons dit plus haut que, pour le moment, Davout ne disposait que de trois divisions.

Deux passages de la lettre qui précède exigent quelques explications.

L'Empereur avait espéré que la présence des 85 000 hommes de Ney à trois marches de Berlin inspirerait aux Prussiens des craintes pour leur capitale et les déterminerait à se séparer des Russes pour se porter à son secours : nous avons déjà dit que c'eût été de leur part une faute insigne. Quand l'Empereur écrit « qu'il paraît naturel que les Prussiens se jettent du côté de Berlin », cela signifie non pas qu'il juge ce mouvement rationnel, mais bien qu'il est probable que les Prussiens ne sauront pas résister à la tentation de se placer avec le gros de leurs forces de manière à couvrir *directement* leur capitale. En restant réunis, les Coalisés couvrent Berlin *indirectement* de la façon la plus efficace ; en effet, leur armée de Silésie, forte de 100 000 hommes, continue à être l'objectif principal de Napoléon, qui doit agir contre elle avec la presque totalité de ses troupes, attendu que l'expérience de Lützen a démontré que des forces presque doubles de celles de ses adversaires lui sont nécessaires pour obtenir cette victoire décisive dont il a tant besoin.

« Par la position que je vous fais prendre nous serons toujours réunis..... » Les deux armées françaises ne sont pas réunies, mais elles le seront quand Napoléon le voudra. Pour s'en convaincre, il suffit de considérer que, d'une part, l'armée principale a un effectif sensiblement supérieur à celui de l'armée coalisée, et l'armée de Ney, un effectif à peu près égal, et que, d'autre part, la région comprise entre la Sprée et l'Elbe supérieur est partout facilement praticable pour de grandes masses de troupes. Ceci étant, il n'y a que des avantages à laisser entre les deux armées un certain intervalle, grâce auquel l'ensemble jouit de facilités de manœuvres plus grandes.

Pendant que les corps du maréchal Ney prennent position en avant de Torgau dans les conditions que nous venons d'indiquer, nous jetterons un coup d'œil rapide sur les opérations de l'armée principale du 11 au 15 mai. Nous avons vu que le 11, les 4e, 6e et 11e corps étaient passés sur la rive droite pour dégager les abords de Neustadt et se procurer des renseignements précis sur l'ennemi; la Garde et le 12e corps restèrent à Dresde. Le maréchal Macdonald, avec le 11e corps et une division de cavalerie, refoulant devant lui le corps de Miloradowitch qui lui disputait le terrain pied à pied, s'avança le 11 jusqu'à Weissig, et le 12 jusqu'à Bischofswerda, où il resta les 13 et 14, ayant ses avant-postes au contact de ceux de l'arrière-garde russe dont le gros se tenait à Gödau. Le 4e corps marcha par Œttendorf sur Kœnigsbrück et Kamenz; il ne rencontra que des partis de cavalerie légère; le 13, il occupa Kœnigsbrück, poussant son avant-garde jusqu'à Kamenz. Le 6e corps prit tout d'abord position en deuxième ligne à Reichenberg, pendant que le général Beaumont avec son avant-garde (une brigade de cavalerie westphalienne, trois bataillons d'infanterie et une demi-batterie) se portait à Moritzburg pour surveiller la direction de Grossenhayn; le 13, le gros du corps d'armée alla s'établir à Radeburg, tandis que le général Beaumont avec son détachement restait à Moritzburg pour continuer à éclairer vers Grossenhayn, où se montraient des partis de cavalerie ennemie de plus en plus nombreux.

Nos corps d'armée, du 11 au 13, ayant recoupé toutes les routes suivies par les colonnes russes et prussiennes dans leur mouvement sur Bautzen, l'Empereur, en rapprochant leurs rapport, put se convaincre que toutes les forces des Coalisés s'étaient retirées derrière la Sprée. Maintenant, l'ennemi recevrait-il la bataille à Bautzen, ou continuerait-il sa retraite à l'approche de l'armée française ? Les grands

travaux de fortification entrepris à Bautzen semblaient indiquer son intention d'y accepter la bataille; pourtant, des
renseignements, qui paraissaient fondés, donnaient à croire
que le gros de son armée était déjà en retraite sur Görlitz.
Pour être fixé à ce sujet, il était nécessaire de s'avancer sur
Bautzen; la prudence exigeait qu'au préalable on fît serrer
les 4ᵉ, 6ᵉ et 12ᵉ corps sur le 11ᵉ.

Le 14, en conformité des ordres donnés le même jour à
4 heures du matin :

Le 11ᵉ corps resta en position à Bischofswerda ;

Le 4ᵉ se porta à Kamenz, faisant avancer son avant-garde jusqu'à
Closter-Marienstern, sur le chemin de Kamenz à Bautzen ;

Le 6ᵉ corps serra sur Frankenthal, à une lieue de Bischofswerda, le
général Beaumont restant toujours à Moritzburg ;

Le 12ᵉ corps, s'avançant par Weissig, poussa sa division de tête jusqu'à Fischbach ;

La Garde et le 1ᵉʳ corps de cavalerie restèrent à Dresde et aux environs.

Le 15, de grand matin, Macdonald, débouchant de Bischofswerda, se heurta, à Göda, à l'arrière-garde russe qu'il
réussit à déloger après un violent combat et à rejeter sur
Bautzen. Il prit position sur les hauteurs à l'ouest de cette
ville, d'où il put apercevoir les campements de l'armée
coalisée. Le 6ᵉ corps, qui avait marché au soutien du 11ᵉ,
s'établit derrière lui. Le 4ᵉ corps occupa Closter-Marienstern, et fit avancer son avant-garde à mi-chemin de ce point
et de Bautzen de manière à se lier avec le 11ᵉ corps. Le
12ᵉ corps serra sur Bischofswerda.

L'ennemi n'ayant pas reculé, il était à peu près certain
qu'il avait résolu d'accepter la bataille à Bautzen. L'Empereur devait donc faire serrer l'armée principale sur ce point
et se hâter d'appeler à lui la plus grande partie de l'armée
du maréchal Ney. Voici, en substance, les ordres donnés le
15 au soir et le 16 au matin aux corps de l'armée principale :

Les 6ᵉ et 4ᵉ corps prendront position devant Bautzen, le 6ᵉ à hauteur et à la gauche du 11ᵉ; le 4ᵉ à hauteur et à la gauche du 6ᵉ; le 12ᵉ corps se placera en réserve en avant de Bischofswerda, et fournira trois colonnes mobiles de 1200 à 1500 hommes destinées à chasser des bois situés entre la grand'route et la frontière autrichienne les partis ennemis qui s'y sont glissés et de là inquiètent les communications avec Dresde.

Le maréchal Mortier, avec une division de Jeune Garde, le 1ᵉʳ corps de cavalerie et le détachement du général Beaumont, sera chargé de nettoyer le pays sur la gauche de l'armée, afin d'assurer les communications avec les corps du maréchal Ney; le 16, échelonnant son infanterie sur ses derrières, il se portera rapidement avec toute sa cavalerie sur Grossenhayn de manière à couper tous les partis ennemis qui se trouvent de ce côté et qui ne se retireraient pas assez vite.

Tous ces mouvements s'exécutèrent sans difficulté. Le maréchal Mortier ne trouva à Grossenhayn qu'un parti de 1500 à 2000 cavaliers qui, à son approche, se retirèrent précipitamment sur Elsterswerda. Le maréchal fit suivre l'ennemi par le général Beaumont (¹); lui-même, avec le reste de ses troupes, se rabattit le 17 sur Bischofswerda. Le général Beaumont, après avoir communiqué avec le 5ᵉ corps le 17, rétrograda le 18 sur Moritzburg.

Nous relaterons *in extenso* les ordres concernant les corps du maréchal Ney.

Dresde, 15 mai, 10 heures du soir.

LE MAJOR GÉNÉRAL AU GÉNÉRAL LAURISTON

Partez de Dobrilugk et dirigez-vous sur Hoyerswerda, l'ennemi paraissant vouloir tenir à Bautzen.

Je donne ordre au prince de la Moskowa, qui est à Herzberg, de se diriger sur Spremberg.

DU MÊME AU MARÉCHAL NEY

(Avec la copie de l'ordre précédent.)

De la position où vous êtes, à Herzberg, dirigez-vous sur Spremberg, sur la Sprée, l'ennemi paraissant se réunir et vouloir tenir dans la position de Bautzen.

---

1. Un détachement de 500 à 600 hommes appartenant à une division de cavalerie légère, qui marchait avec le 5ᵉ corps, suivit le général Beaumont afin de rejoindre sa division.

Ces ordres, partis de Dresde le 15 à 11 heures du soir, ne parvinrent aux corps destinataires *que le 16 dans la soirée,* c'est-à-dire après la marche. A ce moment, le 5ᵉ corps se trouvait effectivement à Dobrilugk, mais le 3ᵉ corps était à Luckau et non à Herzberg. Comme c'était en exécution des ordres de l'Empereur que le 3ᵉ corps avait marché sur Luckau *les 15 et 16,* on ne s'explique pas comment le major général a pu supposer que son message parviendrait au maréchal Ney à Herzberg. Les ordres ci-dessus restaient applicables; seulement, ils ne pouvaient recevoir leur exécution que *le 17.*

Dans sa lettre au maréchal Ney, le major général n'avait pas spécifié quelles étaient les unités qui devaient se porter sur Spremberg avec ce maréchal; il s'agissait en réalité du 3ᵉ corps seul, l'intention de l'Empereur étant de charger le maréchal Victor, avec les 2ᵉ et 7ᵉ corps et le 2ᵉ corps de cavalerie, soit plus de 25 000 hommes, d'opérer offensivement contre le général Bülow. Ney ne le comprit pas ainsi; il prit ses dispositions pour faire marcher sur Spremberg non seulement le 3ᵉ corps, mais aussi les 2ᵉ et 7ᵉ. On reconnaîtra qu'en cette circonstance le maréchal (¹) se montra mieux avisé que Napoléon, car la situation commandant impérieusement d'agir avec le plus de moyens possible contre la principale armée des coalisés, il fallait se contenter de laisser devant Bülow les quelques milliers d'hommes qui suffisaient pour le contenir en s'appuyant sur les deux places de Torgau et de Wittenberg. Quand on examine sur la carte les points de direction assignés aux 3ᵉ et 5ᵉ corps, Spremberg et Hoyerswerda, on constate que l'Empereur ne vise pas à faire arriver ces corps devant Bautzen par la ligne la plus courte. Sans doute, il prévoit le cas où l'ennemi, à

---

1. Il paraît qu'il agit sous l'inspiration du général Jomini, qui était son chef d'état-major.

l'approche de ce renfort qui nous assurera une si grande
supériorité numérique, se déciderait à continuer sa retraite
à travers la Silésie ; les 3ᵉ et 5ᵉ corps constitueraient alors
un groupe de manœuvre qui se tiendrait à une marche sur
la gauche de l'armée principale, afin d'être en situation de
déborder les lignes de défense successives sur lesquelles
l'ennemi tenterait de faire tête.

Mais à mesure que de nouveaux renseignements lui parviennent, Napoléon acquiert de plus en plus la conviction
que les Coalisés sont résolus à livrer bataille quand même à
Bautzen. Le 16, à 10 heures du matin, de nouveaux ordres
sont expédiés.

LE MAJOR GÉNÉRAL AU MARÉCHAL NEY

..... Votre aide de camp parti hier à 11 heures avec vos notes à mi-
chemin de Luckau est arrivé.

Nous sommes décidément en présence de l'ennemi à Bautzen où l'ennemi est en forces. Sa Majesté pense donc que *vous* (?) devez venir
avec le 5ᵉ corps vous placer à Hoyerswerda.....

Le 16 à 1 heure du soir (en chiffres).

L'Empereur *vous* ordonne de *vous* porter en toute diligence du point
où vous recevrez cet ordre sur Hoyerswerda. Je vous ai écrit ce matin
par Torgau ; mais ce duplicata vous est porté par un gendarme du pays
qui passe par la route directe. Je fais donner le même ordre au général Lauriston, mais adressez-le-lui de votre côté.....

Le 16, à 5 heures du soir.

Je vous ai expédié hier à 10 heures du soir l'ordre de vous diriger sur
Spremberg. L'officier que je vous avais envoyé et qui est parti hier à
11 heures du soir, et vous a laissé à mi-chemin de Torgau à Luckau, a
fait connaître à l'Empereur la situation de votre corps d'armée. Sa Majesté approuve que vous arriviez le plus tôt possible *avec votre corps*
et celui de Lauriston sur Hoyerswerda, d'où vous ne serez plus qu'à
une marche de Bautzen, où l'ennemi paraît être en force et vouloir
tenir.

Ordonnez à la division Puthod, qui appartient au général Lauriston, de prendre la plus courte direction pour se rendre à Hoyerswerda.

Envoyez des ordres à Torgau pour qu'on arrête tout ce qui arrive-
rait pour rejoindre votre corps d'armée et celui de Lauriston, parce que
du moment que vous serez arrivé à Hoyerswerda, vous prendrez votre
ligne d'opérations par Dresde.

L'intention de l'Empereur serait que le duc de Bellune, sous les ordres duquel vous placerez le général Reynier ([1]), manœuvrât sur Berlin ; qu'il prît possession de cette ville ; réoccupât Spandau, si cela
est possible, dans le cas où les brèches ne seraient pas réparées ; et
enfin, suivant les circonstances, poursuivît Bülow selon la direction
qu'il prendra.

Arrivé à Berlin, il sera facile au duc de Bellune de connaître si l'ennemi attaque Stettin, Küstrin ou Glogau, et il irait au secours de celle
de ces trois places qui en aurait le plus besoin. Si aucune n'était assié-
gée et qu'elles n'eussent pas besoin de sa présence, il agirait suivant
les circonstances de manière à faire une diversion en passant l'Oder
soit à Küstrin, Stettin ou Glogau, pour établir un camp retranché sur
la rive droite de ce fleuve, et, de cette position, menacer tout le pays
entre l'Oder et la Vistule. Le maréchal devra aussi se mettre en communication avec Davout qui a ordre de se porter de Hamburg sur le
Mecklemburg.

Ainsi donc, la première opération qu'aura à faire le duc de Bellune
sera d'obliger Bülow à repasser l'Oder, et de forcer l'ennemi à brûler
le pont de Schwedt qu'il a établi sur l'Oder ; et il aura soin de faire détruire la tête de pont.

Ce dernier ordre était très explicite ; Ney, qui le reçut à
Kahlau le 17 au soir, prescrivit au 7ᵉ corps de rester le 18
à Luckau, et fit connaître au maréchal Victor la mission
que lui confiait l'Empereur.

Dresde, le 17 mai à 10 heures du matin.

D'Hoyerswerda dirigez-vous sur Bautzen en marchant militairement
par la rive droite de la Schwarze-Elster. *Toute notre armée touche à
Bautzen ;* l'armée ennemie et la nôtre sont en présence. Faites-moi
connaître par retour du porteur la direction que vous prenez, et le jour
où vous arriverez à Bautzen où est l'ennemi.

---

1. Le maréchal Victor disposerait ainsi du 2ᵉ corps provisoire et du 7ᵉ corps, plus
une partie de la cavalerie de Sébastiani, soit d'environ 25 000 hommes.

DU MÊME AU MARÉCHAL NEY

Donnez des ordres au duc de Bellune, aux généraux Reynier et Sébastiani *selon ce que vous aurez appris de l'ennemi et que vous jugerez le plus convenable suivant les circonstances.* Tout porte à penser que nous allons avoir une bataille.

Le maréchal n'hésita pas un instant à interpréter les indications relatives aux troupes du maréchal Victor comme une autorisation implicite de se faire suivre de ces troupes si, à son avis, les circonstances ne comportaient pas leur envoi sur Berlin. En conséquence, il prescrivit au maréchal et au général Reynier de quitter Dahme et Luckau le 19 pour se diriger sur Bautzen par Kahlau et Hoyerswerda, à la suite du 3ᵉ corps. Il eut raison, nous le répétons ; malheureusement, les 2ᵉ et 7ᵉ corps avaient perdu vingt-quatre heures : ce retard fut cause qu'ils arrivèrent trop tard pour participer à la bataille.

Le 18 au matin, les corps du maréchal Ney occupaient les emplacements suivants :

Le 5ᵉ corps (trois divisions) à Senftenberg ;
Le 3ᵉ corps avec le quartier général à Kahlau ;
Le 7ᵉ à Luckau ;
Le maréchal Victor avec le 2ᵉ corps, la division Puthod et le 2ᵉ corps de cavalerie à Dahme.

En exécution des ordres envoyés par le major général le 16 au soir, dans la journée du 18 (voir le *croquis n° 12*) :

Le 2ᵉ corps et le 2ᵉ corps de cavalerie restèrent à Dahme, et le 7ᵉ à Luckau ;
Le 5ᵉ corps gagna Hoyerswerda, la division Puthod, Finsterwald, et le 3ᵉ corps Sorne.

Le même jour, à 10 heures du matin, le major général écrivit de Dresde au maréchal Ney, en chiffres :

L'Empereur vous fait connaître que nous sommes à une portée de canon de la petite ville de Bautzen, que l'ennemi a occupée comme tête de position et où il a fait des retranchements ; que sur la droite sont

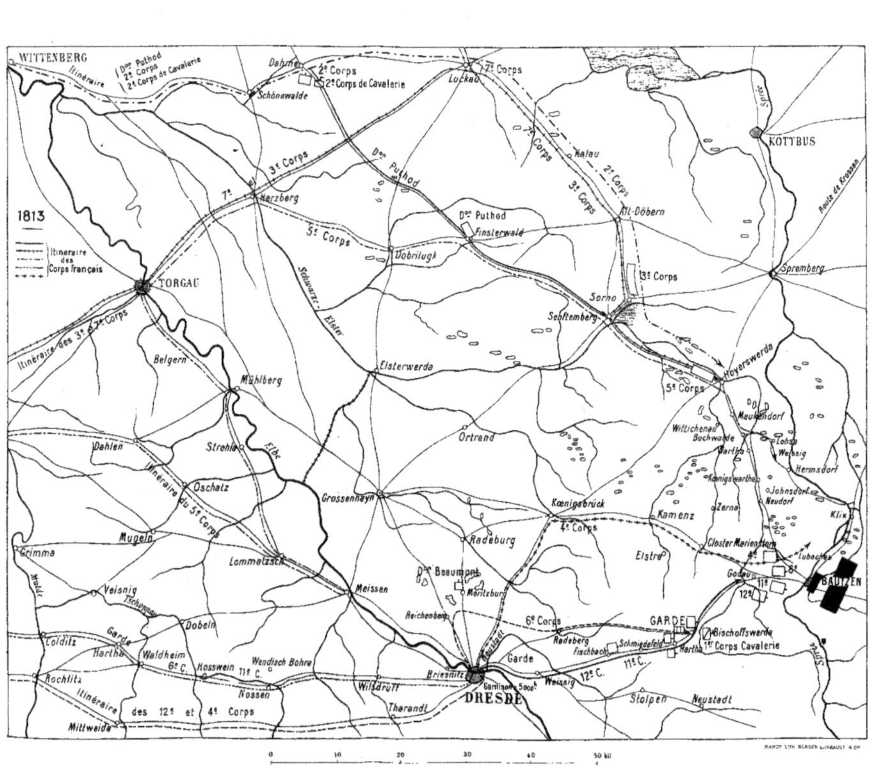

No 12. — Situation le 18 mai au soir

placés les Prussiens, et sur la gauche les Russes ; qu'il désire qu'avec le général Lauriston *et toutes vos forces réunies,* en marche militaire, vous vous dirigiez sur Dresa, près Gottamelde (c'est le Brösa de la carte au 1/100 000ᵉ) ; ayant ainsi dépassé la Sprée, vous vous trouverez avoir tourné la position de l'ennemi ; vous prendrez là une bonne position.

Sa Majesté suppose que vous êtes dans le cas d'arriver à Hoyerswerda le 19 bien complètement.

Vous vous approcherez de nous le 19 et le 20, et vous pourrez, le 21, vous porter sur la position, ce qui aura l'effet, ou que l'ennemi évacue pour se retirer plus loin, ou de nous mettre à même de l'attaquer avec avantage (¹).

Le 18, l'Empereur quitta Dresde avec la Garde pour se rendre à Harthau, à mi-chemin de Bautzen, où il voulait être le 19 de très bonne heure. Voici les ordres donnés par lui à l'armée principale pour la journée du 18 :

Dresde, 4 heures du matin.

L'EMPEREUR AU MAJOR GÉNÉRAL

..... Donnez ordre au duc de Trévise et au général Latour-Maubourg de se porter aujourd'hui en avant de Bischofswerda.

Aussitôt que sa tête sera arrivée, le duc de Reggio se portera entièrement en ligne. Vous lui réitérerez l'ordre de faire occuper Neukirch et les positions de la droite, de manière qu'il n'y ait aucun ennemi dans ces bois.

Donnez ordre également au général Latour-Maubourg de faire fouiller toute la droite et vivement poursuivre tous ces Cosaques sur les routes de Neustadt et de Neukirch.

Donnez ordre à la Vieille Garde avec les réserves d'artillerie de partir de 7 à 8 heures du matin pour se rendre à une journée sur la route de Bautzen.

Donnez ordre à la division Barrois (2ᵉ de la Jeune Garde) de se tenir

---

1. L'Empereur, dans sa lettre au major général, avait indiqué d'autres dates que celles mentionnées ci-dessus :

« Je suppose, disait-il, que le maréchal Ney est dans le cas d'arriver bien entièrement le 19 à Hoyerswerda ; il s'approchera de nous le 19, et le 20 il pourra se porter sur la position. »

Le mouvement n'était que difficilement exécutable dans ces conditions de temps, même si l'on ne considère que les 3ᵉ et 5ᵉ corps ; c'est là sans doute la raison des modifications introduites par le maréchal Berthier, avec l'assentiment de l'Empereur, bien entendu.

également prête à partir à 11 heures du matin. Je pense qu'il serait nécessaire de faire distribuer une livre de riz à chaque soldat de la Vieille Garde et de la division Barrois ; cela ferait une réserve pour quatre jours en cas d'embarras dans les transports.

Réitérez l'ordre au général Bertrand de se mettre en communication avec le général Lauriston et le prince de la Moskowa, qui arrivent aujourd'hui à Hoyerswerda.

Je suppose que le petit quartier général est parti. Faites partir tout ce qui est nécessaire pour un jour de bataille...

AUTRE LETTRE

Donnez ordre au général Beaumont de rester en observation pour couvrir Dresde à Moritzburg, ayant des postes à Grossenhayn, à Radeburg et sur la route de Kœnigsbrück, et d'instruire de tous les mouvements le quartier général qui est à Bautzen, et le général Durosnel qui reste à Dresde ; d'envoyer des espions et de bien s'éclairer sur toutes les routes.

AUTRE LETTRE

Donnez ordre de faire partir aujourd'hui avant 9 heures du matin pour le quartier général (à Schmiedefeld, dit la note rédigée par Berthier), l'équipage de pont, les sapeurs et tout ce qui compose le génie de l'armée, en laissant à Dresde ce qui est nécessaire pour la confection du pont et des travaux que j'ai ordonnés ; qu'ils prennent du pain pour quatre jours.

Donnez ordre que tout le matériel des ponts, du génie, de l'artillerie et des équipages militaires, tous les caissons soient parqués, attelés ou non attelés, sur la rive gauche, dans le lieu qui sera indiqué par le général Durosnel, et que rien ne reste sur la rive droite.

Réitérez l'ordre que les hôpitaux soient placés sur la rive gauche.

Enfin, prévenez l'administration qu'il faut qu'on puisse évacuer la rive droite en six heures si les circonstances l'exigeaient.....

L'armée principale se trouve disposée comme il suit le 18 au soir (voir le *croquis n° 12*) :

Quartier général . .
La cavalerie de la Garde. . . . .
La division de Vieille Garde. . . . . } A Harthau, à une lieue à l'ouest de Bischofswerda.

En position sur les hauteurs à l'ouest de Bautzen.

11e corps. — Au sud de la route de Dresde à Bautzen, tenant le Windmühlenberg ; dans la matinée, il a fait occuper par ses avant-postes Stiebitz, Grubschütz et Techritz.

6e corps. — Au nord de la route de Dresde à Salzenforst, occupant Rottwitz par ses avant-postes.

4e corps. — A Gross-Welkau, ayant une avant-garde à Lubachau ; une brigade de la division italienne est échelonnée sur la route de Kœnigswartha.

12e corps. — S'est porté à la droite du 11e corps : la division Pacthod à Drauschkowitz, la division bavaroise à Cofsern, Gunthersdorf et Gaufsig ; la division Lorencey à Tröbigau et Ober-Putzkau ; cette dernière a fourni trois colonnes mobiles de 1 200 hommes qui fouillent les forêts de Neustadt et de Neukirch.

La Jeune Garde . . — Division Dumoustier à Bischofswerda ; Division Barrois à Fischbach.

1er corps de cavalerie à l'est de Bischofswerda, faisant fouiller les bois au sud de la grand'route ; le détachement du général Beaumont à Moritzburg.

4° Journée du 19 mai. — Combats de Weissig et de Kœnigswartha.

Le 19, à la pointe du jour, l'Empereur se rendit sur les hauteurs de Bautzen pour reconnaître la position de l'ennemi.

Le quartier général et la Vieille Garde s'installèrent à Klein-Förstchen ; la Jeune Garde et la cavalerie de Latour-Maubourg à Göda et en arrière ; le 4e corps envoya toute la division italienne à Kœnigswartha pour assurer la liaison avec le 5e corps ; le 12e corps se porta en ligne à la droite du 11e corps et fit occuper Guaschwitz en avant de son front, tandis que ses détachements continuaient à fouiller les forêts jusqu'à la frontière autrichienne pour essayer d'en chasser les partisans ennemis.

La veille (*18*), le maréchal Ney, en exécution de l'ordre de l'Empereur du *17*, avait prescrit :

Que le 5ᵉ corps partirait d'Hoyerswerda le *19* à la pointe du jour et, marchant par Wittichenau, *irait prendre position au Fuchsberg* (¹), *la droite à Zerna, se tenant en communication avec l'armée principale vers Closter-Marienstern ;*

Que le 3ᵉ corps, continuant sa marche de Sorne par Hoyerswerda, s'établirait avec son gros à Niesendorf et Kœnigswartha, poussant son avant-garde sur Neudorf ;

Que les 2ᵉ et 7ᵉ corps et la cavalerie de Sébastiani marcheraient avec la plus grande diligence sur Hoyerswerda.

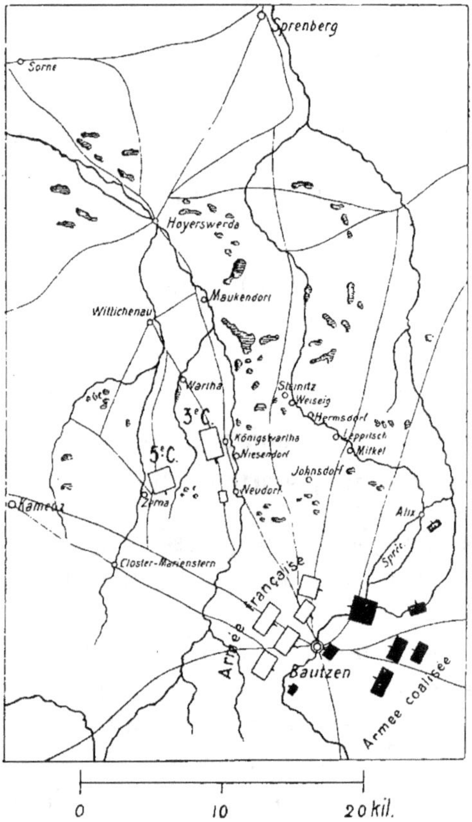

Si les mouvements indiqués ci-dessus pour les 3ᵉ et 5ᵉ corps eussent été exécutés, le 19 au soir ces deux corps d'armée se seraient trouvés en position entre Zerna et Neudorf, faisant face au sud comme l'indique le *croquis* ci-contre. Le maréchal Ney supposait évidemment l'armée ennemie en position sur la rive gauche de la

Nº 13.

---

1. C'est probablement la hauteur de Nauslitz, cote 147. Carte au 1/100 000ᵉ.

Sprée à l'ouest de Bautzen, et l'armée française établie en face d'elle, sa gauche à Closter-Marienstern. Il était impossible d'être plus mal orienté ; la responsabilité de cet état de choses retombait en grande partie sur le major général dont les ordres par trop laconiques n'avaient pas indiqué la situation d'une façon assez précise.

Fort heureusement l'officier (commandant Grouchy) chargé de porter une des expéditions de l'ordre du 18 qui dirigeait les 3e et 5e corps sur Dresa (Brösa), joignit le général Lauriston de très grand matin ; chemin faisant, il avait appris, on ne sait comment, qu'un corps ennemi marchait des environs de Bautzen sur Kœnigswartha. Le général Lauriston prévint le maréchal Ney, et, en attendant ses ordres, fit serrer son corps d'armée sur Wittichenau et Maukendorf.

Le maréchal arriva à Hoyerswerda à 11 heures du matin ; il ordonna :

Au 5e corps de marcher sur Opitz et Lippitsch par Mortka ;
Au 3e corps de porter son avant-garde (division Souham et brigade de cavalerie Kellermann) à Neudorf, deux divisions à Niesendorf et deux à Kœnigswartha, où serait établi le quartier général.

La division italienne du 4e corps (général Peyri) atteignit Kœnigswartha à midi, et s'y installa sans prendre aucune précaution, ne faisant même pas fouiller les bois qui se trouvaient devant son front à une portée de canon.

Revenons maintenant aux Coalisés.

Wittgenstein avait été averti par ceux de ses partisans qui battaient l'estrade du côté de Hoyerswerda (détachement de Landskoï) de l'approche du 5e corps français ; ne sachant pas que celui-ci était suivi à courte distance par les 3e et 7e corps, il crut qu'il serait possible de le surprendre, de le battre et peut-être même de le détruire. Le général Barclay de Tolly fut chargé de se porter à la rencontre de la colonne française avec ses troupes et celles d'York, soit 25 000 hommes.

Il était convenu que, pour favoriser son mouvement, les avant-postes de Miloradowitch exécuteraient des démonstrations contre les troupes ennemies en position en face de Bautzen.

Les troupes mises à la disposition de Barclay quittèrent leurs bivouacs de Klein-Bautzen et de Preititz à minuit et marchèrent en deux colonnes : à gauche, le corps russe (13 000 hommes) passa la Sprée à Nieder-Gurck et se porta directement sur Johnsdorf, défilant ainsi à une demi-lieue de Lubachau, qui était occupé par les avant-postes du 4ᵉ corps français ; à droite, le corps prussien d'York (9 000 hommes) se porta par Gleina, Gottau et Liska sur Hermsdorf.

L'avant-garde de la colonne de gauche atteignit Johnsdorf vers 1 heure de l'après-midi ; ses éclaireurs signalèrent aussitôt la présence de la division italienne à Kœnigswartha. Barclay fit avancer une de ses divisions droit sur la localité, pendant qu'une autre prenait plus à gauche afin de couper à l'ennemi la route de Bautzen ; en même temps, ordre fut envoyé au général York de se porter par le plus court chemin sur Wartha, de manière à prendre en flanc tout corps ennemi qui tenterait de déboucher de ce village vers le sud. Les Italiens, complètement surpris, essayèrent en vain de tenir dans Kœnigswartha ; ils en furent chassés et rejetés dans les bois voisins où ils se rallièrent tant bien que mal sous la protection de l'avant-garde du 3ᵉ corps, qui parut fort à propos au sud de Wartha vers 3 heures de l'après-midi. Les pertes de la division italienne en tués, blessés et pris, s'élevaient à près de 3 000 hommes, dont le général Peyri lui-même et ses trois généraux de brigade ; quatre canons et tout le train étaient restés entre les mains des Russes. Ces derniers avaient perdu environ 1 200 hommes tués ou blessés. Barclay, informé de l'approche du 3ᵉ corps, fit prendre position à ses troupes à Kœnigswartha et en arrière, laissant à ses Cosaques le soin de poursuivre les Italiens.

A droite, la colonne prussienne avait atteint Hermsdorf à
3 heures du soir ; pendant qu'elle y faisait une courte halte,
son chef, le général York, reçut l'ordre lui enjoignant de se
porter au plus vite sur Wartha. A ce moment même, l'avant-
garde du 5ᵉ corps français venait d'atteindre Steinitz, et ses
détachements avancés pénétraient dans Weissig et les bois à
l'est ; l'avant-garde prussienne réussit à refouler les éclaireurs
adverses au delà de Weissig. York, de la hauteur du Eichberg
(au sud du village), put apercevoir la tête de colonne du
5ᵉ corps qui débouchait de Steinitz. Il fit immédiatement
occuper par sa brigade d'avant-garde Weissig, le Eichberg
et les bois voisins ; une batterie à cheval réussit non sans
peine à s'installer sur le Eichberg, d'où elle battait la clairière
qui s'étend de Weissig à Steinitz ; la 2ᵉ brigade, la cavalerie
et le reste de l'artillerie se placèrent en arrière de la hauteur.
L'avant-garde du 5ᵉ corps français se déploya au sortir de
Steinitz et commença à gagner du terrain par les bois entre
Neu-Steinitz et le Eichberg ; la fusillade devint de suite très
vive, mais, comme cela arrive quand des partis d'infanterie
sont aux prises sous bois, le combat prit une allure traînante,
bien que de part et d'autre on renforçât peu à peu les troupes
engagées tout d'abord.

Vers 5 heures du soir, York reçut un nouvel ordre lui
prescrivant de venir se placer derrière Kœnigswartha pour
servir de réserve au corps russe. Quand Barclay avait lancé cet
ordre, il ignorait que les Prussiens fussent aux prises avec
les Français ; évidemment York n'avait pas à tenir compte
d'un ordre donné dans ces conditions, pourtant il se crut
obligé de s'y conformer. Pendant que sa deuxième brigade
et sa cavalerie filaient à travers bois sur Johnsdorf, la première brigade (général Steinmetz) évacua successivement
Weissig, puis les bois et le Eichberg. La division Maisons,
tête du 5ᵉ corps, occupa immédiatement les positions aban-

données par les Prussiens, et fit suivre ceux-ci pas à pas par ses tirailleurs.

Entre 5 et 6 heures du soir, alors que la deuxième brigade prussienne arrivait à Johnsdorf, Barclay, voyant que rien ne venait du côté de Wartha, prescrivit à York de réoccuper Weissig et de s'y établir pour la nuit ; une division russe (2 000 hommes environ) fut chargée d'appuyer directement le corps prussien dans son mouvement sur Weissig, tandis qu'une seconde division se dirigeait à travers bois de Kœnigswartha sur Neu-Steinitz, pour essayer d'atteindre le flanc droit des Français. La brigade Steinmetz, revenant rapidement sur ses pas, se jeta sur les détachements français qui la poursuivaient et les ramena jusque sur le Eichberg. Un combat acharné s'engagea alors pour la possession de la hauteur qui fut prise et reprise plusieurs fois. Les Français finirent par en rester maîtres ; ils occupèrent alors les bois du côté de Hermsdorf, mais malgré tous leurs efforts ne parvinrent pas à en déboucher. La fusillade continua jusque vers 11 heures du soir.

Barclay avait abandonné Kœnigswartha entre 8 et 10 heures du soir ; York quitta Hermsdorf à minuit seulement. Le lendemain, 20, à 6 heures du matin les troupes russes étaient de retour à leurs campements de Preititz ; quant aux Prussiens, ils ne rejoignirent les leurs qu'au cours de l'après-midi (pendant la bataille).

Les Coalisés avaient perdu, tant à Weissig qu'à Kœnigswartha, 3 500 hommes, dont 1 200 Russes et 2 300 Prussiens ; les pertes de notre côté s'élevaient à 5 000 hommes, dont 2 000 du 5ᵉ corps et 3 000 de la division italienne.

Les Français avaient mis en action à Weissig 15 000 hommes, et les Coalisés 12 000 ; les deux infanteries adverses avaient rivalisé de bravoure.

On a reproché au général Lauriston d'avoir engagé ses

troupes comme au hasard. Il est possible que ce reproche
ne soit pas tout à fait mérité (ce que nous savons du combat
ne nous permet pas de trancher la question). Quand un
combat de rencontre se produit dans un terrain aussi couvert que celui des environs de Weissig, un chef qui ne
connaît pas la région où l'on opère, et, en outre, ne possède
que les mauvaises cartes dont on disposait à cette époque,
ne peut exercer qu'une très faible action de direction : en
pareil cas, c'est l'initiative des chefs en sous-ordres et la
valeur de la troupe qui assurent le succès.

Le bruit des combats qui s'étaient livrés à Weissig et à
Kœnigswartha avait été entendu des hauteurs de Bautzen.
L'Empereur ne s'en était pas inquiété, mais par la suite il
reprocha sévèrement au général Bertrand (¹) de ne pas avoir
marché au soutien de la division italienne au premier coup
de canon. L'inaction de ce général était d'autant plus blâ-
mable que ses avant-postes l'avertirent sûrement de très
bonne heure qu'un corps ennemi qui semblait nombreux
était en mouvement sur la rive gauche de la Sprée, aux
abords de Nieder-Gurck.

Le maréchal Ney, en recevant à Hoyerswerda, à midi,
l'ordre expédié de Dresde le 18 à 10 heures du matin, en
avait aussitôt accusé réception, ajoutant :

Je manœuvrerai demain 20 sur la position de Dresa (Brösa), mais je

---

1.   Liegnitz, le 6 juin.

L'EMPEREUR AU GÉNÉRAL BERTRAND

Il est vrai que je n'ai pas été satisfait de la manière dont vos troupes se sont
trouvées placées le 19, et qu'au premier coup de canon vous ne vous êtes pas informé
de ce que c'était et n'avez pas marché au secours de la division italienne..... Vous avez
fait preuve, sous différentes circonstances, de talents distingués, mais la guerre ne se
fait qu'avec de la vigueur, de la décision et une volonté constante ; *il ne faut ni tâton-
ner ni hésiter*. Employez le temps de l'armistice à bien organiser votre corps..... L'expérience que vous avez acquise, quoiqu'en peu de mois, doit d'être d'un grand profit
dans un esprit comme le vôtre.....

« Croyez, du reste, que mes sentiments pour vous sont toujours les mêmes, et que je
pense qu'avec un peu d'expérience de manier les troupes, vous mériterez de moi dans
l'arme de l'infanterie comme vous en avez mérité dans votre arme primitive (le génie). »

crois très important de faire appuyer mon mouvement, afin que si l'ennemi était décidé à attendre la bataille sur les hauteurs de Bautzen, je fusse en mesure de le contenir dans le cas où il marcherait à moi par Klein-Bautzen. Mon quartier général sera aujourd'hui à Kœnigswartha, et demain à Klix probablement.

Les événements de la journée décidèrent le maréchal à arrêter son corps d'armée en arrière (au nord de Kœnigswartha). Dans une lettre écrite à Maukendorf à 9 heures du soir pour rendre compte de ce qui s'était passé, il disait :

… Un prisonnier a annoncé que l' « armée ennemie était en marche sur Hoyerswerda. Si cela était vrai, je recevrai la bataille demain matin. Le feu d'aujourd'hui a été nécessairement entendu par le général Bertrand, et je crois qu'il est essentiel qu'on lui donne l'ordre de faire un mouvement à gauche pour faciliter mon débouché pénible à cause des sables. (Et il ajoutait en chiffres) Deux divisions sont ici (à Maukendorf), avec moi, les trois autres sont à Hoyerswerda. *C'est à Buchwalde que je recevrai la bataille si l'ennemi m'attaque demain.* »

Si l'on considère sur le *croquis n° 14* la position des deux armées adverses le 19 au soir, il est difficile de comprendre comment le maréchal a pu concevoir l'idée de recevoir la bataille à Buchwalde. Il est surprenant, d'ailleurs, que le chef d'une armée de manœuvre s'arrête en plein mouvement à la première menace de l'ennemi, et qu'il songe beaucoup plus à prendre position dans le sens étroit du mot qu'à manœuvrer conformément à l'esprit de ses instructions : ce chef ne comprend pas le rôle qui lui est assigné.

5° Bataille de Bautzen (20 et 21 mai).

POSITION CHOISIE PAR LES COALISÉS ET PLAN DE WITTGENSTEIN[1]

Pour la configuration générale de la région autour de Bautzen, il faut se reporter à la carte au 1/100 000ᵉ. Nous nous bornerons à donner quelques indications complémentaires.

---

1. Voir le *croquis n° 15.*

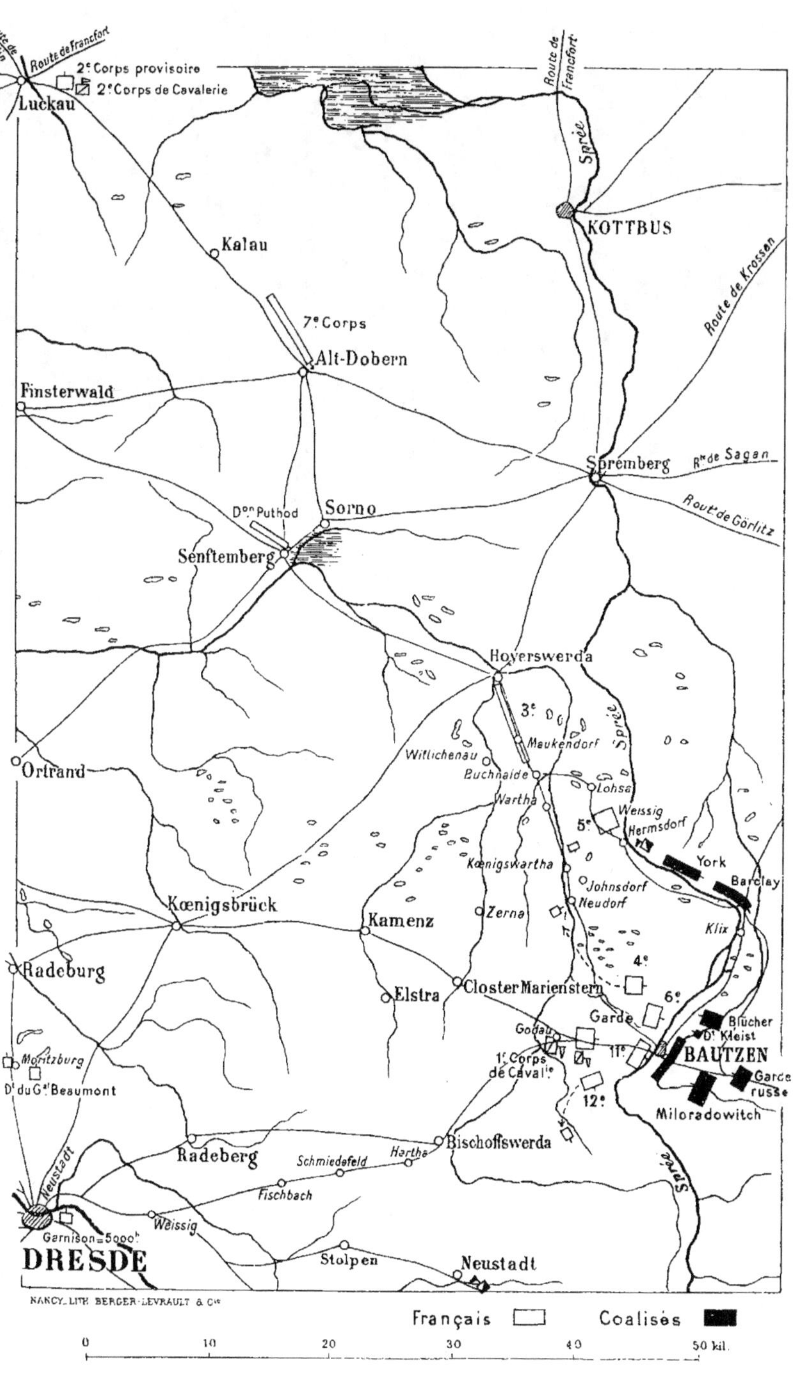

No 14. — Positions le 19 mai au soir.

N° 15. — ENVIRONS DE BAUTZEN (20-21 MAI 1813).

Le champ de bataille proprement dit, qui est compris entre l'arête montagneuse du Schleifberg et la plaine de Klix, est formé de collines en partie boisées, qui vont en s'abaissant lentement du sud au nord, et présentent des pentes en général assez douces, coupées sur quelques points d'escarpements rocheux.

La Sprée, dont le volume d'eau est peu considérable, est guéable presque partout ; depuis sa source jusqu'à Oehna, elle coule dans une vallée étroite et profonde aux flancs escarpés ; à partir d'Oehna, elle serpente à travers des prairies marécageuses.

Le Blössauer-Wasser et le Löbauer-Wasser sont des ruisseaux dont les vallées marécageuses constituent des obstacles infranchissables pour la cavalerie et pour l'artillerie.

Les nombreux étangs qui se trouvent le long de la Sprée et du Löbauer-Wasser dans le voisinage de leur confluent, et aussi entre Preititz et Pliesskowitz, sont des étangs artificiels, en général peu profonds, que l'on dessèche périodiquement ; pour savoir ceux qui existaient en 1813, il faut avoir recours au *croquis n° 15*.

Bautzen, ville de 7 000 à 8 000 habitants, est située sur une sorte de promontoire rocheux qui se dresse à une vingtaine de mètres au-dessus de la Sprée, et qui est dominé de tous côtés à courte distance par les collines avoisinantes ; en 1813, elle était entourée d'un vieux mur.

Les Coalisés avaient choisi leur position principale à une lieue en arrière de Bautzen : le centre, sur les collines de Jenkwitz, de Baschütz et de Litten ; la gauche, dans les montagnes de Klein-Kunitz à Rieschen et Jenkwitz ; la droite, sur le groupe de petits mamelons pointus situés entre Kreckwitz et Pliesskowitz, couverte en partie par la Sprée ; l'extrême droite, en potence de Malschwitz à Gleina, entre la Sprée et le Löbauer-Wasser. Les hauteurs de la rive droite de la Sprée servaient de position avancée, avec Bautzen comme point d'appui principal.

Situation de l'armée de Wittgenstein, le 20 mai au matin.

		BATAILLONS.	BATTERIES.	ESCADRONS.	EFFECTIF.	OBSERVATIONS.
Russes.	Détachement du général Saint-Priest.	6	1	»	3 500	1. Il est impossible de déterminer le nombre de bataillons des régiments.
	Détachements légers Emmanuel, Orlow et Kaisarow	»	1	34	3 200	2. Ou sotnias de Cosaques.
	Cavalerie du corps de Miloradowitch.	»	1	36	2 800	3. 40 000 fantassins ; 16 000 cavaliers ; 6 500 artilleurs.
	Corps d'infanterie du prince Eugène de Wurtemberg.	20	2	»	5 000	62 500
	Corps de Gortschakow II. .	22	6	27	12 000	4. Dont 5 de réserve venus depuis Lützen.
	Garde russe (Grand-duc Constantin).	30	20	55	18 000	5. Idem.
	Corps de Barclay. — Avant-garde de Tschaplitz . .	4	1	20		6. 21 000 fantassins ; 6 200 cavaliers ; 2 800 artilleurs.
	Corps de Barclay. — Corps de Langeron . . .	14	2	8	12 000	29 700
	Corps de Barclay. — Réserve	6	4	5		
	Détachement de Landskoï.	»	1	47	3 000	
Prussiens.	Dét. de Kleist. — Troupes russes.	»	1 1/2	28	3 000	
	Dét. de Kleist. — Total . . .	100 à 120(1)	40	260(2)	62 500(3)	
	Dét. de Kleist. — Troupes prussiennes . . .	4 1/2	1	2	2 000	
	Corps de Blücher	27(4)	10	47	18 300	
	Corps d'York	16(5)	6	16	9 400	
		47 1/2	17	65	29 700(6)	
	Total général.				92 500	61 000 fantassins. 22 200 cavaliers. 9 300 artilleurs avec 600 canons.

Le 20 mai au matin, l'armée alliée occupe les emplacements ci-après.

A. — *25 000 hommes, sous le commandement supérieur de Miloradowitch, sont répartis sur la position avancée :*

A l'extrême gauche vers Döberschau, les détachements légers de cavalerie d'Emmanuel, d'Orlow et de Kaisarow — 3 200 hommes ;

Détachement de Saint-Priest entre Preuschwitz et Bautzen — 3 500 hommes ;

Corps d'infanterie d'Eugène de Würtemberg — 5 000 hommes, de Bautzen inclus à Oehna ;

Détachement de Kleist — 5 000 hommes, le gros à Burk avec des postes avancés à Malsitz, Nimmschutz et Nieder-Gurig ;

Détachement de Tschaplitz — 3 000 hommes, à Klix ;

A l'extrême droite, à Milkel, le détachement de Landskoï — 3 000 hommes.

B. — *Sur la position principale :*

1° Gauche et partie du centre y attenant, le corps russe du prince Gortschakow II — environ 12 000 hommes ;

2° Droite et partie du centre y attenant, les corps prussiens d'York et de Blücher — 27 000 à 28 000 hommes (le corps d'York n'était pas encore de retour de son expédition de Weissig ; nous avons dit qu'il ne rejoignit qu'à 6 heures du soir) ;

3° Extrême droite, le corps russe de Barclay de Tolly (moins le détachement de Tschaplitz) — 9 000 hommes ;

4° En réserve, derrière Baschütz, la garde russe — 18 000 hommes.

La position sur laquelle est établie l'armée coalisée a un développement de quinze kilomètres, qui est hors de proportion avec son effectif, d'autant qu'en raison de la nature accidentée du terrain sa nombreuse cavalerie ne pourra jouer qu'un rôle très secondaire. Les inconvénients inhérents à un front trop étendu sont ici rendus plus sensibles par ce fait que la position est divisée par le Blössauer-Wasser et les étangs de Preititz à Malschwitz en quatre secteurs ou compartiments distincts, qui n'ont entre eux que des communications difficiles.

La gauche (de Grosskunitz à Jenkwitz par Rieschen), pla-

cée dans les montagnes, a été renforcée par des retranchements et des abatis; mais les vues sont limitées à courte
distance et le flanc extérieur est mal appuyé.

Les trois villages de Jenkwitz, Baschütz et Litten, qui ont
été mis en état de défense, constituent de solides points
d'appui pour le centre ; sur leurs abords, on a construit un
grand nombre de batteries qui croisent leurs feux sur un
glacis découvert d'une longueur de 1 000 mètres et plus.
Le centre est inabordable, mais en face de lui les hauteurs
à l'est du Blössauer-Wasser (Schafberg) offrent à l'assaillant
une position symétrique de valeur égale ; il en résulte que,
sur cette partie du front, défenseurs et assaillants seront
réduits à s'observer à distance.

La droite, appuyée à Kreckwitz, Doberschütz et Pliesskowitz, renforcée de plusieurs lignes de redoutes et de batteries,
couverte en partie par la Sprée, est assurément très forte ;
mais les troupes chargées de sa défense seront réduites à la
défensive presque absolue, car en sortant de leurs lignes
elles courraient le risque d'être prises en flanc par les corps
assaillants établis entre Basankwitz et Burk ; en outre, ces
troupes sont enserrées entre le Blössauer-Wasser et les
étangs de Preititz et de Malschwitz, qui les isolent du reste
de l'armée et rendent leur retraite très périlleuse.

Quant à l'extrême droite, elle trouve de bons points
d'appui dans Malschwitz, le Windmühlenberg et Gleina, mais
son flanc extérieur est en l'air, car le Löbauer-Wasser n'est
pas un obstacle assez sérieux; en outre, le développement du
front (4 kilomètres) exigerait des troupes plus nombreuses.

Les communications à l'intérieur de la position sont peu
commodes, car pour aller du centre, soit vers la gauche,
soit vers la droite, il faut traverser la vallée marécageuse du
Blössauer-Wasser. Ces difficultés de parcours jointes à la
grande étendue du front rendent très difficile le jeu des

réserves générales ; on a bien aménagé des passages sur divers points du ruisseau, mais ce n'est là qu'un palliatif insuffisant.

Le défaut capital de la position des Alliés résulte de ce que l'extrême droite, qui en est la partie la plus faible, est située de telle sorte que sa chute entraîne celle de la droite et du centre, qui se trouvent pris à revers.

En résumé, il s'en faut de beaucoup que cette position soit de celles où une armée puisse tenir tête à une armée adverse d'un effectif presque double.

Wittgenstein s'est bien rendu compte qu'en restant sur la défensive absolue il s'exposerait à une défaite certaine, aussi est-il résolu à agir offensivement dès que l'occasion s'en présentera. Laissant les Français prononcer leur attaque, il se bornera tout d'abord à les contenir, guettant le moment favorable pour prendre une vigoureuse contre-offensive. Dans son ordre pour la bataille, envisageant les différentes éventualités qu'il prévoit, l'ennemi attaquant à droite, l'ennemi attaquant à gauche, etc., etc., il formule pour chacune de ces éventualités un ensemble de prescriptions qui se résument en ceci : le ou les corps attaqués tiendront ferme sur leurs emplacements de combat pendant que les corps voisins, conversant sur eux, se jetteront sur les flancs de l'assaillant. Il n'y a qu'un seul cas que le généralissime russe n'ait pas prévu, précisément celui qui se réalisera : une partie de l'armée française attaquant l'armée alliée sur tout son front pour la fixer, autant que possible, afin de permettre à un corps de manœuvre de lui porter au bon endroit le coup mortel ([1]).

Combats préparatoires du 20. — Le 20 au matin, quand Napoléon reçut les rapports de Ney, il lui envoya l'ordre de

---

1. Nous donnons en appendice l'extrait de la partie principale de l'ordre de Wittgenstein.

continuer sur-le-champ son mouvement sur Klix, où il fallait que toutes ses troupes fussent rassemblées le soir même, afin d'être prêtes à déboucher au delà de la Sprée le lendemain matin à la pointe du jour. En même temps, prévoyant le cas où les Coalisés chercheraient à retarder la marche des colonnes du maréchal, l'Empereur prescrivit que le 4e corps et la réserve de cavalerie de Latour-Maubourg sous les ordres du maréchal Soult s'avanceraient à mi-chemin de Gross-Welka et de Klix, de manière à pouvoir se porter, le cas échéant, au soutien des troupes de Ney. Le 6e corps fut invité à s'étendre par sa gauche de façon à rester lié avec le 4e qu'il suivrait sur Klix si les circonstances l'exigeaient.

Vers 8 heures du matin, les avant-gardes des colonnes de Ney ayant commencé à déboucher sur Klix, l'Empereur, complètement rassuré de ce côté, se décida à attaquer le jour même avec l'armée principale afin de chasser l'ennemi de ses postes avancés, de l'investir de près sur sa position de défense, et de le fixer du mieux possible; cette résolution lui était dictée par la crainte que les Coalisés ne décampassent lorsqu'ils verraient arriver sur leur droite l'armée de Ney. Il ordonna (¹) le commencement de l'attaque pour midi. Dans ces conditions, il avait la certitude que, au cas où l'adversaire contre-attaquerait en masse, la nuit viendrait toujours interrompre l'action avant qu'elle eût pu prendre une tournure décisive fâcheuse pour nos armes; l'engagement étant repris le lendemain à l'aube avec le concours des corps du maréchal Ney, nous disposerions de toute une longue journée de printemps pour emporter la position principale des Coalisés et compléter ensuite notre victoire par une poursuite vigoureuse.

---

1 Le texte des ordres de Napoléon n'a malheureusement pas été retrouvé.

Sur l'ordre de l'Empereur, le maréchal Oudinot fit avancer son corps d'armée, le 12e, de Drauschkowitz sur Sinkwitz. La division Pacthod, appuyée par toute l'artillerie du corps d'armée, franchit la rivière partie à gué, partie aux ponts du village et prit pied sans coup férir sur les hauteurs de la rive droite, l'ennemi n'ayant montré tout d'abord que des fractions de cavalerie. Le général Saint-Priest accourut avec la plus grande partie de son détachement au soutien des escadrons russes de l'extrême gauche, mais il ne put que retarder pendant quelques instants la marche du 12e corps. Celui-ci, vers 4 heures du soir, déboucha en entier sur Boblitz. La division Pacthod, soutenue par la division bavaroise, continua sur Binnewitz; une brigade de la division Laurencey (la seule présente) appuya à droite et escalada la montagne du Drohmsberg.

Le 11e corps avait mission d'enlever Bautzen. Une division s'empara du pont de pierre de la grand'route que les Alliés n'avaient pas détruit, on ne sait pourquoi; les deux autres divisions franchirent la Sprée à une demi-lieue en amont sur des ponts de chevalets, enlevèrent Preuschwitz et commencèrent à attaquer Bautzen par le sud; les bataillons russes qui occupaient la ville se défendirent avec opiniâtreté et empêchèrent le 11e corps d'aller plus avant.

Mais pendant ce temps, le 6e corps effectuait son passage vers Oehna. Une batterie de soixante pièces placée par le maréchal Marmont sur la crête à l'est (crête 210-213 de la carte au 1/100 000e de l'état-major allemand) balaya les abords du point choisi pour l'établissement des ponts, réduisit promptement au silence les quelques pièces que l'ennemi lui opposait, et obligea l'infanterie adverse à reculer. Les tirailleurs français se jetèrent alors dans la rivière et prirent position sur la crête opposée. A 4 heures du soir, les ponts étant achevés, le 6e corps déboucha sur le plateau et refoula au delà de Nadelwitz le corps du prince Eugène de Wurtemberg. La division Compans attaqua aussitôt Bautzen à revers et y pénétra; les bataillons russes chargés de la défense de la ville eurent à peine le temps de s'enfuir; quelques centaines de prisonniers restèrent entre nos mains. Le 11ᵉ corps put alors s'avancer au delà de Strehla et prendre position sur les hauteurs en face d'Auritz. Le mouvement du 6ᵉ corps eut en outre pour conséquence de dégager la droite du 4ᵉ corps.

Celui-ci avait attaqué les avant-gardes de Kleist et s'était emparé de Nimmschütz, de Nieder-Gurig[1] et de Briesnig. Il avait voulu alors franchir la Sprée, mais Blücher ayant envoyé une de ses brigades au soutien de Kleist, ce dernier avait réussi à contenir nos troupes. Cependant, une fraction de la division Morand était parvenue à occuper sur la rive droite de la Sprée un mamelon, où elle avait pu se maintenir grâce à l'appui d'une batterie de vingt-deux pièces placée sur une hauteur de la rive gauche (le Gottlosberg) et dont le tir à mitraille balayait les abords du mamelon en question. A 6 heures du soir, la division Bonnet du 6ᵉ corps s'étant emparée de Burk, Kleist fut contraint de se replier au plus vite sur Litten par Basankwitz, ce qui fit place nette devant le 4ᵉ corps.

Entre 6 et 7 heures du soir, les Français se trouvèrent donc maîtres de toute la position avancée des Coalisés. Ainsi qu'il a été dit plus haut, le corps du prince Eugène de Wurtemberg, le détachement de Saint-Priest et la cavalerie de la gauche s'étaient repliés sur la ligne Auritz, Daranitz, Meltheur, Kleinkunitz, et le détachement de Kleist sur Litten.

---

1. Les noms des localités de la région autour de Bautzen sont très souvent défigurés dans les rapports français; on trouve par exemple : Nieder-Gurck pour Nieder-Gurig, Priesing pour Briesnig, Gotta et Gottamelde pour Guttau, Dresa pour Brösa, etc.

La situation des corps français était la suivante :

4e corps.
- Quartier général et division italienne à Jeschütz.
- Division Morand.
  - Une brigade occupant le mamelon de la rive droite de la Sprée, au sud du Gottlosberg ;
  - Trois bataillons à Nieder-Gurig ;
  - Une brigade (cinq bataillons) à Briesnig.
- Division vurtembergeoise en arrière du Gottlosberg avec un détachement à Nimmschütz.

6e corps.
- Ses trois divisions en ligne sur le plateau au nord de la route de Bautzen à Löbau, la droite à la route, la gauche à Burk, ayant un régiment dans chacun des trois villages situés devant son front : Basankwitz, Nieder-Kayna et Nadelwitz.

11e corps. Sur les hauteurs à l'est de Strehla en face d'Auritz.

12e corps.
- La division Pacthod à Binnewitz ;
- Brigade de la division Laurencey sur le Drohmsberg.
- Quartier général, Division bavaroise, à Ebendörfel.

Le quartier général de l'Empereur . . . . |
La Garde. . . . . } à Bautzen et envi-
La réserve de cavalerie de Latour-Maubourg . | rons.

Le 12e corps, poursuivant son offensive malgré la tombée de la nuit, parvint vers 7 heures du soir à pénétrer jusqu'à Meltheur et Klein-Kunitz, points d'appui de l'extrême gauche de la position principale de l'ennemi. Cet incident émut vivement le tsar Alexandre et la plupart des généraux russes, qui déjà étaient persuadés que Napoléon dirigerait son effort principal de ce côté, où la configuration générale du terrain était très favorable à sa nombreuse infanterie. Wittgenstein, quoique ne partageant pas cette manière de voir, dut envoyer à Miloradowitch, qui avait pris le commandement de toutes les troupes de l'aile gauche, un renfort de 3 000 à 4 000 hommes de la réserve générale. Miloradowitch reprit alors l'offensive et refoula les troupes d'Oudinot sur Binnewitz et le Drohmsberg. Sur cette partie du champ de bataille la fusillade ne cessa qu'à 10 heures du soir.

A l'armée du maréchal Ney, les 3ᵉ et 5ᵉ corps s'étaient rassemblés près de Sörchen, pendant que l'avant-garde du 3ᵉ corps (division Souham) chassait de Klix et rejetait au delà de la Sprée le détachement de Tschaplitz ; celui-ci avait repris position à Salga et Brösa (Dresa), couvert sur sa droite par le détachement de Landskoï posté à Leichnam. Les autres corps de Ney avaient atteint : la division Puthod, Steinitz ; le 7ᵉ corps, Hoyerswerda ; le 2ᵉ corps et la réserve de cavalerie de Sébastiani, Döbern.

Les pertes des Coalisés s'élevaient à environ 3000 hommes tués, blessés ou prisonniers, et celles des Français à 4000.

La situation de l'armée coalisée le 20 au soir est la suivante :

1° *La gauche et la partie du centre y attenant,* placées sous les ordres de Miloradowitch et qui comprennent le corps d'infanterie d'Eugène de Wurtemberg, le détachement de Saint-Priest, le corps de Gortschakow II, divers détachements légers et une brigade de la Garde russe, sont établies sur une position fortifiée, jalonnée par les villages de Klein-Kunitz, Meltheur, Rieschen, Daranitz, Jenkwitz et Baschütz.

2° *La droite et la partie du centre y attenant* occupent : le corps d'York, Kreckwitz et Litten ; le corps de Blücher, les hauteurs au nord de Kreckwitz, Doberschütz et Pliesskowitz ; le détachement de Kleist, formant réserve, Purschwitz.

3° *A l'extrême droite,* le gros du corps de Barclay tient Malschwitz, le Windmühlenberg et Gleina ; le détachement d'avant-garde de Tschaplitz, Salga et Brösa ; le détachement de Landskoï, Leichnam.

La réserve générale, formée de la Garde russe (moins une brigade) et de la cavalerie de Miloradowitch, est réunie en arrière de Baschütz.

Bataille du 21. — Le plan de bataille de Napoléon pour le 21 est le suivant :

L'aile droite, 12ᵉ corps et une partie du 11ᵉ, attaquera à fond la gauche adverse sur les hauteurs de Rieschen et de Meltheur, afin d'attirer l'attention de l'ennemi de ce côté ; en même temps, l'armée du maréchal Ney débouchera au delà de la Sprée par Klix, culbutera l'extrême droite adverse et s'avancera sur Preititz de manière à prendre à revers les positions occupées par les troupes de Blücher ;

Les corps du centre, 11e, la Garde, la réserve de cavalerie de Latour-Maubourg, les 6e et 4e corps, resteront tout d'abord immobiles en face du centre et de la droite des Coalisés, se contentant d'entretenir le combat au moyen de leur artillerie et de leurs tirailleurs.

Dès que le maréchal Ney sera maître de Preitiz, entre 11 heures et midi probablement, l'Empereur donnera le signal de l'attaque générale.

Napoléon, des hauteurs à l'est de Bautzen, où il se tiendra pendant la bataille, découvre tout le terrain qui s'étend des montagnes aux mamelons boisés occupés par les Prussiens, mais il ne voit pas les prairies basses entre Preititz et Klix, par lesquelles doit se faire le mouvement du maréchal Ney. Ajoutons que les ordres envoyés à ce dernier devant passer par Klix, mettront plus d'une heure pour lui parvenir : le maréchal sera donc livré à lui-même et devra agir en s'inspirant des circonstances.

Le 20 au soir, le major général lui adresse la note qui suit :

L'Empereur veut que vous vous dirigiez sur Drehsa (c'est le Brösa de la carte au 1/100 000e), chassant l'ennemi de ses positions, vous liant avec nous, et que, de là, vous vous dirigiez sur Weissenberg de manière à tourner l'ennemi.

Le 21, entre 8 et 10 heures du matin, une seconde note sera remise au maréchal par un officier de son état-major qu'il avait envoyé à l'Empereur pour lui rendre compte de la situation de ses troupes et lui faire connaître ses intentions.

Au bivouac devant Bautzen, 21 mai, 8 heures du matin.

L'intention de l'Empereur est que vous suiviez toujours le mouvement de l'ennemi.

Sa Majesté a fait voir à votre officier d'état-major la position de l'ennemi qui paraît définitive par les redoutes qu'il a construites et qu'il occupe.

L'intention de l'Empereur est que vous soyez ce matin à 11 heures au village de Preititz. Nous attaquerons franchement sur tous les points. Faites marcher Lauriston sur votre gauche pour être en mesure de tourner l'ennemi si votre mouvement le décide à abandonner sa position.

Sans doute, les officiers porteurs de ces notes ont pu donner au maréchal des renseignements complémentaires, cependant il est certain que Napoléon, conformément à son habitude, n'orienta pas suffisamment son lieutenant sur la situation. Il aurait dû au moins lui faire connaître ce qu'il savait des forces des Coalisés et indiquer d'une façon plus précise comment agirait l'armée principale.

Au lever du jour, le maréchal Oudinot fit avancer la division Pacthod, de Binnewitz sur Duranitz et Meltheur, et la division Laurencey (une brigade) du Drohmsberg sur Klein-Kunitz et Preititz ; la division bavaroise qui formait la réserve du 12ᵉ corps suivit la division Pacthod. Le 11ᵉ corps, pour flanquer le mouvement du 12ᵉ, se porta de quelques centaines de pas en avant et s'arrêta en face d'Auritz et du Falkenberg, évitant de s'engager. L'attaque du 12ᵉ corps fut conduite avec la plus extrême vigueur ; malgré la résistance opiniâtre des Russes, la division Pacthod s'avança jusqu'à Rieschen et s'en empara, pendant que la division Laurencey, débordant l'extrême droite de l'ennemi, enlevait successivement Preititz et Döhlen et débouchait sur Raschlau. A l'autre extrémité du champ de bataille, du côté de Klix, la canonnade et la fusillade s'étaient également fait entendre dès 5 heures du matin, et depuis avaient toujours été en croissant d'intensité : les corps du maréchal Ney débouchaient sur la rive droite de la Sprée. Quant aux corps français du centre, ils restaient immobiles, couverts par de forts détachements avancés, dont les tirailleurs échangeaient des coups de fusil avec ceux de l'ennemi.

Les souverains alliés, pour suivre les péripéties de la bataille, s'étaient placés sur un rocher en arrière de Baschütz ; de là ils découvraient en face d'eux, sur le plateau compris entre le Blössauer-Wasser et la Sprée, le 6ᵉ corps déployé entre Nadelwitz et Burk, et, plus en arrière, entre Nadelwitz et Bautzen, la Garde et la réserve de cavalerie de Latour-Maubourg ; ils apercevaient aussi, à la droite du 6ᵉ corps, la plus grande partie du 11ᵉ. C'était au total plus de 60000 hommes que Napoléon leur montrait à dessein, et qui semblaient prêts à fondre sur la gauche et le centre de l'armée alliée.

Quand arriva la nouvelle des avantages remportés par notre 12ᵉ corps, le tsar Alexandre, convaincu plus que jamais que l'effort principal des Français serait dirigé contre son aile gauche, ordonna d'envoyer 4000 à 5000 hommes de la Garde russe au soutien de Miloradowitch, lequel, comme on sait, disposait déjà de près de 20000 hommes. L'infanterie de la réserve générale des Coalisés se trouva donc réduite à moins de 6000 hommes dès le début de la bataille ; cette réserve comprenait, il est vrai, une grande quantité de cavalerie (7000 à 8000 hommes) et d'artillerie (100 à 150 pièces), mais cela ne compensait pas la faiblesse numérique de l'infanterie.

Miloradowitch, aussitôt après avoir reçu les renforts dont nous venons de parler, reprit l'offensive, et, après une lutte acharnée, réussit à refouler les 15000 hommes du 12ᵉ corps sur le Dromhsberg et les hauteurs à l'est de Binnewitz. Oudinot, enragé de perdre du terrain, envoya prévenir l'Empereur qu'il avait sur les bras des forces très supérieures et qu'il allait être rejeté dans la plaine d'Ebendörfel, si on ne lui envoyait pas du secours au plus vite : Napoléon ne répondit même pas. Vers midi, les bataillons désunis de Pacthod et de Laurencey, contraints d'abandonner les hau-

teurs, rétrogradèrent lentement, contenant l'ennemi par de
vigoureux retours offensifs partiels. La division bavaroise
était encore à peu près intacte, mais Oudinot ne voulait
l'engager qu'à la dernière extrémité. Il adressa une nouvelle
demande de secours, plus pressante que la première. Napoléon, après avoir jeté un coup d'œil rapide sur le champ de
bataille, répondit en ces termes à son aide de camp : « Dites
à votre Maréchal que la bataille sera gagnée à 3 heures, et
que, d'ici-là, il tienne comme il pourra. » En réalité, le 12e
corps, bien qu'il eût subi de grandes pertes, pouvait tenir
encore longtemps, puisque l'une de ses divisions n'avait pas
été engagée ; d'ailleurs, le 11e corps était à portée de l'appuyer
si c'était nécessaire : il n'y avait pas besoin d'un ordre de
l'Empereur pour cela. Et en effet, la division Gérard, soutenue par une brigade de la division Fressinet, prononça un
mouvement par Grubnitz sur Binnewitz ; cette *démonstration* obligea les Russes à marquer un temps d'arrêt que le
12e corps mit à profit pour se reformer. Il occupa Ebendörfel et les hauteurs en arrière de Binnewitz, sa ligne placée à portée de mitraille de la lisière des bois qu'il venait
d'abandonner à l'adversaire. Ce dernier, mis dans l'impossibilité d'utiliser la majeure partie de son artillerie faute d'emplacements favorables, s'efforça en vain de déboucher des
bois : les braves troupes d'Oudinot réussirent à le tenir en
échec jusqu'au soir. Le 12e corps avait rempli et au delà
les intentions de Napoléon : il avait attiré sur lui l'effort de
toute l'aile gauche des Alliés et d'une fraction importante de
leur réserve générale ; certes, il avait dû céder une partie du
terrain conquis la veille, mais cette circonstance elle-même
favorisait le plan de l'Empereur, car plus l'aile gauche ennemie gagnait du terrain vers Bautzen, et plus il lui serait difficile de se retirer du combat, quand la défaite de l'extrême
droite rendrait nécessaire un mouvement de retraite général.

Les corps du maréchal Ney s'étaient ébranlés entre 4 et 5 heures du matin.

La division Pacthod avait quitté Steinitz à 5 heures, mais ayant à parcourir 15 kilomètres par de mauvais chemins pour gagner Klix, elle ne devait y arriver que vers 11 heures. Quant au 7e corps, parti d'Hoyerswerda à 4 heures du matin, il ne pouvait atteindre Klix avant 1 heure de l'après-midi.

Le 5e corps, auquel il était prescrit de se diriger vers Guttau et de là sur Baruth en marchant à la gauche du 3e corps, se porta sur Klix. Sa division de tête, division Maisons, traversa le village occupé depuis la veille par la division Souham du 3e corps, et commença à déboucher sur la rive droite de la Sprée. Elle tomba alors sous le feu de la batterie du détachement de Tschaplitz en position près de Salga. Le général Maisons déploya sa brigade de tête en avant de Klix, sa brigade de queue en arrière, et attendit. Le général Lauriston, prévenu, ne crut pas devoir continuer son mouvement de ce côté par crainte d'être engagé sérieusement dans une direction tout autre que celle qui lui avait été indiquée. « Me trouvant au milieu des bivouacs du 3e corps, dit-il dans son rapport officiel, et mes ordres portant de me rendre à Baruth par Gottamelde, je laissai à Klix la division Maisons et me portai avec les deux autres au débouché de Leichnam, qui conduit à Gottamelde par Dresa (Brösa). Cette manœuvre était d'autant plus nécessaire que j'eus à combattre de ce côté de l'infanterie, de la cavalerie et de l'artillerie, qui m'auraient pris en flanc toute la journée, si moi-même les débordant d'abord par Lömisch, je ne les eusse forcées à se retirer derrière Dresa que l'ennemi incendia. » Nous savons que le parti rencontré à Lömischau était celui de Landskoï. Le général Lauriston franchit donc la Sprée à Leichnam avec les divisions Lagrange et Rochambeau qui ne comptaient ensemble que dix-huit faibles bataillons

(12 000 hommes), et s'arrêta en face de Brösa, faisant occuper Lomischau sur sa gauche. Les cavaliers de Landskoï se replièrent alors au sud de Guttau.

Le 3ᵉ corps s'était mis en mouvement à son tour. Le maréchal Ney, qui le dirigeait en personne, trouvant à Klix la division Maisons du 5ᵉ corps, la poussa à sa droite sur Malschwitz. Les divisions Souham et Delmas, débouchant de Klix, emportèrent Salga et se déployèrent pour attaquer le Windmühlenberg et Gleina ; les trois autres divisions du corps d'armée serrèrent sur Klix. Ordre fut envoyé à ce moment au général Lauriston de s'emparer de Brösa, puis de Guttau et de s'avancer sur Baruth, de manière à déborder l'extrême droite de l'ennemi.

Barclay, en voyant la grande quantité de troupes qui s'avançaient contre lui, avait demandé du renfort. Mais la réserve générale, déjà affaiblie des fractions envoyées mal à propos au soutien de Miloradowitch, ne comptait plus que 6 000 hommes d'infanterie que le tsar Alexandre jugeait indispensable de maintenir derrière le centre pour parer à une attaque possible des masses françaises qu'on apercevait devant Bautzen. *Il fut répondu à la demande de renfort de Barclay par l'ordre de tenir ferme sur sa position.*

Le 3ᵉ corps français, malgré le feu des quatre-vingts pièces russes établies sur le Windmühlenberg, gagnait du terrain ; entre 8 et 9 heures du matin, la division Maisons, à sa droite, attaquant Malschwitz et le 5ᵉ corps, à sa gauche, débouchant de Guttau sur Buchwalde, il s'élança à l'assaut du Windmühlenberg et de Gleina et s'en empara.

Barclay, forcé sur son front et débordé sur ses deux flancs, fit rétrograder une partie (?) de ses troupes sur Preititz, et envoya le reste au soutien de Tschaplitz qui s'efforçait de disputer Baruth au 5ᵉ corps.

La nouvelle de la défaite de son extrême droite ne suffit.

pas pour convaincre le tsar Alexandre de son erreur ; toujours persuadé que c'était son aile gauche qui aurait à supporter l'attaque principale, il persista à n'envoyer aucun renfort à Barclay, auquel il prescrivit : « *de tenir au moins Preititz jusqu'à la dernière extrémité, et d'arrêter les progrès des Français au moyen de sa nombreuse artillerie* ».

Entre 9 heures et demie et 10 heures, le maréchal Ney reçut la note du major général qui l'invitait à être à Preititz à 11 heures. Avant même d'avoir reçu cette note, il avait fait avancer la division Souham vers le Blössauer-Wasser à la suite de l'ennemi : il n'avait donc qu'à poursuivre franchement son mouvement. Mais comme les Russes occupaient encore Malschwitz et que les Prussiens de Blücher, établis sur les hauteurs au nord de Preititz, lui paraissaient plus nombreux qu'ils ne l'étaient en réalité, le maréchal se crut obligé *à beaucoup de circonspection.* Laissant la division Souham marcher sur Preititz suivie à distance (?) par la division Delmas, il arrêta au Windmühlenberg et à Gleina les divisions Albert et Ricart, et maintint à Klix la division Marchand pour assurer la garde de ce débouché jusqu'à l'arrivée de la division Puthod. Il est bien évident que la division Souham, qui allait s'avancer en pointe jusque sur les derrières de la position ennemie, courait le risque de se faire détruire. Au même instant, le général Lauriston, qui s'était emparé de Buchwalde presque sans combat, continuait lentement son mouvement sur Baruth, très préoccupé d'assurer son flanc gauche contre toute surprise. Les vaillants fantassins de Souham se jetèrent tête baissée sur Preititz et l'emportèrent : *il était environ 10 heures.* Le maréchal Ney ne sut pas profiter de sa bonne fortune : au lieu de pousser vigoureusement ses avantages, sous prétexte qu'il était en avance d'une heure sur les ordres de l'Empereur, il jugea bon de s'arrêter.

Barclay laissa quatre bataillons de chasseurs et deux es-

cadrons (1 500 à 2 000 hommes) pour contenir les Français
sur Preititz et rallia le reste de son corps d'armée sur la forte
position de Rackel et de Briessnitz, afin de tenir en échec le
5e corps qui venait d'enlever Baruth et cherchait à en déboucher. Le tsar Alexandre, informé que les Français étaient
maîtres de Preititz et de Baruth, comprit enfin son erreur.
Les Alliés se trouvaient dans une situation des plus péril-
leuses, car, s'ils ne reprenaient pas Preititz au plus vite,
toutes les troupes de la droite allaient être coupées. Malgré
l'imminence du péril, Alexandre ne crut pas pouvoir disposer du peu qui restait disponible de l'infanterie de la Garde
russe; il envoya à Blücher l'ordre de lancer sur Preititz tout
ce qu'il pourrait tirer de sa réserve particulière. Quand cet
ordre lui parvint, Blücher n'était pas encore engagé sérieusement; il put donc jeter sur le village la brigade de réserve
de son corps d'armée (brigade Röder) et le détachement de
Kleist. Ces troupes, jointes aux chasseurs de Barclay, marchèrent résolument à l'attaque. Au premier coup de canon,
la localité prit feu. La division Souham, déjà très éprouvée
et assaillie par des forces presque doubles, fut contrainte
d'abandonner le point d'appui après une résistance opiniâtre.

Il était midi. A ce moment, le centre français, qui n'avait
pas encore bougé, se mit en mouvement. Le 6e corps se
porta au delà du Blössauer-Wasser comme s'il voulait assaillir Jenkwitz et Baschütz, mais après avoir franchi le ruisseau,
il s'arrêta, laissant son artillerie engager contre les batteries
russes un duel à grande distance, qui ne pouvait donner
aucun résultat sérieux. La Jeune Garde et la réserve de cavalerie, filant derrière le 6e corps, se placèrent vers Burk pour
flanquer l'attaque que le 4e corps devait diriger contre les
troupes prussiennes établies sur les hauteurs entre Kreckwitz et Pliesskowitz.

Depuis que les Prussiens de Blücher avaient perdu le mamelon de la rive droite de la Sprée, sur lequel s'était logé
un régiment de la division Morand, le 23ᵉ de ligne, ils n'a-
vaient plus de vues sur la partie de la vallée comprise entre
Nimmschütz et Nieder-Gurig. Le maréchal Soult (¹), profitant de cette circonstance, avait fait passer sur la rive droite
de la Sprée, sans que l'ennemi s'en aperçût, la plus grande
partie du 4ᵉ corps : la division wurtembergeoise s'était
placée à la droite du 23ᵉ de ligne avec la brigade de cavalerie
du général de Briche ; la dixision italienne, réduite et très
mal remise de son affaire d'Hoyerswerda, s'était rassemblée
derrière les Wurtembergeois. La division Morand, comme
il a été dit, avait un régiment, le 23ᵉ (quatre bataillons), au
mamelon visé ci-dessus, trois bataillons légers à Nieder-
Gurig, un régiment, le 13ᵉ de ligne (cinq bataillons), à Briesing ; douze pièces étaient restées en batterie sur le Gottlosberg, d'où elles balayaient tout le terrain jusqu'aux
retranchements prussiens.

A 2 heures du soir, l'artillerie du Gottlosberg, et quatre
batteries établies sur le front de la division wurtembergeoise ouvrirent un feu très vif contre le mamelon retranché
[cote 189 (²)], point d'appui principal du corps de Blücher. Au
même moment, soixante pièces de l'artillerie de la Garde
établie à l'ouest de Basankwitz, sous la protection d'une
division de la Jeune Garde qui occupait ce village, commencèrent à canonner Kreckwitz et les hauteurs voisines. Entre
2 et 3 heures, le 4ᵉ corps prit l'offensive à fond sur tout son
front : le 23ᵉ de ligne et la division wurtembergeoise attaquant le mamelon 189 et ses abords ; le 13ᵉ de ligne se portant de Briesing partie sur Pliesskowitz pour appuyer l'atta-

---

1. On a vu que Napoléon, n'ayant sans doute qu'une confiance limitée dans le général
Bertrand, avait chargé le maréchal Soult de diriger le 4ᵉ corps.

2. Voir la carte de l'État-major allemand.

que que la division Maisons dirigeait contre ce village, partie sur Döberschütz pour appuyer les trois bataillons légers qui débouchaient de Nieder-Gurig. Le combat prit de suite un caractère d'acharnement inouï, les Prussiens défendant leur terrain pied à pied avec une ténacité admirable ; à plusieurs reprises, leurs nombreux escadrons exécutèrent des charges brillantes contre le 23ᵉ de ligne et les Wurtembergeois, mais sans parvenir à entamer aucun de nos bataillons.

Pendant que le 4ᵉ corps entrait en action, la division Maisons enlevait Malschwitz puis Pliesskowitz ; son artillerie se mettait en batterie en avant de ce village et ouvrait le feu contre la droite de Blücher.

Le maréchal Ney, se voyant enfin couvert sur sa droite, avait aussitôt pris ses dispositions pour se réemparer de Preititz. Entre temps, la division Puthod l'avait rejoint ; de plus, la tête du 7ᵉ corps venait d'atteindre la Sprée à Klix ; il disposait donc de plus de 45 000 hommes, défalcation faite des pertes déjà subies par le 3ᵉ corps. C'était plus que suffisant pour triompher de toutes les résistances qu'il pouvait rencontrer, et s'il eût été bien inspiré, il se fût hâté d'envoyer au général Lauriston au moins la division Puthod qui appartenait à son corps d'armée. Ce général, ayant alors sous la main une vingtaine de mille hommes, eût été en mesure de culbuter vivement Barclay et d'atteindre Belgern sur la route de retraite des Coalisés. Malheureusement, le maréchal comprit si peu la situation qu'il prescrivit au général Lauriston « *d'appuyer à droite sur le 3ᵉ corps pour coopérer à l'attaque de Preititz et de Klein-Bautzen* ». Lauriston, très étonné de la teneur de cet ordre, n'en prit pas moins ses dispositions pour l'exécuter, quoiqu'il craignît que Barclay ne se jetât sur le flanc de ses colonnes dès qu'elles se mettraient en marche vers Preititz. « Le maréchal Ney, dit-il dans son rapport officiel déjà cité, m'envoya l'ordre de

l'Empereur (¹) de me porter sur Preititz et Klein-Bautzen...
Pour gagner Preititz, il fallait évacuer les positions que j'a-
vais prises, et prêter constamment le flanc à l'ennemi. Je me
décidai à y laisser la division Rochambeau, et je gagnai
Buchwalde avec la division Lagrange, et, de là, me dirigeai
sur Preititz dont les Français venaient de s'emparer. »

En effet, *vers 3 heures,* le maréchal Ney avait fait avancer
tout le 3ᵉ corps sur Preititz et en avait chassé le détachement
de Kleist, qui y était resté seul, la brigade Röder ayant été
rappelée par Blücher dès que le 4ᵉ corps avait commencé
son attaque contre les hauteurs de Kreckwitz.

Entre 2 et 3 heures, Blücher, vivement pressé par le
4ᵉ corps et la division Maisons, avait fait avancer au soutien
de son corps d'armée la première brigade du corps d'York,
dont il avait laissé la seconde brigade à Litten pour faire face
à la division de la Jeune Garde qui commençait à déboucher
de Basankwitz. Obligé de céder peu à peu du terrain, et
menacé d'être rejeté sur le Blössauer-Wasser, Blücher avait
demandé à grands cris du renfort. Le tsar Alexandre s'était
enfin décidé à lui envoyer la division Yermolow de la Garde
russe, la seule qui restât disponible ; mais cette division n'arriva pas à temps, car la reprise de Preititz obligea Blücher
à se replier derrière le Blössauer-Wasser.

Le 4ᵉ corps et la division Maisons couronnèrent la crête
qui domine le ruisseau de Litten à Klein-Bautzen ; leur artillerie et celle de la Garde dirigèrent un feu très vif sur Litten,
Purschwitz et Klein-Bautzen, où s'étaient postés les détachements chargés de couvrir les Prussiens en retraite vers
Wurschen. Si à ce moment les corps du maréchal Ney
avaient débouché en masse dans la plaine à l'est de Preititz,

---

1. C'est une manière de parler ; l'Empereur a prescrit au maréchal Ney d'enlever
Preititz, mais non pas d'enfourner sur ce point les 60 000 hommes des 3ᵉ, 5ᵉ et
7ᵉ corps.

ils auraient rejeté les colonnes prussiennes sur Purschwitz
et Baschütz, c'est-à-dire sur le centre de la position des
Coalisés. Ce centre étant pris à revers, toute la position
tombait immédiatement : la victoire remportée dans ces conditions eût été décisive. Mais dans cette journée comme à
Lützen, la fortune semblait réserver toutes ses faveurs à nos
adversaires : les Prussiens purent se retirer sans être inquiétés. Voici ce qui s'était passé. Quand le 3ᵉ corps avait eu
enlevé Preititz, le maréchal Ney, voyant devant lui dans la
plaine 10 000 à 12 000 cavaliers ennemis accompagnés d'un
grand nombre de batteries, et d'autre part, entendant toujours la canonnade et la fusillade retentir avec autant de
violence sur sa droite, n'avait pas cru pouvoir s'aventurer au
delà du Blössauer-Wasser. Il avait prescrit au 3ᵉ corps, qui
formait sa première ligne (la division Puthod et le 7ᵉ corps
se trouvaient plus en arrière sur le Windmühlenberg), de
gravir les hauteurs au nord de Preititz, de telle sorte que nos
troupes étaient montées sur ces hauteurs au moment même où
les Prussiens les abandonnaient. Le 3ᵉ corps vint donner sur
le 4ᵉ pendant que le 5ᵉ serrait sur lui. Il se produisit là un
désordre dont on peut se faire une idée et qui eut pour conséquence désastreuse d'immobiliser momentanément toute la
gauche française sur l'action de laquelle reposait la réussite
du plan de Napoléon.

L'artillerie de la Garde, celle des 6ᵉ et 11ᵉ corps dirigèrent
sans succès un feu des plus violents contre les troupes russes
qui défendaient Jenkwitz et Baschütz : ces troupes restèrent
inébranlables. Grâce à l'appui de l'artillerie et de la cavalerie
de la Garde russe, elles purent tenir en échec tout le centre
français jusqu'à 5 heures du soir. Les détachements laissés
par Blücher à Litten, Purschwitz et Klein-Bautzen, étant
ainsi couverts sur leur gauche, et n'ayant rien à craindre sur
leur droite par suite des faux mouvements de Ney, prolon-

gèrent leur résistance assez longtemps pour permettre aux corps prussiens de gagner Belgern sans se presser.

L'aile gauche des Coalisés, engagée sur Binnewitz, avait commencé à rétrograder entre 3 et 4 heures du soir, sur l'ordre du tsar. Dès que le maréchal Oudinot s'en était aperçu, il avait repris aussitôt l'offensive, mais ses divisions, très éprouvées et très fatiguées, ne purent mener la poursuite assez vite pour entamer les bataillons russes de Miloradowitch.

Vers 5 heures, les corps du maréchal Ney, 3ᵉ, 5ᵉ et 7ᵉ, enfin remis dans la bonne direction, marchèrent sur Wurschen, pendant qu'à leur droite, le 4ᵉ corps s'avançait sur Purschwitz et la Jeune Garde sur Litten. Les Russes, menacés d'être débordés sur leur droite, abandonnèrent Jenkwitz et Baschütz. Dès que leur artillerie eut cessé son tir, les 6ᵉ et 11ᵉ corps se portèrent en avant pour occuper la position. Napoléon fit avancer à l'est de Baschütz la réserve de cavalerie, mais celle-ci ne put rien faire, car les Russes exécutèrent leur retraite dans un ordre parfait.

Les corps prussiens d'York et de Blücher, le détachement de Kleist et le corps de Barclay se replièrent sur Weissenberg, les corps russes sur Löbau.

A 10 heures du soir, un violent orage arrêta notre poursuite.

Les corps de l'armée française occupaient alors les emplacements suivants (en partant de la gauche) :

Le 7ᵉ corps et la réserve de cavalerie à Neckern ;
Le 5ᵉ corps à Wurschen, Cannewitz et Rackel ;
Le 3ᵉ corps derrière le 5ᵉ, avec son quartier général à Klein-Bautzen ;
Le 4ᵉ corps à Drehsa ;
Le 11ᵉ corps à Hochkirch ;
Le 12ᵉ corps en arrière du 11ᵉ ;
Le quartier général de l'Empereur et la Garde à Neu-Purschwitz.

Ajoutons que le maréchal Victor, avec le 2ᵉ corps et la

réserve de cavalerie de Sébastiani, venait d'atteindre Wittichenau.

Les pertes pour les trois journées des 19, 20 et 21 étaient
à peu près égales de part et d'autre ; on peut les évaluer
approximativement à 20 000 hommes tués, blessés ou prisonniers.

Nous étions vainqueurs puisque le champ de bataille nous
restait, mais notre victoire n'était rien moins que décisive,
car l'armée alliée effectuait sa retraite dans le plus grand
ordre, ne laissant entre nos mains ni un canon sur roues, ni
un drapeau.

6° Observations critiques sur la bataille de Bautzen.

OPÉRATIONS DES COALISÉS

Nous avons examiné en détail la position de Bautzen ; nous
ne reviendrons pas sur ce sujet.

On ne s'explique pas comment les généraux alliés eurent
l'idée d'attendre de pied ferme sur une pareille position l'attaque de l'armée française ; le récit de la bataille nous a montré en effet que leur armée courut le risque d'être complètement détruite. Dans l'état de leurs forces, les Coalisés
n'avaient qu'un but à poursuivre : *gagner du temps* pour
permettre aux troupes de nouvelles formations, réserves
russes et landwehrs prussiennes, d'achever de s'organiser,
et attendre que l'Autriche, dont on se croyait sûr, se déclarât
en faveur de la Coalition. Napoléon ayant envoyé une partie
de ses forces sur Torgau, ils avaient eu raison de s'arrêter
à Bautzen, où ils trouvaient une position assez forte pour
pouvoir tenir tête facilement aux corps français rassemblés
aux environs de Dresde. En agissant ainsi, ils obligeaient

l'Empereur à rappeler à lui ceux de ses corps détachés du côté de Torgau : ils gagnaient trois ou quatre jours et dégageaient la direction de Berlin. Mais aussitôt avisés de l'approche des colonnes du maréchal Ney, ils auraient dû prendre toutes leurs dispositions pour se dérober lestement à la première menace d'une attaque et aller occuper plus en arrière une autre position préparée à l'avance en vue de cette éventualité. Ils auraient pu jouer le même jeu longtemps sans grand risque, *en raison de leur supériorité en cavalerie qui les mettait à l'abri de toute surprise.*

L'armée française, mal éclairée faute de pouvoir opposer une cavalerie suffisante à la leur, aurait avancé comme à tâtons ; elle eût dû par conséquent rester toujours très concentrée, si bien que sa marche eût été très lente. Peut-être les Alliés auraient-ils trouvé une occasion d'attaquer isolément quelques-uns de ses corps et de les détruire. En tous cas, les lignes de communication de l'armée française, s'allongeant de plus en plus, devenaient très vulnérables, car Napoléon ne disposait pas de troupes spéciales d'étapes. Les détachements de convalescents et les quelques bataillons de nouvelle formation qu'il laissait dans les principaux gîtes étaient tout juste capables d'en assurer la garde, ils étaient hors d'état d'agir à l'extérieur. Quand on considère les résultats obtenus par les bandes de partisans qui se jetèrent sur les communications de l'armée française après Bautzen, on demeure convaincu qu'en multipliant ces bandes, les Alliés seraient arrivés à interrompre si complètement les communications de cette armée, que Napoléon aurait dû se résigner à s'affaiblir des troupes nécessaires pour nettoyer le pays sur ses derrières. A mesure que les Alliés reculaient, leur situation matérielle devenait donc meilleure. Assurément, une retraite prolongée était de nature à porter atteinte au moral des troupes, et devait impressionner défavorablement l'Autriche, mais entre deux maux il faut choisir le moindre ; or, nous le répétons, en recevant la bataille à Bautzen, non seulement les Coalisés n'avaient aucune chance de vaincre, mais encore ils s'exposaient à être détruits.

La pointe que Barclay exécuta le 19 mai de Klix sur Weissig et Kœnigswartha pour essayer de battre le 5ᵉ corps français était une opération extrêmement dangereuse. D'abord, au point de vue général, elle avait l'inconvénient très grave d'entraver complètement la liberté d'action des Alliés pendant près de quarante-huit heures : en effet, pendant les deux journées des 19 et 20, leur armée ne pouvait que se maintenir sur ses positions du Blössauer-Wasser ; il ne lui était loisible ni d'attaquer, affaiblie comme elle l'était, ni de se retirer, puisque sa retraite eût compromis irrémédiablement les troupes de Barclay. D'autre part, un simple coup d'œil sur la carte montre que ce dernier courait le risque de se voir assailli sur son flanc gauche et ses derrières par une partie de l'armée principale adverse, tandis qu'il aurait en tête le corps qu'il se proposait d'atteindre. Le danger était pour lui d'autant plus grand que le gros de l'armée coalisée, rivée à ses positions retranchées du Blössauer-Wasser, ne pouvait favoriser son mouvement que par de timides démonstrations d'une efficacité douteuse avec un adversaire de la perspicacité et de l'expérience de Napoléon. Pour un profit très aléatoire et en tout cas d'une portée restreinte, on exposait à une destruction complète 25 000 hommes représentant plus du quart de l'ensemble des forces disponibles sur ce théâtre d'opérations. L'entreprise, très risquée, par conséquent critiquable en elle-même, procédait de l'état d'esprit fier et vigoureux qui régnait dans les états-majors coalisés : ceux-ci, impatientés par une attitude expectante maintenue au contact immédiat de l'ennemi, mais comprenant fort bien que l'infériorité numérique de leur

armée lui interdisait l'offensive générale contre les masses
adverses établies à l'ouest de Bautzen, voulaient au moins
qu'on profitât de toute occasion favorable d'offensive partielle pour donner satisfaction au besoin d'action si longtemps
comprimé et, en même temps, inspirer aux Français le respect des armes prussiennes et russes. L'approche du 5e corps
français, qu'on ne savait pas suivi du 3e, parut être une de
ces occasions tant désirées : on s'empressa de la saisir. En
fait, l'incurie du général Peyri, le chef de la division italienne,
procura aux Alliés un succès marqué, le peu d'activité du
général Bertrand leur laissa tout le fruit de l'aventure.

Des écrivains militaires ont exprimé l'avis que les Alliés
auraient dû contre-attaquer à fond l'armée principale française
quand elle passa la Sprée le 20 dans l'après-midi, alors que
l'armée du maréchal Ney ne se trouvait pas encore en pos-
ture d'intervenir. A coup sûr cela eût beaucoup mieux valu
pour eux que de livrer le lendemain une bataille purement
défensive, mais, en admettant que la chance leur eût souri,
ce qui n'est rien moins que probable, la situation générale
n'en aurait pas été sensiblement modifiée. Qu'on observe
d'abord que les Coalisés furent en quelque sorte surpris (stra-
tégiquement s'entend), car ils ne s'attendaient nullement à
être attaqués ce jour-là ; de plus, celles de leurs troupes qui
avaient participé la veille à la pointe sur Weissig et Kœnigswartha venaient seulement de rentrer (une partie même
n'avait pas encore rallié) et leur état de fatigue était
extrême. D'autre part, la précaution prise par Napoléon de
ne démasquer ses attaques qu'à midi passé, et les recomman-
dations de prudence qu'il n'avait pas manqué de faire à ses
lieutenants, le mettaient à l'abri d'un échec grave quelque
résolution que montrassent ses adversaires. Ces derniers
eussent peut-être contenu ou refoulé les corps français sur
la rive gauche de la Sprée, mais ils n'auraient certainement

pas dépassé la rivière. Le lendemain par conséquent, la bataille eût commencé sur les bords de celle-ci ; or les hauteurs de la rive droite formaient des positions plus vulnérables que celles du Blössauer-Wasser, sur lesquelles les Alliés reçurent l'attaque le 21. En résumé, l'armée principale française aurait eu bien plus de facilités pour remplir sa mission qui était de lier le combat de front avec l'armée adverse. Il convient d'observer que, si cette dernière exécuta facilement sa retraite, c'est grâce, non seulement aux faux mouvements du maréchal Ney, mais encore à ce fait que l'armée principale française n'a pu, à vrai dire, engager dans le combat de front que les deux corps de ses ailes, les 12ᵉ et 4ᵉ, tandis que les corps du centre, 11ᵉ et 6ᵉ, la Garde et la réserve de cavalerie ne purent approcher des retranchements de Baschütz et de Jenkwitz que quand les Russes les abandonnèrent : vainqueurs à leur gauche, n'ayant aucune inquiétude pour leur centre, les Coalisés n'étaient que très imparfaitement fixés au moment où la nécessité de rompre le combat s'imposa à eux.

OPERATIONS DES FRANÇAIS

La division des forces françaises en deux armées placées initialement, l'une à Dresde, l'autre à Torgau, a donné lieu à de très vives critiques. On a fait remarquer que, si Napoléon avait rassemblé tous ses corps d'armée aux environs de Dresde sous sa direction immédiate avant de marcher sur Bautzen, il aurait eu plus de facilités pour régler leurs mouvements en vue de la manœuvre combinée par lui. Celle-ci en outre aurait revêtu plus sûrement ce caractère d'imprévu sans lequel une opération de ce genre n'a guère de chance de réussir.

Ces observations sont fort justes en elles-mêmes, mais, pour les formuler, on s'est placé au point de vue étroit des événe-

ments réalisés. Napoléon, en arrêtant son plan d'opérations, a dû tabler sur des hypothèses multiples, dont la plus probable n'était certes pas celle qui s'est produite. Nous savons qu'en réunissant à Torgau une armée de 85 000 hommes sous les ordres du maréchal Ney, l'Empereur s'était proposé :

1° De faire tomber la ligne de l'Elbe supérieur au cas où les Alliés essayeraient de la défendre ;

Et 2° de menacer Berlin afin de déterminer, si possible, les Prussiens à se séparer des Russes pour courir au secours de leur capitale.

Malheureusement, les Coalisés n'étaient pas tombés dans le piège : après quelques hésitations, ils s'étaient réunis à Bautzen, et avaient pris la résolution d'y attendre notre attaque.

Quand l'Empereur fut informé de leur mouvement, le 14 mai, il ne supposa pas tout d'abord qu'ils eussent l'intention de recevoir la bataille à Bautzen, ce qui n'était nullement rationnel de leur part ; il leur prêta le projet d'opérer comme nous l'avons dit précédemment, c'est-à-dire de reculer lentement devant lui dès qu'il aurait concentré contre eux la plus grande partie de ses forces, rétrogradant de position en position dans le but soit de gagner du temps, soit d'attendre une occasion favorable pour attaquer par surprise comme à Lützen. Ainsi s'explique que sa première préoccupation ne fut pas d'attirer à lui par la ligne la plus courte les corps de Ney ; en effet, comme nous l'avons vu, par son ordre du 15, il dirigea le 5ᵉ corps de Dobrilugk sur Hoyerswerda et le 3ᵉ d'Herzberg sur Spremberg. Cet ordre, bien qu'il n'ait même pas reçu un commencement d'exécution, est cependant d'un intérêt capital, car il contient en germe l'idée de la manœuvre que projetait Napoléon pour déjouer le plan présumé de ses adversaires. L'Empereur voulait, avec l'armée principale dont l'effectif était sensiblement supérieur à celui des Coalisés, marcher sur les talons de ces derniers, pendant que l'armée de Ney, qui opérerait à une ou deux marches sur sa gauche et pourrait marcher rapidement, puisqu'elle n'aurait devant elle que de la cavalerie, déborderait les lignes de défense successives sur lesquelles l'ennemi essayerait de s'établir. En résumé, la poursuite, car tout se réduirait à une poursuite tant que l'adversaire refuserait systématiquement la bataille, serait menée très vivement. Si les Coalisés, voyant leur plan déjoué, s'arrêtaient pour livrer combat, l'armée principale les attaquerait pour les fixer ; l'armée de Ney, disposant de ses débouchés propres, aurait alors toute facilité pour se jeter sur leur flanc.

Une faute très grave, que commit l'Empereur, fut de vouloir opérer activement à la fois contre la principale armée ennemie et contre le corps qui couvrait Berlin (général Bülow). Nous l'avons montré le 17 au soir prescrivant à Ney de le rejoindre avec les 3ᵉ et 5ᵉ corps, laissant les 2ᵉ et 7ᵉ corps et la réserve de cavalerie de Sébastiani, soit 25 000 à 30 000 hommes au maréchal Victor, qui aurait pour mission d'occuper Berlin et de débloquer les places de l'Oder. Lui-même a maintes fois formulé ce principe, qu'on ne doit jamais faire de détachement à la veille d'une bataille ; or, en affectant un corps de 30 000 hommes à une opération secondaire sur Berlin, il faisait *sans nécessité,* un énorme détachement, attendu que 5 000 à 6 000 hommes appuyés sur Torgau et Wittenberg suffisaient amplement pour observer Bülow et le contenir. Toutes les troupes du maréchal Ney, ces 5 000 à 6 000 hommes exceptés, devaient se mettre sur-le-champ en route pour se rapprocher de Bautzen et se trouver en mesure de participer aux opérations contre la principale armée adverse. Mieux avisé, et probablement aussi mieux renseigné, l'Empereur ne donna pas suite à son idée ; en définitive, les 2ᵉ et 7ᵉ corps et la réserve de cavalerie suivirent les 3ᵉ et 5ᵉ corps vers Bautzen. Cependant, l'ordre du 16 occasionna pour eux un retard de vingt-quatre heures qui ne put être réparé : le 7ᵉ corps n'arriva sur le champ de bataille le 22 qu'à 2 heures du soir ; le 2ᵉ corps et la réserve de cavalerie de Sébastiani n'atteignirent Wurschen que le lendemain.

Nous formulerons quelques observations au sujet de la conduite de l'attaque de front par l'armée principale le 21. Jusqu'à 2 heures de l'après-midi, à l'exception du corps de droite, le 12ᵉ, qui attaqua à fond l'aile gauche ennemie, l'armée principale demeura dans une inaction presque complète : le combat fut simplement entretenu par les tirailleurs des détachements avancés aux prises avec ceux de l'ennemi, et par l'artillerie qui échangea des coups de canon à très grande distance avec l'artillerie adverse. Un principe fondamental est qu'on ne peut manœuvrer l'ennemi qu'autant qu'il est fixé ; pour obtenir ce résultat, on est généralement obligé de l'attaquer à fond sur tout son front. Dans le cas considéré, les Alliés étaient, *dans une certaine mesure,* fixés par leur résolution même de défendre les positions qu'ils occupaient, résolution que révélaient les travaux de fortification exécutés par eux et le déploiement de leurs troupes sur ces positions. Pourtant ils restaient libres d'esquiver la bataille en battant en retraite dès que le mouvement du maréchal Ney se dessinant contre leur extrême droite leur montrerait à quel péril ils étaient exposés. Or, le but de l'Empereur n'était pas du tout d'obliger les Alliés à s'en aller, mais bien de les détruire, car la situation politique exigeait qu'il remportât une victoire complète ; il devait donc redouter par-dessus tout que ses adversaires ne se dérobassent. On est ainsi amené à se demander pourquoi il n'a pas mis en action l'armée principale dès le matin du 21, afin de lier le combat de front si étroitement que l'ennemi fût dans l'impossibilité de se dégager quand apparaîtraient les colonnes de Ney. La raison principale est sans doute que les positions *retranchées* des Coalisés étaient extrêmement difficiles à aborder de front. L'Empereur, très impressionné par les pertes énormes de ses troupes à la bataille de Lützen, se croyait obligé de les ménager. Il décida donc d'attendre, pour donner le signal de l'engagement général, que le mouvement de Ney eût pour ainsi dire rendu toute défense sérieuse impossible pour ses adversaires. En opérant ainsi, il risquait de voir l'ennemi lui échapper; il s'en rendait compte d'ailleurs, comme le prouvent les ordres de Berthier au maréchal Ney.

ORDRE DU 18.

Sa Majesté suppose que le 21 vous pourrez vous porter sur la position, ce qui aura l'effet ou *que l'ennemi évacue pour se retirer plus loin,* ou de vous mettre à même de l'attaquer avec avantage.

ORDRE DU 21.

L'intention de l'Empereur est que vous soyez à Preititz à 11 heures. Nous attaquerons franchement sur tous les points. *Faites marcher Lauriston sur votre gauche pour être en mesure de tourner l'ennemi si votre mouvement le décide à abandonner sa position.*

Le centre des Alliés était inabordable, il fallait renoncer à s'en approcher; mais l'attaque de l'aile droite ne présentait pas de difficultés insurmontables, à la condition d'y employer une partie des nombreuses troupes qui restèrent inactives sur le plateau de Bautzen pendant presque toute la bataille. Le 4ᵉ corps, réduit effectivement à deux divisions, puisque la division italienne, mal remise de l'affaire d'Hoyerswerda, était incapable d'aucun effort sérieux, ne se trouvait pas en état d'attaquer seul les Prussiens de Blücher fortement établis sur les hauteurs entre Kreckwitz et Pliesskowitz. Il eût fallu mettre à la disposition du maréchal Soult, qui avait la direction de cette attaque, outre le 4ᵉ corps, tout ou partie du 6ᵉ.

Dans la bataille du 21, il n'y a eu de sérieusement engagés que les 3ᵉ, 4ᵉ et 12ᵉ corps et une partie des 5ᵉ et 11ᵉ, soit moins de 90 000 hommes, alors qu'il y avait en ligne près de 170 000 hommes (¹), non compris le 7ᵉ corps arrivé trop tard pour prendre une part sérieuse à l'engagement. C'est toujours une faute que de ne faire donner dans une bataille qu'une partie des troupes dont on dispose. « Cette faute, dit Gouvion Saint-Cyr, est souvent la cause des plus grands revers ; et quand, par une faveur particulière de la fortune, elle ne les occasionne pas sur-le-champ, elle diminue au moins les succès qu'on ne peut encore obtenir qu'au moyen d'une perte considérable. Alors on voit les plus nombreuses armées détruites après la répétition d'un petit nombre de victoires si chèrement achetées, *comme cela eut lieu dans la campagne de 1813.* »

Il est vrai qu'à Bautzen les Coalisés poussèrent l'aveuglement si loin, qu'ils ne commencèrent à s'inquiéter de l'attaque débordante de Ney que quand il était déjà trop tard pour esquiver le combat ; par conséquent, sans les faux mouvements de ce maréchal, nous aurions obtenu une victoire décisive presque sans pertes. Dans ce cas, c'est la maladresse de nos adversaires qui aurait assuré la réussite complète du plan de Napoléon.

Maintenant nous pensons que, si l'attaque contre la position de Blücher entre Kreckwitz et Pliesskowitz avait été commencée au moment où les corps de Ney marchèrent contre le Windmühlenberg, le maréchal, à peu près orienté par le fait même de cette attaque, n'aurait pas eu l'idée sin-

---

1. 170 000 hommes, non compris les détachements laissés par l'armée principale entre Bautzen et Dresde, dont la brigade du 12ᵉ corps chargée de fouiller les forêts le long de la frontière autrichienne.

gulière de faire serrer sur Preititz et les hauteurs au nord toutes les troupes de sa première ligne. En tout cas, Blücher n'aurait pas pu envoyer la brigade de réserve de son corps d'armée contre Preititz, dont la division Souham fût probablement restée maîtresse.

En ce qui concerne les opérations de Ney, leur simple exposé se passe de critique. On ne comprend pas comment Napoléon a pu confier le commandement de son armée de manœuvre à ce maréchal. Celui-ci était un superbe soldat, un enfonceur de bataillons, « le brave des braves », mais ce n'était rien moins qu'un commandant en chef.

Il aurait fallu que l'action de l'armée de manœuvre fût si prompte, que l'ennemi n'eût pas le temps de se reconnaître ; il était d'autant plus nécessaire que cette action fût d'une rapidité extrême que Napoléon voulait attendre que le mouvement de l'armée de manœuvre fût presque terminé pour lancer à l'attaque l'armée principale. Les avant-gardes de Ney auraient dû occuper de grand matin les passages de la Sprée, afin de les aménager de leur mieux ; pendant ce temps, le 3ᵉ corps se serait placé derrière Klix, et le 5ᵉ derrière Leihnam, prêts à déboucher en masse sur la rive droite de la rivière au premier signal. Il n'était pas d'ailleurs indispensable que leur mouvement commençât à 5 heures du matin ; mieux valait le retarder jusqu'à 8 heures pour attendre l'arrivée des têtes de colonnes de la division Puthod et du 7ᵉ corps, auxquels on aurait fait quitter leurs bivouacs de Steinitz et d'Hoyerswerda entre minuit et une heure du matin de façon à les faire arriver sur la Sprée à l'heure que nous venons d'indiquer. Sans doute les troupes de la division Puthod et du 7ᵉ corps étaient très fatiguées, car, les 19 et 20 mai, elles avaient exécuté de longues marches (quarante kilomètres en moyenne), mais on devait passer sans hésiter par-dessus cette considération dès l'instant où il s'agissait de réunir ses forces pour la bataille ; il serait resté beaucoup d'hommes en route, mais le gros fût arrivé et c'était là l'essentiel. Le 3ᵉ corps, suivi du 7ᵉ destiné à servir de réserve générale, aurait attaqué le corps de Barclay sur le Windmühlenberg pendant qu'à sa gauche, le 5ᵉ corps en entier avec la plus grande partie de la cavalerie disponible, soit 30 000 hommes, se fût avancé par Guttau, Buchwald et Baruth, débordant l'extrême droite des Russes, faisant tomber leur résistance et dégageant ainsi par contre-coup le terrain devant le 3ᵉ corps. Il est bien certain que, si le général Lauriston avait eu à sa disposition 30 000 hommes au lieu de 12 000, il n'aurait pas hésité et tâtonné comme il l'a fait devant la poignée d'hommes que lui a opposée Barclay ; il eût continué franchement sa marche en avant jusqu'à Belgern, où il serait arrivé presque sans coup férir, au moment même où le 3ᵉ corps se serait emparé de Preititz, entre 11 heures et midi. « La victoire remportée dans ces conditions eût été décisive ; elle nous eût procuré plus de trophées qu'Austerlitz (¹). »

Ainsi donc, le plan de Napoléon n'avait pas réussi : au lieu de prendre les Alliés à revers et de les anéantir, il n'était parvenu qu'à leur faire vider la place ; il était vainqueur sans doute, mais ne gagnait guère que le champ de bataille. « Un si médiocre résultat pour un effort immense provenait, a dit York de Wartenberg, de la lenteur inexplicable de Ney, lenteur dont l'ennemi lui-même s'étonnait, considérant comme une politesse spéciale de ce maréchal qu'il se fût tout d'abord contenté d'engager son artillerie au lieu de faire avancer hardiment son infanterie et de couper ainsi la retraite à l'armée prusso-russe. »

---

1. Pour apprécier justement la responsabilité qui incombe, on ne perdra pas de vue qu'à cette époque on ne disposait que de cartes topographiques très grossières, qui ne permettaient pas de se rendre compte aussi facilement qu'aujourd'hui de l'importance de Belgern.

Maintenant il convient d'ajouter que l'Empereur lui-même est pour une bonne part responsable des erreurs de son lieutenant, vu qu'il ne l'avait pas suffisamment orienté. On s'étonne à bon droit qu'il n'ait pas songé à se ménager avec le maréchal Ney, du 20 au soir au 21 au matin, une entrevue dans laquelle il lui eût fait connaître de vive voix la situation de la façon la plus précise, et donné ses instructions pour la bataille; s'il ne jugeait pas bon de se rendre auprès de lui, il pouvait le faire venir à son quartier général de Bautzen. Au moment d'engager une partie aussi grave, il importait au plus haut point qu'il se mît bien d'accord avec le chef de son groupe de manœuvre.

Nous avons exposé les raisons qui, à notre avis, expliquent comment les victoires de Lützen et de Bautzen furent « des victoires frappées à mort »; il en est une sur laquelle nous reviendrons en terminant, parce que, pour nous, elle est sans conteste la principale : *le moral supérieur des troupes coalisées, et surtout des troupes prussiennes qu'animait une foi patriotique ardente.* Les conséquences des défaites les plus graves peuvent être limitées et finalement réparées, si les troupes supportant d'un cœur ferme leur échec, ne se troublent point et ne se laissent pas envahir par la crainte irraisonnée du vainqueur.

CHAPITRE II

DE BAUTZEN A L'ARMISTICE

1° Les opérations du 22 au 25 mai.

LES COALISÉS

Dans la dernière partie de la nuit du 21 au 22 mai, les Coalisés se replièrent sur Reichenbach sous la protection de leurs arrière-gardes, et, le jour venu, franchirent le long défilé qui s'étend de cette ville à Görlitz.

Le 23, en quittant Görlitz, ils se fractionnèrent en deux groupes : le groupe d'aile droite comprenant, sous les ordres de Barclay de Tolly, le corps de ce général, le détachement de Kleist et les corps prussiens d'York et de Blücher, marcha sur Liegnitz par Waldau (23 mai), Bunzlau (24) et Haynau (25); le groupe d'aile gauche, formé du gros de l'armée russe sous le commandement supérieur de Wittgenstein, se dirigea sur Goldberg par Lauban (23), Löwenberg (24) et Goldberg (25).

Pendant toute cette retraite, de fortes arrière-gardes, appuyées par la nombreuse cavalerie légère des Alliés, se maintinrent au contact des Français, ne cédant le terrain que pied à pied et procédant à une destruction systématique des passages des cours d'eau à mesure qu'elles les dépassaient.

LES FRANÇAIS

22 MAI. — Nous avons vu qu'à la fin de la bataille, le 21 vers 10 heures du soir, l'armée française s'était trouvée établie sur la ligne Neckern-Hochkirch.

Le lendemain matin, dès 3 heures, la fusillade et la canonnade recommencèrent entre nos avant-postes et ceux de
l'ennemi qui étaient restés entremêlés, le combat n'ayant
pris fin la veille qu'après la tombée de la nuit. A 7 heures
du matin, le 7ᵉ corps, soutenu par le 1ᵉʳ corps de cavalerie,
déboucha de Neckern et se porta droit sur Reichenbach,
ayant à sa gauche le 5ᵉ corps et derrière lui la Garde et le
6ᵉ corps; le 3ᵉ corps prit position à Weissenberg; le 11ᵉ
appuyé par le 4ᵉ se porta par Löbau sur Reichenbach; le
12ᵉ, qui avait beaucoup souffert et dont les nombreux détachements n'étaient pas encore rentrés, fut laissé à Bautzen
pour se reposer et se rallier; l'Empereur, escorté par la
cavalerie de la Garde, marcha avec le 7ᵉ corps.

Du côté de notre gauche, la poursuite fut d'abord menée
assez rapidement; notre avant-garde arriva devant Reichenbach à 10 heures du matin. Les détachements russes qui
nous avaient tenu tête jusque-là traversèrent rapidement la
ville et démasquèrent le corps du prince Eugène de Wurtemberg (6 000 à 7 000 hommes de toutes armes), qui s'était
établi sur les hauteurs à l'est avec mission d'y tenir le
plus longtemps possible, afin de permettre au gros de l'armée
de s'écouler au delà de Görlitz. La position était très forte.
Mal éclairés, et par suite ne sachant pas trop à quelles
forces nous avions affaire, nous dûmes agir avec circonspection, ce qui entraîna une grande perte de temps.

Le 7ᵉ corps se déploya pour attaquer de front, pendant
que le 5ᵉ manœuvrait pour déborder la position par le nord.
Comme le combat traînait, Napoléon impatienté se décida
à engager sa cavalerie. Sur son ordre, la division de la
Garde franchit la petite vallée au fond de laquelle se trouve
Reichenbach, à 2 kilomètres environ en amont de la ville, et
prononça un mouvement vers la route de retraite de l'arrière-
garde ennemie. Nos escadrons commençaient à s'élever vers

la hauteur, quand ils tombèrent soudain sous le feu de deux batteries à cheval russes, qui leur firent essuyer de grandes pertes ; presque aussitôt, ils virent arriver sur eux une nombreuse cavalerie russe. Les escadrons de Latour-Maubourg ayant marché au soutien de la division de la Garde, il se produisit un engagement général de courte durée, très confus et sans résultat marqué. A 3 heures de l'après-midi, l'arrière-garde adverse, menacée d'être enveloppée par les 5e et 7e corps, se replia lestement sur Makersdorf, où des troupes de repli avaient pris position à l'avance pour la recueillir.

Après une heure employée à remettre les troupes en ordre, les Français débouchèrent de Reichenbach. L'ennemi, obligé d'abandonner Makersdorf, rétrograda en bon ordre sur les hauteurs à l'ouest de Görlitz. Le 7e corps, qui depuis le 17 n'avait cessé d'exécuter des marches forcées, était extrêmement fatigué ; son chef, le général Reynier, demanda l'autorisation de s'arrêter, mais Napoléon lui répondit par l'ordre formel de continuer sur Görlitz. Le corps d'armée franchit le ruisseau de Makersdorf des deux côtés du village et commença à attaquer les hauteurs de Görlitz. A ce moment, un boulet perdu, qui vint tomber au milieu de l'état-major de l'Empereur, tua net le général du génie Kirgener et blessa à mort le maréchal Duroc. Ce malheur émut profondément Napoléon qui ordonna de cesser le combat.

Les corps d'armée de notre gauche (5e, 6e, 7e et la Garde) prirent position pour la nuit autour de Makersdorf ; les corps de la droite (4e et 11e) étaient parvenus à Ober-Sohland, à une lieue au sud de Reichenbach ; le 3e corps n'avait pas dépassé Weissenberg ; le corps du maréchal Victor (2e corps d'armée provisoire et cavalerie de Sébastiani) était arrivé à Baruth.

Dans cette journée, l'armée française avait marché et

combattu de 5 heures du matin à 7 heures du soir; malgré la résistance opiniâtre de l'ennemi, elle avait parcouru sept lieues. Ce résultat, qui est des plus remarquables, était dû à la présence de l'Empereur à l'avant-garde.

C'était la première fois depuis le commencement de la campagne que les Français engageaient leur cavalerie en masse et le résultat n'avait pas été très brillant. En fait, la division de la Garde seule avait réellement donné, ainsi qu'on peut s'en convaincre en examinant les états de pertes : cette division, sur un effectif de 4 000 cavaliers, en avait perdu 300, tués, blessés ou faits prisonniers, tandis que les pertes du corps de Latour-Maubourg, dont l'effectif atteignait 7 000 à 8 000 cavaliers, se réduisaient une à centaine d'hommes [1].

Les pertes du 7e corps s'élevaient à 400 hommes.

23 MAI (voir le *croquis n° 16*). — Le 23 au matin, on constata que les Coalisés avaient évacué Görlitz dès l'aube.

A la gauche : Le 5e corps ayant gagné la route de Bunzlau par Eberbach, son avant-garde toujours combattant s'avança jusqu'à Stutzenham pendant que le gros s'arrêtait à Hochkirch;

Le 7e corps continua sur Lauban, mais le rétablissement des passages sur un ruisseau marécageux à l'est de Görlitz lui ayant pris beaucoup de temps, il ne put dépasser Troitschendorf;

Le 6e corps se plaça à Hermsdorf;

Le quartier général et la Garde s'étaient établis dès le matin à Görlitz;

Le 3e corps était resté à Weissenberg;

Le 2e corps avait gagné Gröbnitz.

A la droite : Le 11e corps, qui avait ordre d'occuper

---

1. Le 1er corps de cavalerie a perdu, pendant les journées des 21, 22 et 23 mai, 67 soldats tués, 7 officiers et 122 soldats blessés, 62 soldats pris ou égarés.

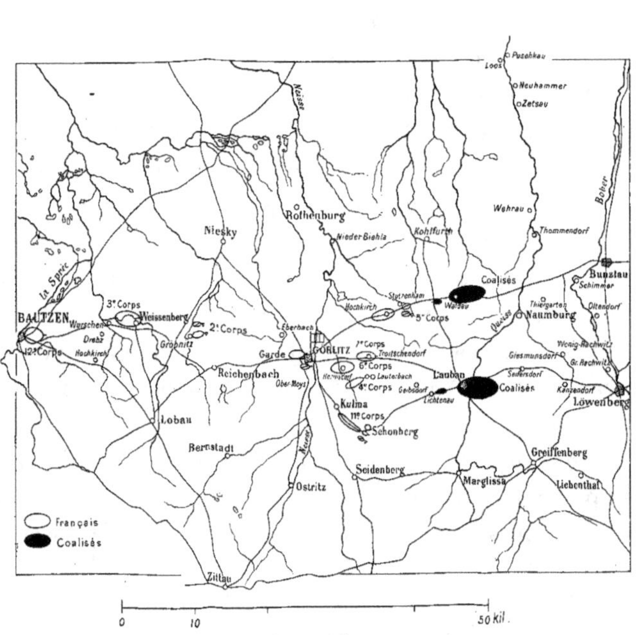

Nᵒ 16. — Situation le 23 mai au soir.

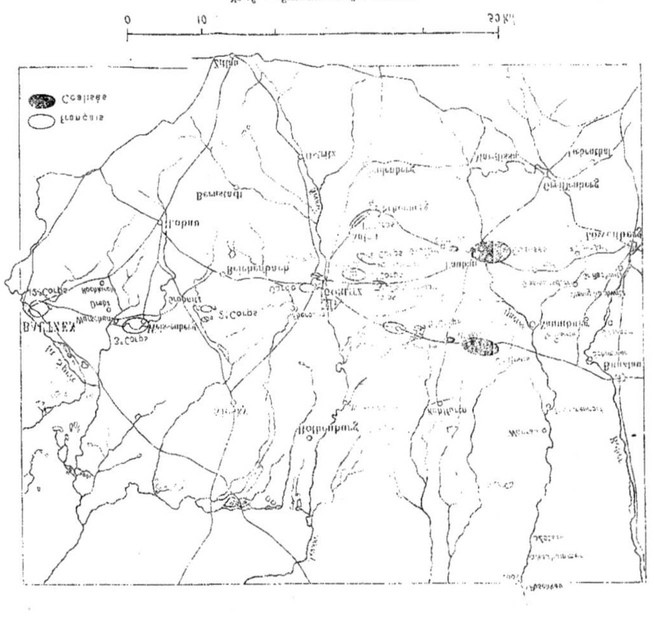

N° 16. — Situation le 23 au 24 au soir.

Schönberg, arrêté au passage de la Neisse, ne put atteindre cette localité que par son avant-garde ;

Le 4e corps, attiré vers la gauche par le bruit du combat que livrait le 5e, avait appuyé vers Troitschendorf.

On avait parcouru environ cinq lieues.

24 mai. — Dans la nuit, l'Empereur donna des ordres pour que la poursuite continuât le lendemain le plus rapidement possible :

Les 5e, 7e et 6e corps sous les ordres du maréchal Ney se porteraient sur Bunzlau, suivis de la Garde ;

Le 3e corps avancerait de Weissenberg à Görlitz ;

Les 4e et 11e corps marcheraient de concert sur Lauban, prêts à se rabattre sur Bunzlau si les circonstances l'exigeaient ;

Le maréchal Victor gagnerait Rothenburg et, de là, suivrait franchement l'ennemi vers l'est, marchant toujours sur la gauche à plusieurs lieues de la grand'route Görlitz-Breslau, parallèlement au gros de l'armée ;

Le 12e corps, chargé de protéger le flanc gauche de la ligne d'opérations, se dirigerait de Bautzen par Hoyerswerda dans la direction du nord pour opérer contre Bülow, qui semblait vouloir concentrer le gros de ses forces dans la région de Luckau.

Les ordres de l'Empereur ne purent recevoir leur complète exécution ; la résistance des arrière-gardes ennemies, et surtout les difficultés de passage de la Neisse et de la Queiss ne permirent pas d'atteindre les points indiqués. A la fin de la journée du 24, l'armée française occupait les positions suivantes :

Le 5e corps et le 1er corps de cavalerie (moins une division détachée avec le 11e corps), à hauteur de Thiergarten, où s'appuyait la droite ;

Le 7e corps, en avant de Naumburg ;

Le 6e corps, deux divisions à droite du 7e, une division plus en arrière sur la rive gauche de la Queiss ;

Le quartier général et la Garde à Görlitz et en avant ;

---

1. Le 4e corps, qui avait marché par Lauterbach et Geibsdorf, s'était croisé à Lichtenau avec le 11e corps, dont l'avant-garde avait été dirigée par erreur sur Löben au lieu de Lauban.

Le 3ᵉ corps en arrière de Görlitz ;
Le 4ᵉ corps à l'ouest de cette ville ;
Le 2ᵉ corps à Nieder-Biehla.

Les Coalisés avaient rétrogradé derrière la Bober, à Bunzlau et Lœwenberg, laissant leurs arrière-gardes sur la rive gauche au contact de nos avant-postes ; leur quartier général à Lœwenberg.

25 MAI. — Ordre fut donné pour le 25 :

Au 5ᵉ corps, de s'avancer par Bunzlau jusqu'à hauteur de Kreibau, poussant son avant-garde au delà jusqu'au débouché de Haynau ;

Au 7ᵉ corps, de franchir la Bober à Schimmer, et de porter son avant-garde à Modelsdorf et son gros à Mittlau ;

Au 6ᵉ corps, de traverser la Bober à Ottendorf et d'occuper Alt-Jaschwitz par son gros ; son avant-garde à Gross-Hartmannsdorf ;

Aux 4ᵉ et 11ᵉ corps, de s'avancer le plus rapidement possible vers Lœwenberg.

Pour les mêmes raisons que les jours précédents, nos corps d'armée ne purent aller aussi loin que les ordres le prescrivaient. Le 5ᵉ corps et le 1ᵉʳ corps de cavalerie occupèrent Wolfsh, Martinswald, Thomaswald et Schneibendorf ; le 7ᵉ corps, Neu-Jaschwitz ; le 6ᵉ corps, une division Alt-Jaschwitz, le reste sur la Bober à Ottendorf.

Le 11ᵉ corps en sortant de Lauban se trouva aux prises avec une arrière-garde russe, qui lui opposa une résistance si énergique, que le maréchal Macdonald se figura qu'il avait eu affaire « à des forces triples des siennes », bien qu'en réalité l'ennemi n'eût pas engagé plus d'une dizaine de mille hommes. L'engagement (combat de Kunzendorf), commencé à 10 heures du matin, ne se termina qu'à 10 heures du soir.

Le 11ᵉ corps prit position à Steckicht. Le 4ᵉ corps, après avoir laissé défiler le 11ᵉ corps, l'avait suivi jusqu'à Seifersdorf, puis s'était dirigé par Giesmannsdorf sur Weinig-Rachwitz, afin d'assurer la liaison entre le 11ᵉ corps et le gros de l'armée. Au bruit du canon de Macdonald, il avait appuyé à droite sur Steckicht, mais était arrivé trop tard pour participer à l'engagement ([1]).

La Garde et le 3ᵉ corps avaient fait une grande marche (?) dans la direction de Bunzlau ; la division Marchand, du 3ᵉ corps, avait occupé Görlitz où était demeuré le quartier général.

Le 2ᵉ corps de Nieder-Biehla avait gagné Kohlfurt et de là Tommensdorf, parcourant ainsi une étape de huit lieues pour se placer à hauteur du gros de l'armée.

2° Les opérations du 26 mai à l'armistice.

LES COALISÉS

Dans le camp des Alliés, depuis la bataille de Bautzen, la situation de Wittgenstein était devenue impossible. Le général russe offrit sa démission de commandant en chef qui fut acceptée ; on lui donna le commandement supérieur de l'aile gauche, et on nomma généralissime Barclay de Tolly, que l'état-major prussien voyait d'un assez bon œil. A ce moment, la discorde la plus complète régnait entre Prussiens et Russes ; comme cela arrive toujours entre alliés après une défaite, de part et d'autre on s'accusait de la perte de la bataille de Bautzen. Les Prussiens, en outre, se plaignaient amèrement de ce que l'intendance russe ne prît aucune mesure pour assurer la subsistance de ses troupes qui se livraient à la maraude et causaient ainsi plus de mal que l'ennemi lui-même.

La satisfaction causée par la nomination de Barclay fut

---

1. Du moins d'après le rapport du maréchal Macdonald, car le général Bertrand dans son propre rapport dit au contraire que c'est l'arrivée de son avant-garde qui a déterminé le mouvement de retraite de l'ennemi.

Nous avons adopté le dire de Macdonald, qui nous a semblé le plus vraisemblable.

de courte durée, car les Prussiens s'aperçurent bien vite
que le nouveau commandant en chef partageait absolument
la manière de voir de son prédécesseur au sujet de la direction générale à imprimer aux opérations militaires. Barclay,
qui envisageait les choses de sang-froid, voyant les troupes
des deux nations affaiblies (l'effectif des combattants atteignait à peine 80 000 hommes) et constatant des symptômes
de démoralisation aussi bien chez les Russes que chez les
Prussiens, était fermement résolu à refuser la bataille. Homme
d'un caractère ferme mais très méthodique, il jugeait nécessaire avant tout de réformer de fond en comble l'armée
russe. Comme il ne croyait pas, avec juste raison, pouvoir
effectuer cette réorganisation devant Napoléon en Silésie, il
proposa, si les Français continuaient la poursuite, de se retirer par Breslau et de rentrer en Pologne pour se rapprocher des renforts russes. Les Prussiens refusèrent d'accepter
ce projet (¹) et demandèrent que l'on continuât la retraite
sur Schweidnitz, afin de rester le plus longtemps possible
en Silésie et de ne pas s'éloigner de la Bohème, où se réu-
nissait une nombreuse armée autrichienne, dont on escomp-
tait l'intervention à brève échéance. Le tsar Alexandre, sur
les instances du roi Frédéric, se rallia à ce dernier parti ; il
fut donc convenu qu'après avoir franchi la Katzbach, les
Alliés se dirigeraient sur Schweidnitz.

Barclay ayant été appelé à Jauer le 25, passa le commandement supérieur de l'aile droite à Blücher. Les généraux
prussiens qui n'avaient cessé de protester contre la conti-
nuation de la retraite, résolurent de profiter de cette occasion pour exécuter contre les Français un retour offensif
destiné à les rendre plus circonspects, et à les obliger par

---

1. Gneisenau écrivait au roi de Prusse le 12 mai : « Dans le cas le plus malheureux,
il sera plus honorable de périr dans nos propres provinces, que d'errer en fuyards avec
une poignée de troupes dans un pays étranger. »

conséquent à marcher plus lentement. Comme on avait constaté que le 5ᵉ corps, qui formait en quelque sorte l'avantgarde de la qauche française, se gardait très mal, en marche
comme en station, l'état-major prussien décida de lui tendre
une embuscade au sortir de Haynau. A l'est de cette ville, on
trouve une série de mouvements de terrain bas, mollement
ondulés, partout aisément praticables pour les masses de
cavalerie; où que l'on se place, la vue est arrêtée à courte
distance; en résumé, le site était particulièrement favorable
pour tenter une surprise contre un ennemi négligent qui
marchait sans se faire éclairer à bonne distance. Ainsi que
nous le verrons plus loin, l'opération réussit complètement :
le 26 mai, vers 5 heures du soir, la division Maisons, qui
tenait la tête du 5ᵉ corps, fut assaillie à l'improviste au moment où elle débouchait de Haynau, et mise en déroute.

Dans la journée du 26, les Alliés se replièrent derrière la
Katzbach, l'aile droite à Liegnitz, l'aile gauche à Goldberg.

Le 27, le mouvement de retraite vers Schweidnitz commença; l'aile gauche, de Liegnitz, gagna Merschütz, laissant
son arrière-garde (détachement Tschaplitz et brigade Ziethen)
à Kloster-Wahlstadt; l'aile gauche alla de Goldberg à Jauer,
laissant son arrière-garde (division Pahlen) à Hermannsdorf.

Le 28, l'armée rétrograda sur Striegau et le 29 sur
Schweidnitz. Cette place, démolie en 1807 par les Français,
n'avait pas été rétablie depuis; on ne jugea pas possible de
s'y arrêter. Le 30, les troupes furent ramenées plus en
arrière sur les hauteurs de Pilzen, où elles restèrent jusqu'au 3 juin.

La résolution de continuer à opérer toutes forces réunies
entre les montagnes de la Bohême et l'Oder, résolution
dont il faut faire honneur principalement au tsar Alexandre,
eut pour les Coalisés des résultats incalculables. C'était
affirmer en même temps que la volonté de tenir la campa-

gne, la prétention d'être encore, matériellement et moralement, en état de combattre et même d'attaquer, car une retraite dans une direction latérale est une manœuvre qui ne va pas sans une idée d'offensive éventuelle. Se retirer en Pologne, comme le proposait Barclay, eût été un aveu implicite de faiblesse gros de conséquences désastreuses : d'abord un tel parti eût entraîné la séparation inévitable des deux armées russe et prussienne, et puis il aurait offert à Napoléon l'occasion de proclamer qu'il avait refoulé les Russes jusque dans leur propre pays et mis ses ennemis dans l'obligation de déserter la lutte. En faisant bonne contenance, les Alliés, comme on le verra plus loin, en imposèrent à leur terrible adversaire et le déterminèrent à consentir un armistice, qui leur permit d'échapper à une situation désespérée.

La résolution de rester en Silésie le plus longtemps possible méritait d'être louée sans réserve; par contre, il fallait blâmer le choix de Schweidnitz pour y concentrer l'armée, car l'ennemi avait trop de facilités pour déborder cette position et la prendre à revers.

LES FRANÇAIS

26 MAI (voir le *croquis n° 17*). — Marmont, placé par l'Empereur sous les ordres de Ney, avait été très mécontent de cette mesure, car il était extrêmement jaloux du prince de la Moskova. Influencé par son désir de se soustraire à l'action de celui-ci, Marmont, interprétant les renseignements qui lui arrivaient de diverses sources, en était venu à se persuader, dès le 25, que l'ennemi n'avait qu'une faible arrière-garde sur la route de Bunzlau à Liegnitz et que son gros se retirait par Lœwenberg et Goldberg. En conséquence, le 26 au matin, le maréchal avait demandé l'autori-

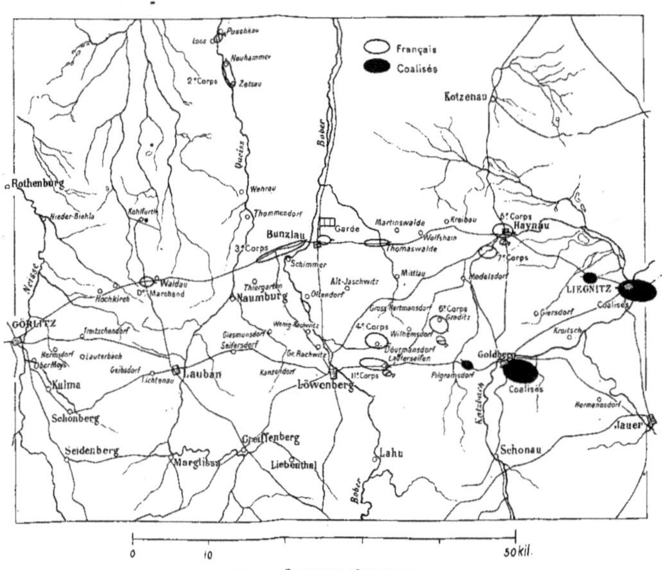

Nº 17. — Situation le 26 mai au soir.

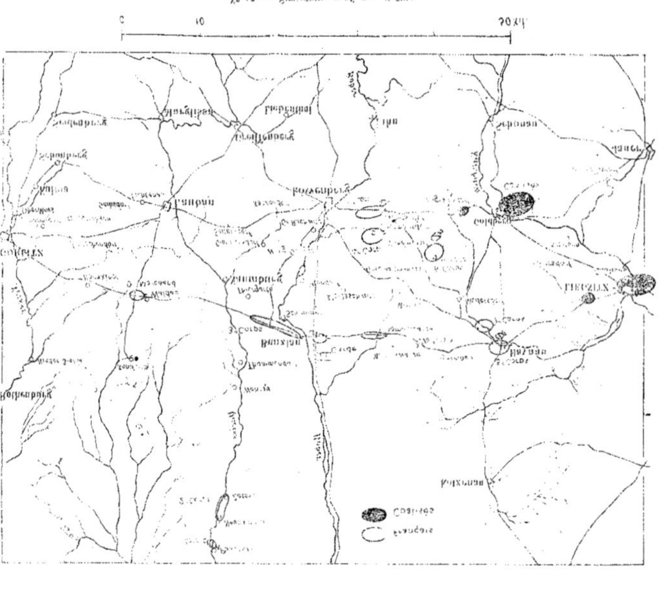
Coalisés
Français

sation de marcher non sur Ottendorf, comme cela lui avait été prescrit, mais bien sur Lœwenberg. Ney, se basant sur les ordres formels de l'Empereur, avait refusé d'autoriser ce mouvement.

Napoléon, très vivement frappé par le rapport du maréchal Marmont qui se montrait des plus catégoriques dans ses affirmations, donna pour le 27 les ordres suivants :

Le maréchal Ney, avec les 5e et 7e corps et une division de cavalerie, se portera sur Haynau et poussera une avant-garde sur Liegnitz et une autre vers Glogau ;

Le général Latour-Maubourg, avec deux divisions de cavalerie, ira rejoindre le maréchal Marmont, qui manœuvrera pour couper l'arrière-garde de l'aile gauche ennemie, que les 4e et 11e corps pousseront sur Goldberg.

Enfin, comme le bruit courait qu'une partie de l'armée adverse s'était dérobée vers le nord pour aller se joindre à Bülow, Napoléon prescrivit au maréchal Victor :

De gagner Sprottau. Si là il apprenait que quelque chose s'était dirigé dans la direction de Berlin, il marcherait à sa suite.

L'Empereur ayant voulu attendre, pour faire avancer les corps de sa gauche, que le mouvement du maréchal Marmont fût assez prononcé pour assurer leur droite, les 5e et 7e corps ne furent mis en marche sur Haynau qu'à 11 heures du matin.

La division Maisons (réduite à 4 000 hommes), qui faisait l'avant-garde du 5e corps, traversa Haynau vers 3 heures de l'après-midi et se porta sur les hauteurs à l'est de Michelsdorf. Là, elle s'arrêta, couverte par ses tirailleurs qui, depuis le matin, n'avaient pas cessé de se fusiller avec ceux de l'ennemi. Le soin d'assurer la sécurité sur les flancs était confié à une cinquantaine de cavaliers qui s'acquittaient de ce service avec la plus grande négligence, ne prenant même pas la peine de monter jusqu'aux crêtes qui masquaient les vues à courte distance. Par suite d'un malentendu, la division de cavalerie Chastel, qui aurait dû accompagner la division Maisons, s'était arrêtée en arrière de Haynau, « croyant la journée faite ». Le général Lauriston s'en étant aperçu prescrivit au général Chastel de faire rejoindre l'avant-garde par une de ses brigades. Cet ordre venait d'être envoyé, quand des flammes jaillirent d'un moulin à vent situé au sud de la grand'route. Cet incendie était un signal. Presque aussitôt une batterie à cheval prussienne apparut à quatre cents pas du flanc droit de la division Maisons et ouvrit le feu. Elle avait à peine tiré cinq à six coups à mitraille, quand une masse de 3 000 cavaliers ennemis, surgissant d'un pli de terrain, fondirent sur la droite de notre infanterie qui fut bousculée et sabrée avant d'avoir pu se mettre en défense. Nos fantassins se réfugièrent à la course dans Michelsdorf où se trouvaient fort heureusement deux bataillons d'une autre division qui empêchèrent l'ennemi de pénétrer dans le village et lui firent essuyer quelque perte. L'engagement ne dura que quelques minutes : les escadrons alliés, tombés de suite dans le plus grand désordre, se retirèrent lestement sur les hauteurs de Pahlsdorf. La division Puthod, qui s'était avancée au pas de course, prit position à Michelsdorf; le gros du 5ᵉ corps s'établit en arrière de Haynau.

La division Maisons, dont l'effectif, le 26 au matin, était inférieur à 4 000 hommes, avait perdu dans cette échauffourée environ 1 000 hommes, tués, blessés ou faits prisonniers. Le désastre eût été bien plus complet si la division avait été assaillie plus à l'est de Michelsdorf : l'annonce de l'arrivée prochaine des colonnes du 7ᵉ corps avait déterminé le commandant de l'arrière-garde alliée, le général Ziethen, à donner le signal de l'attaque plus tôt qu'il n'était convenu, alors que la division française était à peine sortie de la loca-

lité. Les pertes des Prussiens s'élevaient à 3oo hommes,
dont le colonel Dolfs, chef de la réserve de cavalerie du
corps de Blücher, tué raide.

Le 7e corps avait reçu un premier ordre lui prescrivant
de prendre position à la gauche du 5e sur la route de Glogau. Mais sur un rapport du maréchal Victor disant que
l'ennemi n'avait personne du côté de Glogau, Napoléon
avait annulé l'ordre dont nous venons de parler et prescrit
au général Reynier d'aller s'établir à Steinsdorf, à la droite
du 5e.

Le maréchal Marmont, retardé par son artillerie qui avait
eu beaucoup de mal à franchir la Bober, avait quitté Jasch-
witz assez tard, et s'était porté par Gross-Hartmannsdorf
sur Wilhelmsdorf, où il avait été rejoint par les deux divisions
de cavalerie de Latour-Maubourg; à 7 heures du soir, bien
que l'avant-garde du 4e corps qui marchait à droite du 6e
fût assez loin en arrière, le maréchal Marmont s'apprêtait à
continuer son mouvement sur Goldberg, « quand quelques
coups de canon se firent entendre du côté du sud et en
même temps l'on vit s'élever un épais nuage de poussière
révélant la présence d'une forte colonne en marche sur la
route de Goldberg ». Marmont lança aussitôt sa cavalerie
droit sur Pilgramsdorf; malheureusement, quand celle-ci
atteignit le village, il était déjà nuit. L'ennemi ayant occupé
une forte position sur les hauteurs à l'est, le maréchal, dont
l'avant-garde d'infanterie était encore à une demi-lieue en
arrière, crut prudent de suspendre le mouvement commencé,
et fit prendre position à ses troupes vers Graditz.

Le 4e corps, qui avait passé la Bober à Gross-Rachwitz,
atteignit Deutmannsdorf à 7 h. 3o du soir.

Le 11e corps, obligé d'attendre les détachements qu'il
avait envoyés vers le sud la veille, s'était mis en mouvement
très tard : il ne put dépasser Lauterseifen.

Le quartier général était resté à Bunzlau où s'était arrêtée la Vieille Garde; la Jeune Garde avait poussé jusqu'à Thomaswald; le 3ᵉ corps avait porté sa tête à Bunzlau; la division Marchand, à mi-chemin de Görlitz et de Bunzlau.

Le 2ᵉ corps n'avait pu atteindre Sprottau; sa cavalerie avait occupé Puschkau et Loos, et son infanterie Neukammer et Zetsau.

27 MAI. — Le 27, les corps d'armée de notre gauche exécutèrent les mouvements suivants :

Le 5ᵉ corps se porta de Haynau sur Liegnitz et s'établit à l'est de la ville vers Gross-Reckern; le 7ᵉ corps, marchant à droite du 5ᵉ, se plaça à sa hauteur, observant du côté de Jauer; le quartier général et la Garde se rendirent à Liegnitz; le 3ᵉ corps s'avança jusqu'à Haynau, la division Marchand occupa Bunzlau.

A droite : Le maréchal Marmont, qui avait reçu pour instruction d'appuyer soit sur Liegnitz, soit sur Goldberg, « selon que les renseignements qu'il recueillerait lui montreraient le gros de l'armée adverse dans l'une ou l'autre de ces directions », se dirigea vers Kroitzsch, afin de couper la route de Goldberg à Liegnitz. Les 4ᵉ et 11ᵉ corps continuèrent leur mouvement sur Goldberg. Le 11ᵉ corps trouva une forte arrière-garde ennemie en position entre Pilgramsdorf et Goldberg; il attaqua avec vigueur et le combat prit de suite une tournure très vive. Le maréchal Macdonald lança contre la cavalerie adverse la division du 1ᵉʳ corps de cavalerie qui l'accompagnait, mais, bien qu'il eût conduit en personne la dernière charge, nous eûmes le dessous; « les cuirassiers avaient fait leur devoir, mais les autres régiments ne les avaient pas soutenus (¹). » L'ennemi céda devant les attaques de notre infanterie. Le 11ᵉ corps traversa Goldberg

____

1. Rapport du maréchal Macdonald.

et prit position en avant entre les deux routes de Liegnitz et de Jauer, en liaison avec le 6ᵉ corps établi à Kroitzsch. Le 4ᵉ corps avait voulu suivre le mouvement du 11ᵉ, mais le 6ᵉ corps lui ayant coupé la route, il s'était arrêté à Giersdorf.

Pas plus que les jours précédents, nous n'avions réussi à mettre la main sur les arrière-gardes des Alliés.

Le 2ᵉ corps avait occupé Sprottau et enlevé, chemin faisant, un convoi d'artillerie russe égaré de ce côté.

28 MAI. — Les corps de la gauche ne bougèrent pas; le 6ᵉ corps franchit la Katzbach auprès de Kroitzsch et culbuta un détachement ennemi de plusieurs milliers d'hommes (?[1]); le 11ᵉ corps poussa jusqu'à Jauer; le 4ᵉ s'établit à Schloup et Hermannsdorf; le 2ᵉ corps se rabattit sur Primkenau, d'où il entra en communication avec Glogau, dont les Alliés venaient de lever le siège.

Les négociations entamées depuis Lützen pour la conclusion d'un armistice semblaient sur le point d'aboutir; pour le cas où l'on traiterait sur la base de l'*uti possidetis,* Napoléon jugea nécessaire de mettre la main sur Breslau.

29 MAI. — Le 29 au matin, pendant que le 3ᵉ corps remplaçait le 5ᵉ dans ses positions en avant de Liegnitz, et que la division Marchand serrait sur Haynau, les 5ᵉ et 7ᵉ corps suivis par la Garde s'avancèrent vers Neumarkt. Le 5ᵉ corps s'établit à Kammendorf, moins la division Maisons qui se posta au nord de Neumarkt face à Pfaffendorf. Quant au 7ᵉ corps, auquel le maréchal Ney avait prescrit de se maintenir à hauteur du 5ᵉ, il fut arrêté à Kloster-Wahlstadt par un ordre de l'Empereur; Ney, qui n'avait pas été prévenu en temps utile, fut très mécontent du procédé; dans un accès de mauvaise humeur, il écrivit au major général

---

1. D'après le dire de Marmont dont l'exagération est évidente.

pour lui demander « de le faire remplacer à la tête de l'avant-
garde, ses blessures le fatiguant beaucoup et ne lui permettant pas de monter à cheval ». Ce n'est pas sans peine que
l'on parvint à calmer son irritation. Cet incident avait une
certaine importance, car il était un symptôme du découragement qui commençait à envahir nos généraux.

30 MAI. — Le 30, le 5ᵉ corps ne bougea pas; le 7ᵉ se porta
à sa hauteur; la Garde serra sur Neumarkt, où le quartier
général s'établit très tard dans la soirée; le 6ᵉ corps et le
1ᵉʳ corps de cavalerie se portèrent sur Eisendorf et Ober-
Moys pour prendre une position intermédiaire entre la
gauche et la droite, formée des 4ᵉ et 11ᵉ corps qui avaient
ordre de s'avancer jusqu'à Striegau; les 4ᵉ et 11ᵉ corps se
bornèrent à déboucher au delà de Jauer, le maréchal Macdonald, qui avait appris que la majeure partie de l'armée
alliée se repliait sur Schweidnitz, n'ayant pas jugé prudent
d'aller plus avant; le 2ᵉ corps, continuant son mouvement
vers l'est, gagna Randten.

31 MAI. — Le 31, le 5ᵉ corps se mit en mouvement à
11 heures du matin, refoulant devant lui le détachement du
général Schuhler (5 000 à 6 000 hommes) accouru de Glogau
pour essayer de couvrir Breslau le plus longtemps possible;
le corps d'armée venait de franchir la Weistritz, et prenait
ses dispositions pour s'établir au stationnement quand, à
7 heures du soir, un ordre impératif de l'Empereur le remit
en marche; le détachement adverse continuant à tenir bon,
la tombée de la nuit contraignit le 5ᵉ corps à s'arrêter à
Neukirch, à une lieue de Breslau.

Le 7ᵉ corps prit position à Arnoldsmühl; le quartier général et la Garde restèrent à Neumarkt; le 3ᵉ corps serra sur
cette ville, la division Marchand sur Liegnitz; le 6ᵉ corps
s'arrêta à Eisendorf.

Les 4ᵉ et 11ᵉ corps avaient reçu l'ordre d'occuper Strie-

gau. Le 4ᵉ marcha par Pressen sur Gross-Rosen, où il se
heurta à une arrière-garde ennemie de quelques milliers
d'hommes; le général Bertrand, s'exagérant les forces
adverses en présence, se crut obligé à beaucoup de circonspection, de telle sorte que ses troupes, engagées les unes
après les autres, furent facilement contenues par un ennemi
en réalité très inférieur en nombre. Le maréchal Macdonald,
inquiet plus que de raison pour sa droite, avait voulu attendre pour faire avancer le 11ᵉ corps que le 4ᵉ eût contraint à
la retraite l'adversaire qu'il avait en tête; voyant que le
combat traînait, il se rendit auprès du général Bertrand et
lui conseilla d'agir avec vigueur, affirmant que l'ennemi
n'était pas en nombre. Bertrand ne crut pas devoir se rendre à cet avis; la crainte de se trouver compromis le déter-
mina à se replier sur Jauer. Macdonald fit alors rétrograder
le 11ᵉ corps sur ses positions du matin. Bertrand, ne se
jugeant plus en sûreté à Jauer, au milieu même de la nuit
ramena ses troupes en arrière. Dans les rapports qu'ils adres-
sèrent à l'Empereur, le maréchal Macdonald et le général
Bertrand ne manquèrent pas de rejeter l'un sur l'autre la
responsabilité de leurs faux mouvements, responsabilité qui
incombait à tous deux pour une part égale.

Napoléon, resté dans l'ignorance de ce qu'étaient devenus
les deux corps de sa droite, reçut communication d'une
note de Marmont adressée au major général, et dans laquelle
on relevait le passage suivant écrit en chiffres :

Je vous supplie de me permettre de vous prier de faire observer à
l'Empereur que je suis dans un pays tout à fait ouvert, sans aucune
espèce de point d'appui et sans qu'il y ait à portée une position déter-
minée et qui puisse équivaloir à une augmentation de forces, et qu'avec
assez peu de monde, je suis très loin de tout secours. Si j'étais attaqué
par des forces considérables, il serait difficile que le général Bertrand
et Macdonald arrivassent à temps pour me secourir, car leur marche
rencontrerait bien des obstacles avant qu'ils pussent me joindre. *Enfin*

nous sommes bien près de l'ennemi, divisés quand il est rassemblé et en masse.

L'ennemi a reporté ses troupes de Striegau sur tout mon front ; la poussière continuelle pendant la journée me l'indique.

(En clair.) Il est difficile ou plutôt impossible d'être en communication directe avec Macdonald en raison de la nombreuse cavalerie que l'ennemi a sur son flanc et de la grande distance d'ici (Eisendorf) à Jauer, et si je devais marcher à son secours, ma marche serait lente et difficile, comme elle l'a été hier, sous peine de perdre, avant de combattre, un grand nombre de soldats.

Voici la réponse de Napoléon à ce cri d'alarme que rien ne justifiait :

AU MAJOR GÉNÉRAL

Neumarkt, 31 mai 1813, 11 h. et demie du soir.

Écrivez sur-le-champ au duc de Raguse que vous avez reçu sa lettre d'aujourd'hui... *que le 3ᵉ corps est à Diezdorf et le général Latour-Maubourg à Moys ; que de Diezdorf à Moys il n'y a que 3 300 toises ; que vous ne concevez pas comment il se trouve en l'air ayant trois divisions et un corps de cavalerie, et à 3 000 toises de l'armée.* Dites-lui que, dans ce genre de guerre, il faut éviter de se trop serrer, et que, les Russes ayant beaucoup de cavalerie, leur situation est toute différente...

Dites-lui qu'il n'entre pas dans des détails qui fassent connaître s'il a devant lui de l'infanterie ; que toutes les reconnaissances faites près de son camp n'ont vu que de la cavalerie fort loin ; qu'on assure aussi avoir entendu une canonnade aujourd'hui entre le Zobtenberg et Schweidnitz ou Striegau, et qu'il fasse connaître s'il n'en a rien entendu. Recommandez-lui de vous faire savoir, demain à la pointe du jour, ce qu'il a devant lui et *répétez-lui qu'il faut éviter l'inconvénient de prendre une position trop serrée, qui empêche les armes de se déployer et donne un grand avantage à la cavalerie ennemie.*

Dites-lui que tout ce qui est à Neumarkt et à Diezdorf viendrait rapidement à son secours ; de tâcher de communiquer avec le duc de Tarente et de vous donner de ses nouvelles ; *qu'avec la cavalerie du général Latour-Maubourg, en la faisant soutenir par quelques bataillons et de l'artillerie, il aurait pu pousser très loin aujourd'hui ses reconnaissances et savoir positivement ce qu'il a devant lui ;* il paraît qu'il n'en a rien fait, puisqu'il a des inquiétudes là-dessus...

La leçon était donnée de main de maître.

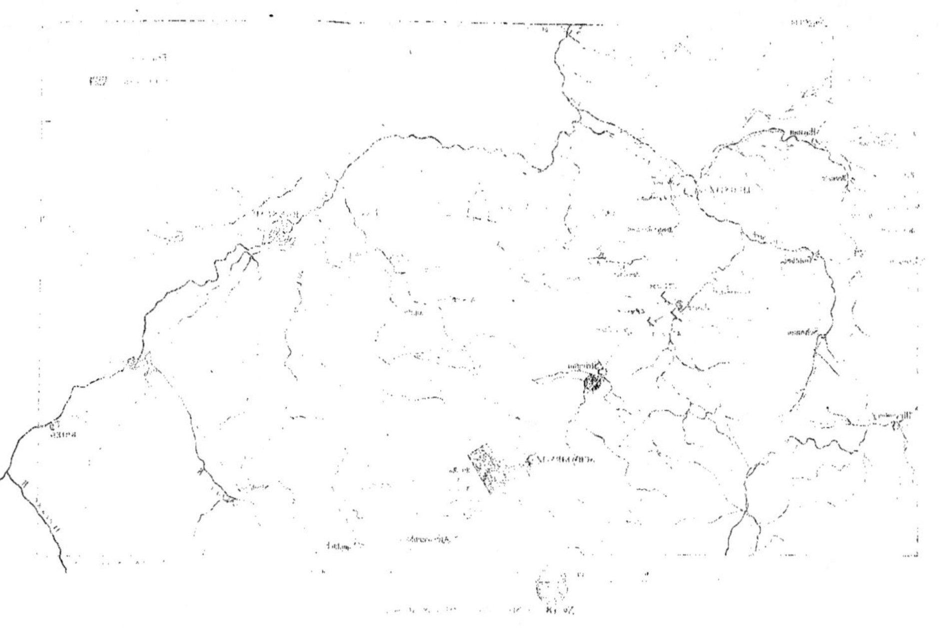

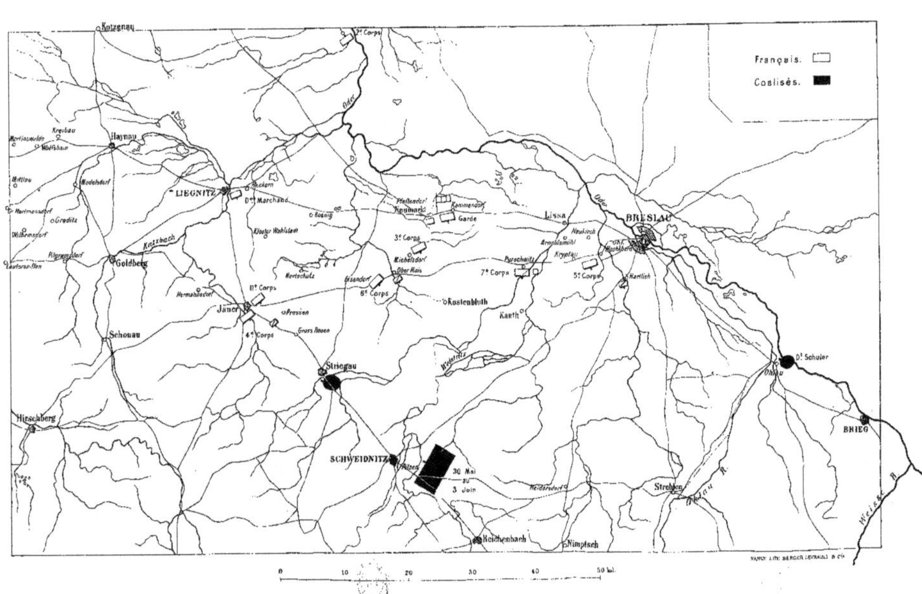

Nº 18. — Situation le 1er juin au soir.

Les incidents que nous venons de rapporter montrent à quel degré de lassitude morale en étaient arrivés nos généraux, obligés de manœuvrer sans cesse avec une cavalerie peu nombreuse et de qualité médiocre contre un ennemi disposant d'une cavalerie excellente et deux fois plus nombreuse, toujours prête à fondre à l'improviste sur celles de nos troupes qui se gardaient mal. Cette guerre à tâtons était bien faite pour provoquer l'énervement chez les commandants des grandes unités.

1ᵉʳ JUIN (voir le *croquis n° 18*). — Le 2ᵉ corps avait atteint l'Oder à Steinau. Le 1ᵉʳ juin, l'Empereur avisé que le gros des forces adverses s'était replié sur Schweidnitz orienta son armée dans cette direction. En exécution de ses ordres, les troupes s'établirent sur les emplacements suivants :

Le quartier général et la Garde à Neumarkt ;

Le 5ᵉ corps, un détachement à Breslau, le gros à Kryptau et Mochbern face au sud, une division à Purschwitz ; la division Chastel du 1ᵉʳ corps de cavalerie à Hartlieb ;

Le 7ᵉ corps à Purschwitz, ses avant-gardes tenant les débouchés vers Kant et Kostenblut ;

Le 3ᵉ corps, le gros au sud de Neumarkt appuyant sa droite à Michelsdorf, la division Marchand à Liegnitz ;

Le 6ᵉ corps et deux divisions du 1ᵉʳ corps de cavalerie à Eisendorf et Moys ;

Les 4ᵉ et 11ᵉ corps aux environs de Jauer.

Le maréchal Victor, demeuré à Steinau, avait été invité à prendre toutes ses dispositions pour marcher sur Sagan, afin d'être en mesure de soutenir éventuellement le maréchal Oudinot alors à Hoyerswerda, comme il sera dit plus loin, et qui se préparait à entamer un mouvement dans la direction de Berlin.

Il semble que la situation était telle que Napoléon ne pût la souhaiter plus favorable. L'armée française, établie à une

trentaine de kilomètres des Coalisés réunis en arrière de
Schweidnitz, se trouvait déployée sur un front de 45 kilomètres environ, de Jauer à Breslau, son aile gauche menaçant déjà de près les lignes de retraite de l'ennemi. On
conçoit aisément la manœuvre qui, en moins de trente-six
heures, porterait toute cette armée, division Marchand et
2ᵉ corps compris, entre la Weistritz et la Neisse ; et alors
de deux choses l'une : ou les Coalisés pris à revers rece-
vraient quand même la bataille à Schweidnitz, ce qui les
exposerait en cas de défaite à être rejetés dans l'Eulenge-
birge et finalement refoulés sur le territoire autrichien, ou
bien ils prendraient de bonne heure le parti de se dérober,
ce qui les mettrait encore dans l'obligation de se replier
tout d'une traite et très rapidement jusque derrière la Neisse.
Combien le moment était favorable pour prendre sa revan-
che du mécompte éprouvé à Bautzen, où l'on avait vu l'armée adverse, qui paraissait vouée à une destruction totale,
s'en aller du champ de bataille presque sans être entamée !
Qui aurait pu croire qu'un accès de faiblesse empêcherait
Napoléon de mettre à profit une si belle occasion de porter
un coup décisif à ses ennemis ?

2 AU 4 JUIN : *la suspension d'armes.* — Napoléon, dès le
18 mai, avait envoyé le général Caulaincourt au tsar
Alexandre pour traiter de la paix. Les Coalisés, résolus à
tenter encore une fois le sort des armes dans une grande
bataille, avaient tout d'abord repoussé les ouvertures de
l'Empereur, mais après leur défaite de Bautzen, ils s'étaient
montrés disposés à conclure un accommodement. Les pourparlers aboutirent le 1ᵉʳ juin. Comme les mouvements en
cours modifiaient à chaque instant la situation et rendaient
ainsi très difficile la conclusion d'un armistice, on convint
d'arrêter les opérations de part et d'autre pendant trente-six
heures à partir du 2 juin à 3 heures du soir ; cela ne suffi-

sant pas, une nouvelle entente prolongea la suspension d'armes de trois fois vingt-quatre heures.

Dans l'armée française les divers corps restèrent, à peu de chose près, sur les emplacements qu'ils avaient occupés le 1er au soir; chez les Coalisés il y eut au contraire des changements notables.

Le 2 juin, Barclay, dans un conseil de guerre tenu à Schweidnitz, fit très sagement observer que si, au cours des négociations, les Français, comme ils en avaient le droit, faisaient serrer leurs troupes sur Breslau, l'armée risquerait d'être coupée de l'Oder. Les souverains alliés reconnurent qu'il y avait là un danger sérieux auquel on pouvait parer, partiellement du moins, sans renoncer pour cela à se maintenir en Silésie ; ils décidèrent donc qu'on appuierait vers le nord-est de manière à se placer à portée de la partie de l'Oder comprise entre Ohlau et Brieg, sur laquelle on jetterait des ponts. En conséquence, le 3 juin l'armée coalisée appuya vers Heidesdorf, et le 4 s'établit sur la ligne Strehlen-Nimptsch, ayant à sa droite le détachement Schuhler et la tête du corps de Sacken qui arrivait de Pologne. Ce mouvement, interprété par les états-majors prussiens comme l'indice d'un retour déguisé au plan de retraite en Pologne, porta à son comble leur mécontentement; Blücher et York écrivirent aussitôt au roi Frédéric pour lui proposer, au cas où les Russes repasseraient l'Oder, de se séparer d'eux et de se replier de position en position le long des montagnes de la Bohême pendant que les landwehrs se rassembleraient aux environs des places de Neisse et de Glatz.

3° Événements survenus
sur les derrières de l'armée française
depuis la bataille de Bautzen.

Pour achever de définir la situation au moment de la signature de l'armistice, il reste à jeter un rapide coup d'œil sur les événements qui se sont produits sur les derrières de l'armée française depuis la bataille de Bautzen.

OPÉRATIONS DU MARÉCHAL OUDINOT CONTRE BÜLOW

On a vu que le maréchal Oudinot avait reçu la mission de se porter sur Berlin avec son corps d'armée, le 12°, renforcé de la brigade mixte du général Beaumont (¹) [4 escadrons westphaliens, 2 bataillons du 6° corps et 2 canons]. L'obligation de réunir ses troupes très dispersées (²) ne permit pas au maréchal d'entamer son mouvement avant le 26 mai. Le 27, il atteignit Hoyerswerda avec tout son monde.

Le général Bülow, qui était chargé de couvrir Berlin, avait réussi, à force d'activité, à réunir une trentaine de mille hommes, dont, il est vrai, beaucoup de landwehrs prussiennes sans grande consistance, mais qui faisaient nombre. Au moment de la bataille de Bautzen, voyant que les corps français, qui avaient opéré jusque-là par Wittenberg et Torgau semblant menacer Berlin, s'étaient rabattus vers le sud, le général prussien avait marché dans la direction de Luckau. Après Bautzen, Wittgenstein lui avait envoyé l'ordre d'opérer activement contre le flanc gauche de l'armée française. Le 28 mai, apprenant que les Français venaient

---

1. Le général Beaumont avait été placé en flanc-garde à Moritzburg (à une marche au nord de Dresde) pendant le mouvement de l'armée principale de Dresde sur Bautzen.

2. Diverses fractions, dont une brigade entière, avaient été détachées pour fouiller les bois sur la droite de l'armée, le long de la frontière autrichienne.

d'occuper Hoyerswerda et croyant qu'il s'agissait d'un faible détachement, il vint attaquer la ville avec son avant-garde et se trouva aux prises avec tout notre 12e corps. Complètement battu, il fit sa retraite précipitamment, après avoir subi des pertes assez considérables.

Tenu au courant des progrès des Français en Silésie, et prévenu que le maréchal Victor se portait sur Sagan avec « un gros corps d'armée », il se replia dans la direction de Kottbus et, maladroitement, dispersa ses troupes sur une étendue de plus de cent kilomètres dans la prétention de couvrir à la fois Krossen (sur l'Oder) et Berlin.

Si Oudinot eût marché droit sur Luckau qui était le point de concentration obligé des détachements prussiens, il aurait eu beau jeu pour les détruire les uns après les autres ; malheureusement il ne sut pas prendre un parti en temps utile. C'est seulement le 4 juin qu'il s'avança vers Luckau. Bülow, comprenant le danger qui le menaçait, fit converger ses détachements à marches forcées sur cette ville ; le 6 juin au matin, il avait réussi à y réunir la presque totalité de ses forces, lorsque les Français parurent. La position des Prussiens était presque inexpugnable ; Oudinot s'entêta à vouloir l'attaquer de front, il échoua et dut ramener sur Uebigau son corps d'armée qui avait perdu près de 2 000 hommes.

La fatigue des troupes prussiennes ne permit pas à Bülow de suivre le 12e corps ; le 9 juin, il allait, paraît-il, se mettre en mouvement quand lui parvint la nouvelle de l'armistice.

OPÉRATIONS SUR LE BAS ELBE
RÉOCCUPATION DE HAMBOURG PAR LES FRANÇAIS

Sur l'Elbe inférieur, grâce à l'habileté et à la vigueur du maréchal Davout, nos affaires avaient pris de bonne heure une tournure favorable. Le corps de Vandamme serrait déjà Hambourg de près, lorsque le roi de Danemark, enfin décidé à faire cause commune avec la France, ordonna à une division (8 000 hommes) de ses troupes de se mettre à la disposition de Davout.

Le général anglais Walmoden, chargé de défendre le bas Elbe pour le compte de la Coalition, avait fait de vains efforts pour stimuler le zèle des gens de Hamburg et de Lübeck, des braillards; il n'avait pas été plus heureux quand il avait demandé à Bernadotte l'appui des troupes suédoises réunies dans le Mecklenburg. Menacé d'être entouré dans Hamburg, il évacua la ville que les Français occupèrent le 3o mai.

ENTREPRISES DES PARTISANS PRUSSIENS ET RUSSES
SUR LES COMMUNICATIONS DE L'ARMÉE FRANÇAISE

Depuis la bataille de Lützen, divers détachements francs prussiens et russes n'avaient cessé de battre l'estrade en Saxe, en Thuringe et même en Franconie, semant partout le désordre. Grâce à la faiblesse de nos troupes d'étapes et à la connivence des habitants, ces détachements opéraient en toute sécurité, ce qui explique leur hardiesse.

Le maréchal Davout, ayant fait appuyer la totalité de ses forces vers Hamburg, le cours moyen de l'Elbe se trouva absolument dégarni. Les Cosaques de Tschernitschew en profitèrent pour reprendre leurs incursions sur la rive gauche. Le 25 mai, ils détruisirent près de Halle un régiment de marche de cavalerie; le 3o, ils enlevèrent près d'Halberstadt un convoi d'artillerie escorté par 1 600 fantassins, westphaliens il est vrai, et contraignirent quatre bataillons accourus de Brunswick à se replier sur cette ville, etc.

A Leipzig, où se trouvaient le grand parc d'artillerie de l'armée, des hôpitaux contenant 6 000 blessés et un grand dépôt de prisonniers, nous n'avions pour toute garnison que 2 000 à 3 000 convalescents très mal encadrés et une division de marche de cavalerie commandée par le général Arrighi et composée entièrement de conscrits ne sachant même pas se tenir à cheval. Le commandant de la place, le général Bertrand, avait exprimé à diverses reprises l'inquiétude que lui causait cette situation en présence de l'audace croissante des partisans ennemis. L'événement ne devait pas tarder d'ailleurs à justifier ses craintes. En effet, le général russe Woronzow, qui était chargé d'observer Magdeburg, laissant devant cette place un millier de cavaliers et 7 000 hommes de landwehr prussienne, franchit l'Elbe près de Dessau, dans la nuit du 5 au 6 juin, avec 5 000 cavaliers et fantassins, et se dirigea à marches forcées sur Leipzig, son infanterie suivant sur des voitures ; il avait donné rendez-vous devant la ville à Tschernitschew, qui opérait alors du côté de Bernburg avec 1 200 cavaliers. Le 7 juin, à l'aube, les deux colonnes ennemies parurent à l'improviste devant Leipzig, bousculèrent en un instant nos cavaliers novices, et allaient pénétrer dans la ville quand nos généraux les arrêtèrent, non sans peine, en leur notifiant l'armistice.

4° Conclusion de l'armistice de Poischwitz (ou de Neumarkt) le 4 juin.

Un armistice fut signé le 4 juin à Poischwitz. Sa durée, fixée jusqu'au 20 juillet, fut dans la suite prolongée jusqu'au 20 août.

En Silésie, les lignes de démarcation étaient établies, pour les Français sur la Katzbach, pour les Coalisés sur le Striegauerwasser, ce qui laissait entre les deux armées opposées une zone neutre de 35 kilomètres de large englobant Breslau. A partir de l'Oder, la ligne de démarcation commune

aux deux partis suivait le fleuve jusqu'à Müllrose, la frontière saxonne, puis l'Elbe de Vittenberg à la mer, « sauf,
disait le texte de la convention, ce qui serait arrivé des
villes hanséatiques ». Il était stipulé en outre que les garnisons bloquées des places de l'Oder et de la Vistule seraient
ravitaillées successivement à prix d'argent.

« Le jour même de la signature de l'armistice, on apprit
que Hamburg et les villes hanséatiques étaient rentrées dans
les mains du maréchal Davout, ce qui nous en assurait la
possession pendant toute la suspension d'armes. » (THIERS,
Histoire du Consulat et de l'Empire.)

La leçon des événements a prouvé que Napoléon commit
une faute irréparable en consentant ainsi à interrompre les
opérations pendant près de deux mois et demi. Il a pré-
tendu (lettre écrite à Clarke le 2 juin) qu'il s'y était décidé
pour deux motifs : « le manque de cavalerie, qui ne lui
permettait pas de frapper de grands coups, et la position
hostile de l'Autriche ».

Assurément la situation de l'armée française n'était rien
moins que brillante : les troupes fondaient à vue d'œil; les
généraux, découragés et n'ayant plus le sentiment exact des
choses, se lamentaient ouvertement sur l'inutilité de tant
d'efforts dépensés à la poursuite d'un adversaire insaisis-
sable; enfin les partisans adverses, dont l'audace allait croissant, coupaient les routes sur les derrières de l'armée, poussant leurs pointes jusqu'à Brunswick et Erfurt. Le tableau
était sombre sans doute, mais la situation des Coalisés
était-elle donc meilleure ? Incontestablement non ! L'heure
était pour eux des plus critiques. Leurs troupes, très dure-
ment éprouvées dans les batailles de Lützen et de Bautzen
(l'infanterie surtout), et péniblement impressionnées par deux
défaites consécutives et une retraite poursuivie pendant plus
de 300 kilomètres, perdaient peu à peu l'espoir d'un sort

plus favorable et commençaient à s'abandonner à un profond découragement ; les généraux des deux nations étaient
en complet désaccord sur la direction à imprimer aux opérations, de telle sorte que le moindre incident allait provoquer la séparation définitive des Russes et des Prussiens ;
les réserves russes étaient encore fort loin du théâtre de la
lutte, et quant aux landwehrs prussiennes, faute d'armes et
d'effets d'habillement, elles n'étaient pas utilisables avant
plusieurs semaines. Tout bien pesé, les conditions d'ordre
moral aussi bien que celles d'ordre matériel, il était évident
que Napoléon n'avait pas sur les Coalisés moins d'avantages qu'au début de la campagne, au contraire ; or, la connaissance de son caractère ne permet pas de supposer qu'il
fût devenu subitement aveugle au point de s'absorber dans
la contemplation des causes de faiblesse qui l'atteignaient
sans mettre aussitôt en parallèle, avec toute leur valeur,
celles qui frappaient ses adversaires.

Certes, les embarras que créait le manque de cavalerie
étaient grands, mais le génie de l'Empereur les avait sur-
montés jusque-là, et nul n'était en droit de penser qu'il n'en
serait pas de même dans la suite ; certainement, la présence
quasi permanente des partisans ennemis sur les lignes de
communication de l'armée était fort gênante, mais c'était là
un état de choses appelé à disparaître à brève échéance, car
les nombreux renforts en troupes de toutes armes déjà en
marche au delà du Rhin allaient nettoyer le pays d'abord
jusqu'à l'Elbe, puis jusqu'à l'Oder. Sans doute il y avait
l'Autriche, mais elle ne s'était pas déclarée encore, et, en
outre, son armée de Bohême n'était pas prête à entrer en
campagne et ne pouvait l'être avant un grand mois.

D'ailleurs, quels que fussent les périls à affronter, les
risques à courir, la raison commandait impérieusement à
Napoléon de poursuivre la lutte sans un instant de répit,

car tout atermoiement devait avoir pour conséquence fatale
de porter atteinte à la principale supériorité dont il eût joui
jusqu'alors, la supériorité numérique.

Quel changement s'était donc produit chez Napoléon? Disposant de forces très supérieures à celles de ses adversaires
et victorieux déjà dans deux grandes batailles, il s'arrêtait
au moment précis où un nouvel effort, que les siens étaient
parfaitement capables de fournir, allait lui permettre de
recueillir enfin le fruit de tant de fatigues et de sacrifices
sanglants imposés à ses troupes. L'infériorité de sa cavalerie
et la crainte d'une agression éventuelle de l'Autriche suffisaient pour le déterminer à prendre une attitude si contraire
à ses propres principes! C'est à n'y pas croire. Était-ce
bien le même homme que jadis rien ne détournait de sa
voie, ni difficultés matérielles ni périls, quand il entrevoyait
la possibilité de dénouer une situation stratégique par la
bataille? Le même homme qui, en 1805, livrait au cœur de
la Moravie la bataille d'Austerlitz, alors que la Prusse déjà
prête prenait ouvertement ses dispositions pour l'assaillir
sur ses derrières, qui, en 1807, s'avançait jusqu'au fond de
la Pologne malgré les menaces de l'Autriche?

Chez lui, les facultés intellectuelles étaient toujours aussi
puissantes, mais le caractère avait beaucoup faibli.

La critique la plus impartiale est obligée de souscrire au
jugement de Jomini: « La signature de l'armistice de Poischwitz est la plus grande faute que Napoléon ait commise
dans toute sa carrière de général en chef. »

APPENDICES

TABLEAU des mouvements exécutés par les corps français du 25 au 30 avril 1813.

DATES.

Corps / Division	25 AVRIL.	26 AVRIL.	27 AVRIL.	28 AVRIL.	29 AVRIL.	30 AVRIL.
Quartier général de l'Empereur	Erfurt	Erfurt	Erfurt	Eckartsberg.	Naumburg	Weissenfels,
La Garde	Erfurt	Weimar à Erfurt	Weimar	Eckartsberg.	Naumburg	Weissenfels (Vieille Garde).
	Gotha	Weimar	Auerstaedt	Naumburg	Naumburg	Naumburg (Jeune Garde).
3e corps d'armée. Maréchal Ney. — Quartier général	Weimar	Naumburg	Naumburg	Naumburg		
— Division Souham	Auerstaedt avec un détachement à Camburg.	Iéna, Dornburg, Camburg	Dornburg et Camburg	En avant d'Auerstadt	En avant de Weissenfels.	En position en avant de Weissenfels.
— Brenier	Dornburg et Iéna	Apolda (?)	Apolda (?)	En position sur les hauteurs de Neu-Kösen	Plotho	
— Girard	Weimar, Mellingen et Magdala	Buttelstedt (?)	Auerstaedt	Freyburg	Weissenfels.	
— Ricard	Buttelstedt	Kranichfeld, etc. (?)	Iéna	Dornburg et Camburg	Markwerben (rive gauche de la Saale près Weissenfels)	
— badoise Marchand	Kranichfeld-Blankenhayn	Iéna	Iéna	Schwalsdorf à 2 lieues à l'ouest de Weimar	Markwerben (rive gauche de la Saale près Weissenfels)	Stössen.
6e corps. Maréchal Marmont. — Quartier général	Eisenach	Gotha	Erfurt	En position à Schwalsdorf avec une avant-garde à Rodigsdorf.	Eckartsberg.	
— Division Bonnet	De Gotha à Eisenach.	D'Erfurt à Gotha	De Weimar à Erfurt.	Rastenburg	D'Eckartsberg à Schwabsdorf.	Naumburg.
— Compans	Langensalza	Entre Weissensée et Langensalza.	Weissensée, avant-garde à Colleda	De Weimar à Erfurt.	Freyburg	
— Friederichs	D'Eisenach à Vacha	De Gotha à Eisenach.	D'Erfurt à Gotha	De Weimar à Erfurt.	Weimar	Kösen.
4e corps. Général Bertrand. — Quartier général	Saalfeld	Rudolstadt	Rudolstadt	Iéna	Iéna	Dornburg.
— Division Morand	Saalfeld	De Rudolstadt à Saalfeld	Rudolstadt	D'Iéna à Kahla	Iéna	Camburg-Dornburg.
— italienne Peyri	De Saalfeld à Coburg	De Saalfeld à Grafenthal	Saalfeld	D'Uhlstadt à Saalfeld	D'Iéna à Rudolstadt	Iéna.
— wurtembergeoise Franquemont	Rehmshild	Hildburghausen	D'Ilmenau à Hildburghausen	Kœnigsee et en arrière	Rudolstadt	De Burgau à Rudolstadt.
12e corps. Maréchal Oudinot. — Quartier général	Bamberg	Bamberg	Bamberg	Coburg.	Saalfeld.	
— Division Pacthod	Bamberg	De Coburg à Bamberg	Coburg	Coburg (détachement à Grafenthal)	De Grafenthal à Coburg	De Saalfeld à Coburg.
— Laurencey	Nuremberg	De Forchheim à Nuremberg	De Bamberg à Forchheim	Bamberg	Lichtenfels (?)	
— bavaroise Raglowitch	Bayreuth avec avant-garde à Münchenberg	Bayreuth	Lichtenfels	Coburg (?)	Saalfeld	
Quartier général. Division Roguet.	Hoym	Mansfeld	Eisleben	Eisleben	Schraplau.	Merseburg.
	Hoym et Ballenstedt	Mansfeld et Leimbach		Eisleben	Schraplau et Erdeborn.	
5e corps. Général Lauriston. — Quartier général / Division Maisons	En position en arrière d'Alsleben	Devant Wettin	Devant Halle	Devant Halle	Devant Halle	
— Lagrange	Aschersleben à Ermsleben	Gerbstedt	Devant Halle	Devant Halle	Autour de Bernstædt (entre Halle et Schraplau)	En arrière de Merseburg, détachant un régiment à Halle.
— Rochambeau	De Giusten à Aschersleben	Alsleben avec 2 bataillons à Zellwitz	Schowitz-Trebitz-Zellwitz.	Schowitz, etc.	A la gauche de la division Maisons devant Halle, avec 2 bataillons en face de Wettin et 1 bataillon à Zelwitz.	
11e corps. Maréchal Macdonald — Quartier général	?	?	Querfurt	Querfurt	Merseburg	
— Division Gérard	Blankenburg	Entre Wipra et Querfurt	Querfurt	Querfurt	Mücheln	
— Fressinet	En position en arrière de Leimbach	Rixleben	Schraplau	Schraplau	Occupant Merseburg	En position en avant de Merseburg.
— Charpentier	D'Ermsleben à Quedlinburg	Hedersleben à une lieue et demie à l'est d'Eisleben	Entre Eisleben et Schraplau	Entre Eisleben et Schraplau	Lauchstædt et Schafstædt	
1er corps de cavalerie. Général Latour-Maubourg. — 1re division de cavalerie légère	Avec la division Maison vers Alsleben	Avec la division Maisons devant Wettin	Avec la division Maisons devant Halle	Avec la division Maisons devant Halle	Devant Halle	
— 2e division de cavalerie légère	Avec la division Fressinet à Leimbach	Avec la division Charpentier à Hedersleben	Avec la division Fressinet à Schraplau	Avec la division Fressinet à Schraplau	Avec la division Fressinet à Merseburg	Avec le 11e corps en avant de Merseburg.
— Divisions de grosse cavalerie	Dans les villages en arrière de Quenstedt	Hettstedt	Hedersleben	Hedersleben	Villages en avant de Schraplau	
Division Durutte.	Stolberg	?	Walhausen (?)	Walhausen (?)	Querfurt	
4e Division (Maréchal Victor)	Bernburg	Bernburg	Bernburg	Bernburg	Bernburg	Le gros à Bernburg avec des postes le long de la Saale de Barby à Wettin.
Division westphalienne (Général Hammerstein)	Heiligenstadt (n'est pas prête à marcher).	—	—	Sondershausen	Sondershausen	Sondershausen.
OBSERVATIONS.	»	L'ennemi brûle son pont de Wettin à l'arrivée de l'avant-garde de la division Maisons.		L'ennemi brûle son pont de Halle; le 5e corps ne peut occuper cette ville comme il avait été prescrit.	La division Souham en se portant sur Weissenfels rencontre le détachement de cavalerie de Landskel, et le refoule sur Rippach. Le 11e corps emporte Merseburg.	»

APPENDICE II

ORDRE DONNÉ POUR LA JOURNÉE DU 19 AVRIL (ANNÉE RUSSE)-1er MAI

Le corps du général de cavalerie Blücher formera deux colonnes. La colonne de droite se trouvera demain matin à 5 heures à Storkwitz ; celle de gauche sera rendue à la même heure à Karsdorf, non loin de Pegau. A 6 heures, ce corps aura franchi le canal et marchera dans la direction de Werben sur Sitteln. Toutefois, la colonne de l'aile gauche traversera le canal une demi-heure avant celle de l'aile droite.

Les corps des lieutenants généraux York et Berg se trouveront également à 5 heures immédiatement en arrière des colonnes du général Blücher. Le corps de Berg se dirigera sur Storkwitz ; celui d'York prendra le chemin qui conduit d'Audigast sur Pegau.

Les batteries lourdes russes affectées au corps Blücher marcheront en tête de la colonne de ce général qui en disposera comme il l'entendra.

Le lieutenant général baron Winzingerode laissera trois bataillons d'infanterie et une batterie légère pour tenir les défilés de Zwenkau. Il laissera, en outre, les deux régiments de Cosaques dans la position qu'ils occupent actuellement devant l'ennemi ; si ces régiments sont contraints de se replier, ils se retireront aussi lentement que possible dans la direction de Zwenkau. Le général Winzingerode prescrira à l'officier qui commande à Zwenkau de rendre impraticables tous les points de passage entre Zwenkau et Leipzig ; il se mettra en relations à ce sujet avec le général Kleist. A 6 heures du matin, le reste du corps de Winzingerode sera formé en ordre de bataille à Werben, où il couvrira la marche du corps de Blücher. A cet effet, le détachement du colonel Orlow étendra sa ligne de postes jusqu'au canal et surveillera la route de Weissenfels. Le général Winzingerode aura sous son commandement, outre ses propres troupes, la cavalerie de réserve prussienne ; par contre, il cédera à la colonne de Blücher, à Werben, sa compagnie d'artillerie lourde.

A 7 heures du matin, la Garde russe sera rendue à Pegau et Storkwitz, couvrant avec de l'infanterie et de l'artillerie légère les défilés de Stönzsch, Karsdorf, Werben et Storkwitz ; elle formera la réserve de l'armée alliée.

Dès qu'il en recevra l'ordre du général en chef, le général Blücher marchera en première ligne en obliquant à gauche. Son aile gauche tâchera de gagner aussi rapidement que possible le ruisseau qui coule de Gross-Grimma à Delitzsch (la Grima).

La deuxième ligne et la réserve se conformeront exactement aux mouvements exécutés par la première ligne, de façon à pouvoir la soutenir en temps opportun. Elles garderont leurs distances pour ne pas avoir à souffrir du feu que l'ennemi dirigerait contre la première ligne.

Le général Blücher enverra immédiatement de la cavalerie et de l'artillerie à cheval sur son flanc gauche, au delà du ruisseau, sur les hauteurs qui dominent la rive opposée. *Pendant toute la bataille,* il refusera *autant que possible son aile droite qu'il appuiera au canal.* Nous prendrons l'offensive en nous avançant entre les deux cours d'eau, c'est-à-dire entre la Rippach et le canal. Si l'ennemi cherchait à déborder notre aile droite, l'artillerie agirait immédiatement contre lui; l'infanterie en (ligne de) colonnes de bataillon suivrait de près l'artillerie, et serait soutenue par la cavalerie. Si l'ennemi se présentait en forces nombreuses, la cavalerie de réserve et l'artillerie à cheval se porteraient rapidement en avant; l'artillerie par son tir à mitraille mettrait l'adversaire en désordre; la cavalerie l'attaquerait ensuite pour le mettre en déroute.

Le corps du lieutenant général Kleist n'entrera en action que lorsqu'il entendra de notre côté un feu bien nourri; il se porterait également en avant si l'ennemi, se détournant de lui, marchait sur nous. Si, par contre, il était vivement pressé par un ennemi supérieur en nombre, il se retirerait sur Wurzen et défendrait le mieux possible la route de Dresde. Il détruirait le pont qu'on rencontre sur cette route, ainsi que celui de la route d'Eulenburg, et resterait en liaison avec nous au moyen de ses Cosaques.

Le corps du général d'infanterie Miloradowitch marchera sur Zeitz. Si l'ennemi venant de Weissenfels se présentait en forces et dirigeait son action contre notre aile gauche portée en avant, comme il a été dit, la Garde russe placée en réserve à Stönzsch ferait à gauche et tomberait sur le flanc droit de l'ennemi.

En raison de la nature découverte du terrain, les divisions de cuirassiers et l'artillerie à cheval pourront rendre les plus grands services.

Le but principal de tous nos mouvements consistera à gagner le flanc droit de l'ennemi; à cet effet, toutes les troupes devront appuyer à gauche, en ayant comme pivot, jusqu'à nouvel ordre, le village de Stönzsch. En terrain découvert, les tirailleurs devront le moins possible s'amuser à tirer; les colonnes de bataillon qui les soutiennent ne devront pas davantage faire battre la charge hors de propos. La cavalerie qui sera déployée en ligne devra profiter immédiatement de tout désordre observé dans les rangs de l'ennemi pour le charger.

Chacune des brigades de l'armée alliée détachera un officier d'ordonnance auprès du général commandant en chef comte de Wittgenstein, qui, pendant le combat, se tiendra à la réserve de la première ligne, entre celle-ci et la seconde ligne.

La retraite, si elle devenait nécessaire contre toute attente, s'effectuerait sur Altenburg et Frohburg ; c'est pourquoi le commandant du corps de bataille et ceux des ailes reconnaîtront exactement les chemins qui mènent dans ces deux directions. Tous les bagages seront dirigés sur Borna ; en cas de retraite, ils iraient à Dresde par Rochlitz. Les blessés et les prisonniers seront envoyés à Frohburg.

Quartier général de Zwenkau, le 1er mai 1813, à 11 heures et demie du soir.

Signé : De Diebitsch II,
Général de brigade et quartier-maître général.

---

*

APPENDICE III

EXTRAIT DE L'ORDRE DONNÉ PAR LE COMTE DE WITTGENSTEIN AVANT
LA BATAILLE DE BAUTZEN

Si des troupes ennemies passent la Sprée en force, le général Milo-radowitch se retirera sur les hauteurs entre les villages d'Auritz et de Klein-Jenkwitz qu'il tiendra le plus longtemps possible. Si l'ennemi l'oblige à continuer sa retraite, la cavalerie, ainsi que la batterie lourde et l'artillerie à cheval, passant derrière la ligne de bataille, se placeront en réserve à gauche de la Garde ; mais l'infanterie et l'artillerie légère, sous les ordres du prince de Wurtemberg, se retireront sur les hauteurs du village de Rieschen. Dès que l'avant-garde sera arrivée sur la position principale, le comte Miloradowitch prendra le commandement de tous les corps russes de l'aile gauche.

Dans le cas où l'ennemi continuerait à se porter en avant, on devrait appliquer les dispositions suivantes : si l'attaque est dirigée contre les troupes du lieutenant général Kleist, celui-ci sera tout d'abord soutenu par les deux divisions de cuirassiers et plus tard par les autres corps d'armée qui exécuteront un mouvement de flanc vers la droite ; mais si l'ennemi se jette avec toutes ses forces sur le centre de l'armée alliée, le corps du général Kleist et les divisions de cuirassiers le prendront en flanc ; les réserves et l'aile gauche feront alors à droite et soutiendront Blücher. Si l'ennemi attaque notre aile gauche avec ses forces principales, le corps de Kleist et les deux divisions de cuirassiers le prendront en flanc et à revers ; en même temps, le corps de Blücher exécutera un changement de front en portant l'aile droite en avant, pour rejeter l'armée ennemie dans les montagnes. Enfin, si l'attaque est dirigée simultanément contre les deux ailes de l'armée alliée, la majeure partie des réserves soutiendront l'aile droite de Blücher qui, étant ainsi renforcée, rejettera l'ennemi dans les montagnes. Dans le cas où des forces nombreuses de l'ennemi se porteraient sur Klix, afin de couper Barclay de Tolly du reste des troupes alliées, les deux divisions de cuirassiers franchiront aussitôt la Sprée pour se porter contre l'ennemi (?) ; elles seront suivies par les corps de Kleist et de Blücher et par toute la première ligne de l'aile gauche sous le prince de Gortschakow II ; la deuxième ligne et la réserve d'artillerie resteront sur leurs emplacements.

. . . .

Si les Alliés étaient obligés de battre directement en retraite de la position qu'ils occupent, les troupes de l'aile droite, c'est-à-dire les corps de Kleist et de Blücher et les deux divisions de cuirassiers, se retireraient sur Weissenberg ; les troupes russes de l'aile gauche iraient à Löbau et se réuniraient au reste de l'armée à Reichenbach. Dès que la bataille commencera, le parc se transportera à Reichenbach ; c'est sur ce point que seront évacués les blessés et les prisonniers.

TABLE DES CROQUIS

TABLE DES MATIÈRES

Nancy, imprimerie Berger-Levrault et Cie.

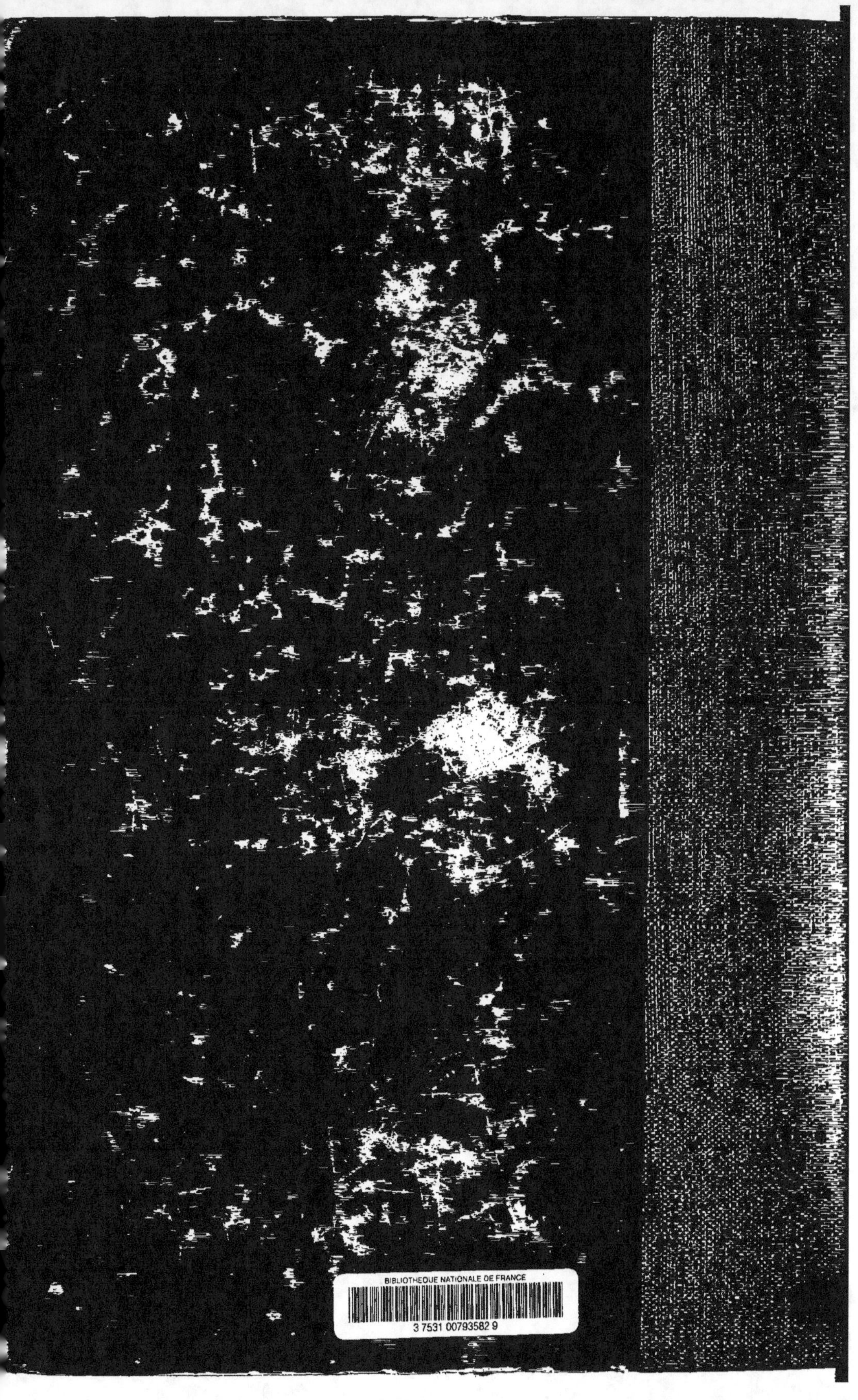

9 782014 431780